»ATZE«
BRAUNER
Mich gibt's
nur
einmal

»ATZE« BRAUNER

Mich gibt's nur einmal

Rückblende eines Lebens

Herbig

BILDNACHWEIS

Deutsches Institut für Filmkunde, Wiesbaden: 1, 2, 3, 10, 11, 12, 13, 15, 17, 18, 19, 23, 30, 36, 39, 40, 41, 43, 52, 53, 54, 57, 58, 59, 62, 63, 69, 73, 87, 88, 89, 96, 97, 99, 110, 111, 114, 117, 118, 119, 122, 123; Arthur Grimm, Berlin: 9, 38, 64, 71, 85, 94, 95; Lothar Inkler, Berlin: 91; Dr. Konrad Karkosch, München: 60; Heinz Köster, Berlin: 45, 46, 48; Peter Michael Michaelis, Hamburg: 16; Der Spiegel, Hamburg: 76; Süddeutscher Verlag, München: 27, 29, 35, 42, 70, 82, 83, 107, 108, 115, 116; Warner-Columbia, München: 120, 121; alle übrigen Fotos: Archiv Artur Brauner.

Für Maria,
die beste Ehefrau der Welt

Inhaltsverzeichnis

Die Kuh meiner Träume

Sie stand auf einer Wiese an den Ufern der Weichsel. Sie war rot-
bunt, was in dieser Gegend ungewöhnlich war. Auf der Stirn hatte
sie einen schwarzen Fleck. Sie war lange nicht gemolken worden. Das
schwere Euter bereitete ihr Schmerzen, und ihr klagendes Muh hatte
etwas Ergreifendes. Am Horizont glühte es rot vom Feuerschein
brennender Dörfer. Das dumpfe Grummeln der unweit liegenden
Front schwang in der Luft.

Ich lag in einem Erlengebüsch, starrte auf die Kuh und dachte an
Rindsgulasch, an Rinderfilet und an Rindsrouladen. Seit meiner
Flucht vor drei Tagen hatte ich nichts mehr gegessen. Ich war so erschöpft, daß mir selbst bei dem Gedanken an Rinderzunge in Rot-
wein, mein Leibgericht, das Wasser nicht mehr im Munde zusam-
menlief.

Gegen Abend verließ ich das Gebüsch und kroch auf die Kuh zu. »Ich
will dir nichts tun«, sagte ich, als ich nahe genug heran war, »ich will
nur ein bißchen Milch. Bitte, bleib stehen.«

Die Kuh drehte sich um und schaute mich an. Zum erstenmal in
meinem Leben sah ich, was für schöne Augen sie haben, die Kühe.
Sanfte, melancholische, wissende Augen, beschattet von langen
Wimpern.

»Bleib stehen, bitte«, wiederholte ich. Sie blieb stehen und ließ es zu,
daß ich mich langsam unter sie schob, mich aufrichtete und eine ihrer
Zitzen in den Mund nahm. Ich saugte daran wie ein Säugling an der
Mutterbrust, und wenn Säuglinge ein ähnliches göttliches Behagen
dabei verspüren, dann möchte ich bald wieder einer sein.

Ich trank und trank und trank und schlief ein, und als ich erwachte,
war ich soweit gekräftigt, daß ich eine Blechbüchse nehmen und die
Kuh melken konnte. Ich blieb vier Tage mit ihr zusammen, trank
Milch und unterhielt mich mit ihr. Ich bat sie um Verzeihung, daß

ich bei ihrem Anblick an Rindsgulasch, Rinderfilet und Rindsrouladen gedacht hatte. Sie machte Muh und leckte mir die Hand, die Kuh
meiner Träume. Sie hatte mir das Leben gerettet . . .

Schach dem Jürgens
und kein Zobel für O. W. Fischer

Ich sitze in meinem Arbeitszimmer und hacke auf einer alten Reise-schreibmaschine herum. Maria, meine Frau, kommt herein, schaut mir eine Weile zu und meint: »Prima machst du dich, Artur. Wie 'n richtiger Schriftsteller.«
Ich hole tief Luft, um ihr die gebührende Antwort zu geben. Leider klingelt das Telefon. »Ja, bitte«, seufze ich. »Sind Sie es, Chef?«
»Wer sonst.« Es ist meine Sekretärin, die Inge. Seit 25 Jahren bei mir im Dienst. Ein Wunder, daß man es so lange bei mir aushalten kann, muß ich in diesem Moment denken. Weil ich mich in diesem Moment überhaupt nicht leiden kann.
»Ihre Stimme klingt so komisch.« Sie lacht respektlos. »Ach, hocken Sie etwa wieder vor Ihren Memoiren? Na, dann will ich nicht stören. Es war nicht so dringend.«
Alle scheinen sie gegen mich zu sein. Manche Leute amüsieren sich geradezu über mich. »Ich habe gehört, Sie schreiben jetzt«, hat ge-stern ein bekannter Drehbuchautor zu mir gesagt, den ich auf dem Kurfürstendamm traf. »Na, da kann ich nur hoffen, daß Sie ein per-fektes Manuskript abliefern. Und vor allen Dingen: halten Sie den Liefertermin ein!« Sprach's, grinste und ließ mich stehen.
Genauso hatte ich früher zu ihm gesprochen, als er noch für mich Drehbücher verfaßte. Verflucht seien diese Schreiberseelen! Das heißt, nun bin ich ja selber eine. Weil man mich breitgeschlagen hat. Es ist gar nicht so einfach, mich breitzuschlagen. In meiner Branche weiß man das. Aber mein Herr Verleger hat es geschafft. Dabei bin ich auf die Honorare gar nicht angewiesen – obwohl ich sie natürlich gern nehme. Außerdem habe ich immer wieder behauptet: »Memoi-ren schreibe ich erst mit Neunzig.« So lange aber wollte der Verleger nicht warten.
Nun hocke ich da und sage mir immer wieder: »Wen kann das schon

interessieren, was ich hier schreibe? Schließlich bin ich kein *Filmstar*, sondern nur ein *Filmproduzent*. Und das ist ein ganz gewaltiger Unterschied. Dem *Filmbesucher* jedenfalls ist der Mann, der die Filme macht, sie produziert, völlig wurscht.

Wenn man ihn fragt, was er sich unter einem solchen Menschen vorstellt, dann wird er vielleicht so ähnlich antworten wie ein Berliner Taxichauffeur, der zu mir meinte: »Filmproduzent? Na ja, also ick möchte mal saren, dicke Ssijarre, ewig Parties, Schwimmingpohl, vasteht sich, wo er die kleenen Meechen rinschubst. Na ja, und Jeld wie Sand am Meer, is mal klar, und wenn eener von die Schtarlets 'ne Rolle will, denn jeht det nur durch seine Betten.«

Da könnte man ganz traurig werden, wenn man so etwas hört. *Könnte*, aber ich werd's nicht. Weil ich Humor habe und mir Trauer nicht steht.

Außerdem habe ich über 200 Filme gemacht, und darunter ist eine ganze Reihe, auf die ich ziemlich stolz bin. Wetten, auch Sie erinnern sich an einige?

An »Mädchen in Uniform« zum Beispiel, an »Menschen im Hotel«, »Es muß nicht immer Kaviar sein«, »Old Shatterhand«, »Nibelungen«, »Kampf um Rom«, »Anastasia«, »Das Riesenrad«, »Der brave Soldat Schwejk«, an »Teufel in Seide« – um nur einige aus meiner Produktion zu nennen.

»Teufel in Seide«. Sehen Sie, gleich fällt mir eine Geschichte ein. Wenn auch eine für mich sehr schmerzliche. Ich erzähl' sie trotzdem:

In diesem Film spielte neben meiner lieben alten Freundin Lilli Palmer mein ebenso lieber alter Freund Curd Jürgens die Hauptrolle. Der Curd war Ende der fünfziger Jahre riesig im Geschäft. Ganz Europa kannte ihn als »Des Teufels General«. Die Amerikaner vergötterten ihn in »Jacobowsky und der Oberst«. In Venedig hatte man ihm für die beste schauspielerische Leistung den Graf-Volpi-Preis überreicht. Seine Filme liefen in Tausenden von Kinos an der Ecke. Und alle mit Riesenerfolg!

Curd also war ein dicker Fisch, und die Produzenten warfen ihre Köder aus, um sich diesen Fisch an Land zu ziehen. Ein Streifen mit dem Namen Curd Jürgens im Vorspann war idiotensicher und so gut wie bares Geld. Den deutschen Produzenten war von vornherein wenig Petriheil beschieden, um in der Anglersprache zu bleiben: ihre Köder, sprich Gagen, waren nicht fett genug. Curdchen rechnete nämlich nur noch sechsstellig und verstand immer nur das Wort »Dollar«. Und das konnten die Leute aus Hollywood viel besser aussprechen als wir armen Europäer.

Ich gab das Rennen trotzdem nicht auf. Schließlich ist es eine der wichtigsten Eigenschaften eines Filmproduzenten, stets nach den Sternen zu greifen. Nicht umsonst hängt in manchen Producerbüros das bekannte Schildchen mit der Aufschrift: »Unmögliches wird sofort erledigt. Wunder dauern etwas länger.«

Ich bombardierte Jürgens mit Filmideen, Drehbuchentwürfen, fertigen Drehbüchern, mit spannenden Stoffen, mit den attraktivsten Rollenangeboten. Ich rief ihn an, besuchte ihn in seinem Märchenschloß am Cap Ferrat bei Cannes, ich schrieb ihm lange Briefe.

Seine Reaktion war immer dieselbe. »Warum soll ich für 100 000 arbeiten, wenn ich für 500 000 arbeiten kann? Kannst du mir diese Frage beantworten, lieber Artur?« Er wartete meine Antwort nicht ab, sondern sagte: »Na siehst du, du kannst es nicht.«

»Will er immer noch nicht?« fragte mich Maria, die beste Ehefrau der Welt, wenn ich wieder mal einen Versuch unternommen hatte.

»Er will nicht«, sagte ich, langsam mutlos werdend.

»Na, vielleicht will er, wenn du ihm den Peer Gynt vorschlägst?«

Peer Gynt, der Gottsucher, der Abenteurer, der nordische Faust, diese Rolle ist ein Fressen für jeden großen Schauspieler. Hans Albers hatte ihn in seiner unnachahmlichen Art gespielt. Aber das war fast 25 Jahre her, und nichts sprach dagegen, daß Curd Jürgens ihn noch einmal verkörperte. Auf seine ebenfalls unnachahmliche Weise. Wenn er nur wollte . . .

Ich überlegte, wie ich ihm meine Idee diesmal am überzeugendsten beibringen könnte. Da kam mir, ohne es zu wollen, Sonja Ziemann zu Hilfe. »Du, Artur«, sagte sie am Telefon, »du kommst am Achten doch hoffentlich auch zu mir?«

»Selbstverständlich komme ich, das weißt du doch«, antwortete ich.

»Was ist übrigens am Achten?«

»Dein Gedächtnis war früher besser«, sagte die Sonny spitz.

Himmel, stimmt ja, ihr Geburtstag! Am 8. Februar 19 . . (na, das Jahr spielt ja keine Rolle, Frauen werden von einem gewissen Jahrgang an ohnehin immer jünger) hatte das »Schwarzwaldmädel« das Licht der Welt erblickt. Den Tag wollte sie diesmal ganz groß feiern.

Es war dann wirklich groß, und es ging hoch her in der Zehlendorfer Villa, wo die Sonny mit ihren Eltern wohnte. Sie war damals, ähnlich wie Curd, auf einem Höhepunkt ihrer Karriere angelangt. Wen sie einlud, der war »in«, wie es heute so schön in der Sprache der sogenannten »High-Society« heißt. Und wen sie nicht einlud, der fragte sich verzweifelt nach dem Warum. War er etwa »out«?
Ich weiß nicht mehr so genau, *wer* alles da war, aber die Namen der Gäste hätten ausgereicht, um die Klatschspalten mehrerer Boulevardblätter zu füllen. An einen aber kann ich mich sehr genau erinnern, und das war Curd Jürgens!
Der Curd war in Hochform. Er sang mit mir »Happy birthday« im Duett, trank Sekt mit Whisky, schwärmte davon, wie prima doch unsere Zusammenarbeit bei den »Ratten« gewesen war. Er war so charmant wie immer und sah noch blendender aus als sonst. Darin wurde er höchstens noch übertroffen von Simone Bicheron, einem französischen Mannequin, das gerade Madame Jürgens geworden war.
Jürgens war so guter Stimmung, wie es nur ein frisch Verliebter sein kann. Geschäftliche Dinge aber waren für ihn tabu. Wenn ich ihn auf »mein Thema« bringen wollte, sagte er: »Du, Artur, ich verstehe kein Wort, das muß an der Akustik hier liegen.«
Irgendwann in der Nacht wollte ich mein Glas abstellen. Ich suchte auf einem Bord an der großen Schrankwand ein Eckchen. Dabei entdeckte ich ein Schachspiel. Schach! Wie ein Blitz fuhr es mir durch den Kopf: »Schach dem König, Schach dem Jürgens!« Das war es!!!
Ich ging zu ihm und sagte beiläufig: »Man sagt, du bist mal Großmeister im Schach gewesen, Curd, stimmt das?«
»Großmeister nicht, aber für dich reicht's allemal.«
Ich fühlte mich verpflichtet, ihn zu warnen. »Sei vorsichtig. Ich war mal so 'ne Art Schachwunderkind.« Was sogar stimmte. Ich war gerade fünf Jahre alt geworden, als ich mein erstes Turnier bestritt. Das

war in Lodz, meiner Heimatstadt. Später habe ich simultan gespielt. Gegen zwanzig Gegner gleichzeitig.

Jürgens sagte nur: »Na, dann komm mal her, du frühreifes Wunderkind.« Er nahm das Schachbrett, fand nirgendwo einen Platz und legte es kurzerhand auf den Teppich. Wir hockten uns davor, bauten die Figuren auf. Im Nu hatten sich ein Dutzend Gäste um uns versammelt.

»Worum spielen wir eigentlich?« fragte ich scheinheilig.

»Worum, worum. Um die Ehre natürlich«, meinte Jürgens mit seiner Stimme, die immer so klingt, als gurgele er jeden Morgen mit Reißnägeln. Dann verbesserte er sich: »Das heißt, Ehre ist ein bißchen wenig. Sagen wir, um 'ne Kiste uralten Scotch, okay?«

»Ich hätte da einen besseren Vorschlag.« In die plötzlich auftretende Stille sagte ich langsam: »Wenn du gewinnst, kriegst du deinen Whisky. Gewinne ich, spielst du den Peer Gynt für mich. Okay?« Er sah mich aus ganz schmalen Augen an, grinste und meinte: »Nachtijall, ick hör dir trapsen.« Und nach einer kleinen Pause: »Also gut, okay.« Entschlossen schob er den Königsbauern von E2 nach E4. Die Partie dauerte fast zwei Stunden und war so interessant, daß man sie in ein Lehrbuch hätte aufnehmen müssen. Jürgens entfachte ein Angriffsfeuer, daß mir Hören und Sehen verging. Ich merkte bald, daß er eine Variante bevorzugte, mit der Weltmeister Aljechin manchen Sieg errungen hatte. Ich verteidigte mich auf sizilianisch.

Als er beim 22. Zug den Springer bewegte, atmete ich tief durch. Es war genau der Zug, den ich erwartet hatte. Ich schob scharf die Dame nach vorn und sagte ganz ruhig: »Schach.« Jeder Fachmann konnte erkennen, daß Curds Situation aussichtslos war.

Er warf einen langen, langen Blick auf das Brett. Die Kiebitze um uns herum waren totenstill. Durch die Glastür, die uns von den anderen Gästen trennte, hörten wir Caterina Valente singen. Ich sehe noch heute Hans Söhnker vor mir, wie er seine Zigarrenasche geistesabwesend am Sektglas seines Nachbarn abstreifte. O. E. Hasse pfiff durch die Zähne. Und Martin Held murmelte etwas vor sich hin, was wie »Klappe zu, Affe tot« klang.

Plötzlich stieß Curds Hand nach vorn und schob die Figuren mit einem Ruck zusammen. Er gab auf. »Kompliment, Artur«, sagte er und schüttelte mir als fairer Verlierer die Hand. Ich zog mein Scheckbuch heraus und schrieb in die Spalte »Deutsche Mark in Buchstaben« das Wort »Dreißigtausend«.

»Anzahlung für Peer Gynt«, sagte ich. »Den Vertrag kriegst du morgen mit Eilpost. Okay?«

»Okay, Atze«, sagte Curd, halb ärgerlich, halb anerkennend.

»Atze« nennt der Berliner alle Leute, die Artur heißen, so wie er aus einem Georg einen »Orje« macht und aus einem Hans einen »Hanne«. Mein Spitzname »Atze« war damals bereits zu einer Art Markenzeichen geworden, und ich freute mich darüber.

In jener Nacht sang ich einige besonders traurige Lieder. Was ich immer tue, wenn ich besonders fröhlich bin. Dazu gehörte »Kak bakal pienistyj aromat rasnosyt . . . Wie das schäumende Glas die Blume verströmt«. Ein russisches Trinklied, bei dem die Gläser an der Wand zerschmettert werden müssen. Sonja Ziemanns Vitrine wies dann auch bald einige Lücken auf.

Die Partie mit Curd Jürgens sollte sich als die teuerste Schachpartie meines Lebens erweisen. Wir haben den Film »Peer Gynt« bis heute nicht verwirklichen können. Aus tausendundeins Gründen. Wie das in unserer Branche manchmal so geht. Mal paßten die Termine nicht. Mal haperte es mit den Finanzen. Mal war der »Trend« gegen uns. Mal war dieses, mal war jenes. Es ging uns wie den Königskindern im Märchen, sie konnten zueinander nicht kommen . . .

Eines Tages aber werde ich den Film mit Curd Jürgens machen. Wenn nicht »Peer Gynt«, dann eben einen anderen. Davon bin ich felsenfest überzeugt. Genauso überzeugt bin ich, daß der Curd sein Versprechen einhalten wird. Stimmt, er hat dem Klatsch oft mehr Nahrung geliefert als vielleicht gut war. Mit Skandalen, Skandälchen, Ohrfeigengeschichten, Scheidungsaffären, Goldenen-Löffel-Stories. Für mich bleibt er trotzdem das, was er immer war: ein herrliches Mannsbild und ein grundanständiger Kerl.

30 000 DM (in Worten: dreißigtausend) auf die Hand und nichts dafür, so was kann einem weh tun. Ist schließlich kein Pappenstiel, eine solche Summe. Wenn ich das hier erwähne, höre ich im Geist sofort den Chor meiner, sagen wir einmal: weniger guten Freunde.

Die »Sündige Grenze« bringt mir viel Lob und neue Kredite. Hauptdarsteller in diesem Schmugglerfilm waren: Dieter Borsche, Inge Egger, Jan Hendriks (v. l. n. r.).

1

2

Ein Mann namens Dieter Borsche setzt sich mit einer dramatischen Rolle durch (v. l. n. r.: Inge Egger, Jan Hendriks, Dieter Borsche).

»Sündige Grenze«

Inge Egger, Dieter Borsche, Peter Mosbacher und die »Rabbatzer«.

3

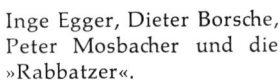

Szene in den polnischen Wäldern.   4

»Morituri«: ein Film spricht zur Welt, doch die Welt wollte nichts von ihm wissen.

Die Uraufführung war der Start zu einer Pleite.   5

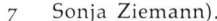

6   »Herzkönig«: Sonja Ziemann, Wilhelm Bendow, Aribert Wäscher, Hans Nielsen (v. l. n. r.).

»Maharadscha wider Willen«: 300 Glatzen leuchteten verheißungsvoll (v. l. n. r.: Kurt Seifferth, Olga Tschechowa, Ivan Petrovich, Rudolf Prack,
7   Sonja Ziemann).

»Der arme Herr Brauner«, tönen sie schadenfroh, »gut, daß es ihn auch mal erwischt hat. Ist er bestimmt wieder einmal verhungert.« Diese »Freunde« halten mich für einen ausgemachten Geizhals. Manche von ihnen behaupten, daß man mich, wenn ich in Schottland leben würde, längst ausgewiesen hätte – wegen allzu großen Geizes. Andere verbreiten mit nie nachlassendem Vergnügen Anekdoten vom Typ »Versichern Sie Ihre Schauspieler eigentlich, Herr Brauner?« – »Nein, ich bete für sie.«

Wie kommt man zu einem solchen Ruf? Man kommt dazu durch eine Kuh. Sie hieß »Berta«, und mein Aufnahmeleiter hatte sie sich für den Film »Das Bad auf der Tenne« von einem Bauern gepumpt. Gegen eine vertraglich vereinbarte Gage, versteht sich. Die Kuh spielte ja eine Rolle. Und warum soll einem Rindvieh nicht recht sein, was einem Star billig ist?

Als Berta ihren ersten und einzigen Drehtag beendet hatte, schaute sie mich mit ihren wunderschönen Augen an und machte »Muh«. Mit einem Schlag stand Berta Numero 1 vor mir, jene Kuh, die mir damals das Leben gerettet hatte. Ich schwelgte in düsteren Erinnerungen. Nach dem Motto: Gehabte Scherzen, die hab' ich gern.

Der Bauer, der sie abholen gekommen war, meinte lachend: »Die freut sich über ihre Gage, die Berta.« Er schwenkte zufrieden den 50-Mark-Schein, den er kassiert hatte.

»Und wir würden uns über Bertas Milch freuen«, sagte ich nach einem prüfenden Blick auf das pralle Euter. »Oder was meinst du, Paul?« Ich wandte mich an Paul Klinger, diesen wundervollen Schauspieler, der viel zu früh von uns gegangen ist.

»Ja, da sind gut und gerne zwanzig Literchen drin.« Klinger ging sofort auf meinen Ton ein und spielte den Landwirtschaftsexperten.

»Mehr«, meinte der Bauer ebenso stolz wie ahnungslos.

Ich sagte: »Sie war den ganzen Tag bei uns, Ihre Berta, dafür haben wir bezahlt, und Futter hat sie auch von uns bekommen. Also gehört die Milch uns.« Wenn wir sie melken würden, dachte ich, könnte ich sie noch ein bißchen bei mir behalten.

Ich wandte mich an meinen Aufnahmestab. »Kann jemand von Ihnen melken?«

Jemand konnte. Er hieß Karl Schönböck. Ausgerechnet. Selbstverständlich hätte ihm kein Mensch so was zugetraut. Er, der typische Lebemann und Bonvivant, ist von Kuhställen so weit entfernt wie ein Pfarrer vom Beelzebub. Er hatte sie aber irgendwann einmal als Landhelfer gelernt, die edle Kunst des Melkens, und nach Bertas zufriedener Miene zu urteilen, beherrschte er sie noch ganz gut. Jedenfalls haute sie ihm ihren Schwanz nur dreimal um die Ohren.

Im Nu war ein Eimer voll. Mit köstlich sahniger Kuhmilch Marke CCC-Brauner. Wir füllten Becher, Tassen, Gläser, was gerade zur Hand war, und stießen auf das gute Gelingen unseres Films an.

Als der Bauer seine Kuh vom Drehort wegführte, trat er noch einmal kurz an mich heran. »Respekt, Herr Brauner«, sagte er und lüftete seinen Hut. Anscheinend hatte er Verständnis für einen Mann, der seinen Vorteil in jeder Situation wahrnimmt. Einen Augenblick spielte ich mit dem Gedanken, sie ihm abzukaufen. Aber was sollte ich mit einer Kuh in Berlin, selbst, wenn es die meiner Träume war?

Die Geschichte mit der Kuh Berta sprach sich natürlich in der Branche herum. Wie ein Lauffeuer. Und der »Geizhals Artur Brauner« war geboren. Wie bin ich wirklich?

Nun: Wenn ich in eines meiner Ateliers komme und sehe, wie jemand total neue Nägel in den Mülleimer fegt, dann greife ich ein. Ich habe auch etwas dagegen, guten Bindfaden, mit dem Pakete verschnürt sind, ratsch-ratsch-ratsch zu zerschneiden. Für mich ist das eine sinnlose Verschwendung, eine Vergeudung wertvollen Materials. Und vor allem: Um Nägel herzustellen oder Bindfaden, hat es einer menschlichen Arbeitsleistung bedurft. Und davor hatte ich schon immer Respekt. Ich verlasse zum Beispiel auch mein Hotelzimmer nicht, ohne vorher überall das Licht zu löschen. Es ist nicht »mein Licht«, stimmt, aber trotzdem bin ich gegen dieses gleichgültige »Die zahlen's ja!«.

Ich bin deshalb so allergisch gegen diesen Spruch, weil es gerade in der Filmbranche eine Menge Leute gibt, die ihn oft benutzen. »Der zahlt's ja«, heißt es bei ihnen, und wen meinen sie damit? Dreimal dürfen Sie raten: den Produzenten natürlich.

Schon macht es in meinem Gehirn wieder »Klick«, eine Klappe fällt, und auf der Klappe steht »Otto Wilhelm Fischer«.

O. W. war einer der zugkräftigsten Schauspieler, den der deutsche

Film je hatte. »Und einer der schwierigsten«, werden jetzt einige meiner Regisseure sagen, wobei sich ihre Gesichter im Erinnerungs- schmerz leidvoll verziehen.

Ich kann ihnen schlecht widersprechen. Bin ich doch oft bei Drehar- beiten zu Hilfe gerufen worden, wenn die Meinungen der Kontra- henten sich unentwirrbar verwickelt hatten. »Reden *Sie* mal mit ihm, Herr Brauner«, hieß es dann, »wir sind mit unserm Latein am Ende.«

Ich bin dann in seine Garderobe marschiert und habe mit ihm geredet. Mit dem Ergebnis, daß die Dreharbeiten bald weitergingen. Ich hatte längst erkannt, daß der gute Otto nicht aus purer Bosheit den wilden Mann spielte. Es lag einfach daran, daß er ehrlich glaubte, es besser zu wissen: besser als der Regisseur, wie diese oder jene Szene zu spie- len war; besser als der Kameramann, wie zu fotografieren war; besser als der Autor, wie die von ihm verkörperte Person wirklich beschaffen war. Manchmal hatte er bestimmt recht. Sehr oft auch nicht! Aber wer wollte das von Fall zu Fall entscheiden? Jedenfalls ist es auf diese Weise schwer, eine gute Arbeit zu liefern. Die renommierten Regis- seure verloren deshalb rasch die Lust an O. W.-Filmen. Sie sagten sich wie Josef von Baky, der das »Tagebuch einer Verliebten« mit Schell/Fischer gemacht hatte: »Warum soll ich mir von ihm noch einmal auf den Nerven herumtrampeln lassen. Es gibt noch andere Schauspieler, genauso gute, solche ohne Cäsarenwahn.«

In Deutschland konnte sich der Otto seine Eskapaden erlauben. Denn die Leute gingen seinetwegen in einen Film. Die Theaterbesitzer buchten ihn blind, denn mit ihm war der Erfolg programmiert. Otto wußte das. Er war ja klug. Aber letztlich nicht klug genug, um zu wis- sen, wo seine Grenzen waren. Eine lag in Hollywood. Und an dieser Barriere sollte er sich den Kopf einrennen. Was damals im einzelnen geschah, hat mir Paul Kohner einmal bei einem Festival in Cannes erzählt. Paul ist einer der erfolgreichsten Agenten Amerikas, und die Liste der Klienten, die er im Laufe seiner Tätigkeit betreut hat, liest sich wie ein Hollywood-Gotha: Greta Garbo, Lana Turner, Yvonne de Carlo, Rita Hayworth, Jeanne Moreau, Liv Ullmann, Maurice Chevalier, Charles Bronson, Fritz Kortner, Ingmar Bergman, Hein- rich Mann, Vicki Baum, Erich Maria Remarque und so weiter.

»Ich schätzte Fischer als einen glänzenden Schauspieler. In den Staaten allerdings war er unbekannnt«, erzählte Kohner. »Ich empfahl ihn für die Rolle des Butlers in ›My Man Godfrey‹. Da er sehr schlecht Englisch sprach, machten sie ihm zuliebe den Butler zu einem österreichischen Adligen, der einmal bessere Zeiten gesehen hatte. Ich bereitete einen großen Bahnhof für ihn vor in Hollywood. June Allyson, seine Partnerin, und Henry Koster, sein Regisseur, holten ihn feierlich ab. Weil ich wußte, daß er Katzen mochte, hatte ich ihm eine Siamkatze in sein Hotelzimmer gesetzt, die er aber sofort rausfeuerte. Bereits am nächsten Tag fing er an, im Drehbuch herumzumalen, strich ganze Seiten, schrieb Dialoge um. Und das ist in Hollywood völlig unmöglich. Im Studio benahm er sich wie eine Primadonna, stritt ständig mit Henry über die Rollenauffassung, sprach einen Text, der nicht im Buch stand.«

Die Bosse von Universal zitierten Kohner zu sich und baten ihn, er möge seinem Klienten klarmachen, was in Hollywood üblich sei: Jeder, auch der größte Star, habe sich dem Regisseur unterzuordnen. »Ich versuchte es, fand aber bei Herrn Fischer kein Verständnis. Er blieb bei seiner Obstruktion, schlug sogar vor, den Regisseur abzulösen. 48 Stunden später war Fischer abgelöst. Die Leute von Universal hatten ihn kurzerhand vor die Tür gesetzt.«

Aber ich wollte Ihnen ja ganz was anderes erzählen. Richtig, die Sache mit »Der zahlt's ja«.

O. W. Fischer sieht sehr sehr gut aus. Will sagen, daß er von Eitelkeit nie ganz frei war. Was sich besonders in der Kleidung zeigte.

Wenn er einen Vertrag mit mir machte, stand bestimmt der Passus drin: »Die in dem Film getragene Garderobe geht nach Drehschluß automatisch in den Besitz von O. W. Fischer über.« Und damit war auch der letzte Schuh und die allerletzte Socke gemeint.

Da er eine ganze Reihe von Filmen bei mir gemacht hat, kam im Laufe der Zeit so einiges zusammen. Es läpperte sich. Als ich ihn einmal in Lugano in seiner »Casa dei Pescatori«, dem Fischerschlößchen, besuchte, warf ich bei günstiger Gelegenheit einen interessierten Blick in seine Schränke. Dort sah es aus wie bei Peeck und Cloppenburg kurz vor dem Ausverkauf.

Ich habe die Anzüge nicht gezählt, die da in Reih und Glied hingen.

Eingeweihte versicherten, daß ihre Zahl nicht weit unter siebenhundert Stück liegt. Siebenhundert Anzüge und ein mit kostbarem Zobelpelz gefütterter Mantel! *Den* aber habe ich nicht bezahlt. Und das kam so.

Wir drehten »Und das am Montagmorgen«. Die Geschichts eines Bankbeamten, der eines schönen Tages seine Bank anruft und sagt: »Ich will nicht mehr, ich hab's satt. Ihr könnt mich alle mal . . .« Er verbarrikadiert seine Wohnung und spielt stillvergnügt mit seiner Eisenbahn. Eine herrliche Komödie über unsere zum Erfolg verdammten, vom Streß zermürbten »Führungskräfte«. O. W. war natürlich der Bankdirektor. Seine Partner waren Werner Finck, Ulla Jacobsson und der unvergessene Robert Graf.

Ich saß an meinem Schreibtisch im Spandauer CCC-Büro und prüfte die Kalkulationen. Der »Herr Bankdirektor« braucht ja wieder eine ganze Menge neuer Anzüge, mußte ich denken, er ist ein modebewußter Mann, na, welch schöner Zufall für O. W.: sieben Anzüge und das an einem Tag. Plötzlich stutzte ich, mein Blick wurde starr. Ich rief meinen Produktionsleiter und sagte: »Würden Sie mir diesen Posten einmal vorlesen. Langsam und deutlich.«

»Ein Wintermantel, gefüttert mit Zobelpelz – DM 3800«, las mein Produktionsleiter.

Ein Wintermantel, gefüttert mit Zobelpelz? Wachte ich? Träumte ich? »Der ganze Film spielt doch mitten im Sommer. Im Hochsommer! Zum Teil bei brüllender Hitze! Wer trägt bei brüllender Hitze Zobelpelze? Können Sie mir das sagen?«

Mein Produktionsleiter konnte es nicht. Ich ließ mich mit Lugano verbinden. Ich fragte O. W. Fischer, ob *er* im Hochsommer Zobelmäntel zu tragen pflege.

»Du, Artur, ich habe mir da noch eine Szene hinzuschreiben lassen«, kam Otto Wilhelms Stimme durch den Draht, »so eine Art Vision, weißt du, also da glaubt der gute Mann, daß er Direktor geworden ist, und auch noch mitten im Winter, und da braucht er ja was zum Anziehen, oder willst ihn erfrieren lassen . . .«

»Vision«, sagte ich mit letzter Kraft, »Vision heißt Sinnestäuschung. Und wenn du glaubst, daß ich dir den Pelzfummel zahle, dann haben dich deine Sinne getäuscht.«

Heinz Rühmann wird hinters Licht geführt und Vicki Baum zerstört eine Legende

Morgenstund hat Gold im Mund, heißt es. Das stimmt beileibe nicht immer, aber bei mir trifft es heute zu. In meiner Post waren nur gute Nachrichten. »Ruf der Wildnis«, einer meiner neuesten Filme, ist in den Kinos des Auslands hervorragend angelaufen. Ich hatte mich also nicht getäuscht, als ich mich für Charlton Heston und Raimund Harmstorf entschied. Sie spielen die beiden Hauptrollen.

Die Tür wird aufgestoßen, und meine Kinder stürzen herein. Sie tanzen um meinen Schreibtisch herum und machen einen Lärm wie eine ganze Schulklasse. Sie stören mich, wie sie nur können. Weil sie wissen, wie gern ich mich von ihnen stören lasse. Ich bin ein Kindernarr, und wenn es nach mir ginge, könnten es ein halbes Dutzend sein. Meiner Frau aber genügen die vier, die wir haben.

»Zeigst du uns heute abend einen Film?« fragt Felicitas. Wir haben nämlich im Keller ein kleines Privatkino. Felicitas, genannt Fela, heute süße 16 Jahre alt, hat den heimlichen Wunsch, Schauspielerin zu werden. Ihre Mutter pflegt auf solche Wünsche mit den Worten zu reagieren: »Lern' lieber was Vernünftiges.« Sammy, 13, und Alice, 10, haben noch keine speziellen Wünsche. Henry, unser Ältester, ist längst nicht mehr im Haus. Er hat gerade in Zürich seinen Dr. jur. gebaut.

Das Telefon klingelt. Ich halte die Sprechmuschel zu und scheuche mit einer verzweifelten Gebärde die fröhliche Bande hinaus. Hollywood ist am Apparat. Ich weiß, das ist ein uralter Scherz, mit dem sich Schauspieler gegenseitig auf den Arm nehmen. Bei mir ist es tatsächlich Hollywood. Und zwar mit der Stimme eines der bekanntesten Agenten der Filmmetropole. Ich hatte ihn beauftragt, mir für mein Korczak-Projekt einen international bekannten Hauptdarsteller zu suchen. Die Geschichte des polnischen Kinderarztes Dr. Janusz Korczak ist eine wahre Begebenheit aus dem letzten Krieg. Ein tragischer, ein erschütternder Stoff, der mir seit Jahren auf den Nägeln brennt. Darüber wird noch ausführlicher zu reden sein.

»Mr. Brauner«, sagt mein Agent, »ich habe Mel Ferrer und Charles Boyer an der Leine. Sie werden um 100 000 Dollar herum zu haben sein. In Frage käme auch Maximilian Schell. Allerdings kenne ich dessen Termine noch nicht.«

Wir vereinbaren ein weiteres Gespräch. Ich lege auf und muß sofort wieder abheben. Dieses Telefon, diese ewige Klingelei! Schließlich braucht der Mensch mal Ruhe. Meine Frau behauptet allerdings, daß ich sofort unruhig werde, wenn das Telefon einmal *nicht* klingelt. Da ist vielleicht etwas Wahres dran. Wie bei allem, was Ehefrauen zu ihren Ehemännern sagen.

Irgendwie brauche ich ein gewisses Maß an Unrast, um produktiv zu sein. Leben muß um mich sein, Betrieb. Kommen und Gehen. Gespräche. Endlose Diskussionen. Verhandlungen. Fruchtbares Chaos, segensvolles Durcheinander. Stille lähmt mich. Ruhe macht mich nervös. Ausspannen läßt mich alt werden. Vielleicht habe ich deshalb noch nie in meinem Leben einen richtigen Urlaub gemacht.

Als wir »Menschen im Hotel« vorbereiteten, fuhr ich nach Paris. Ich wollte für die Rolle der alternden Tänzerin Grusinskaja unbedingt die Morgan haben. Michèle Morgan. Wir trafen uns in einem Jagdschlößchen im Wald von Fontainebleau. In einer Verhandlungspause machte ich mit Michèle einen kleinen Spaziergang durch den Park. In dem Park war ein Teich, der so still dalag, so absolut friedlich, vollkommen in sich selbst ruhend. Kein Lufthauch kräuselte seinen Spiegel.

Da nahm ich plötzlich einen Stein auf und warf ihn in den Teich. Es machte »Plitsch« und von »Still ruht der See« war keine Rede mehr.

»Warum machen Sie das, Monsieur Braunère?« fragte mich die Morgan und sah mich mißbilligend von der Seite an.

»Nur so«, sagte ich, »einfach nur so.« Ich wußte wirklich nicht, warum ich den Stein geworfen hatte.

Aber Maria wußte es, als ich ihr die kleine Geschichte erzählte. Sie wußte es sofort. »Der Teich hat dich geärgert«, sagte sie. »Weil er nichts tat, rein gar nichts. So was muß einen ja aufregen.«

Ich bin davon überzeugt, daß Rastlosigkeit eine Eigenschaft ist, über die ein erfolgreicher Filmproduzent verfügen muß. Und noch etwas braucht er unbedingt: ein geringes Schlafbedürfnis. Das verschafft ihm die Möglichkeit, mehr zu arbeiten als die anderen, früher da zu sein als die Konkurrenz, schneller zu reagieren als der Mitbewerber. »Eh du ›Würstchen‹ jesagt hast, hab ick se schon jefress'n«, sagte der Berliner zum Bayern. Sehen Sie, das ist es!

Ich habe Michèle Morgan damals bekommen für »Menschen im Hotel«. Und nicht nur die Morgan. Ich bekam auch Gert Fröbe. Und Sonja Ziemann. Und O. W. Fischer. Und, absoluter Höhepunkt, Heinz Rühmann!

Rühmann, Fröbe, Fischer, Morgan, Ziemann – das wäre heute noch eine fabelhafte Besetzung. Damals war es eine Sensation. Jeder Star für sich stark genug, um einen Film allein zu tragen. Mir war es gelungen, sie alle unter einen Hut zu bringen. Und einen renommierten Regisseur hatte ich auch: Gottfried Reinhardt, Sohn des berühmtesten Theatermannes Max Reinhardt!

Aber was für ein Stoff war das auch. Was für Bombenrollen. Klar, daß jeder Schauspieler sich darum reißen mußte. »Menschen im Hotel« war ursprünglich ein Roman. Geschrieben von der Wienerin Vicki Baum. Generationen von Lesern haben mit seinen Helden gelebt und gelitten. Er wurde in zwei Dutzend Sprachen übersetzt und erzielte Riesenauflagen. Ein Bestseller, ein Superbestseller . . .

Die Schauspieler hatte ich, den Regisseur, den Musiker (Hans-Martin Majewski), den Kameramann (Göran Strindberg). Und die Rechte hatte ich auch. Metro-Goldwyn-Mayer, Gigant unter den amerikanischen Producern, hatte sie mir verkauft. Für 110 000 Dollar, was nach damaligen Kurs knallharte 462 000 DM waren. Aber Bestseller sind eben nicht von der Stange zu haben. Wenn ein paar Millionen Menschen ein Buch gelesen haben, kann man damit rechnen, daß auch ein paar Millionen ihre Romanhelden als Filmhelden wiedersehen möchten. Und so was verdirbt die Preise.

Die Herren von MGM hatten den Roman übrigens schon einmal verfilmt. Und waren glänzend auf ihre Kosten gekommen. Das war nicht zuletzt der Garbo zu verdanken gewesen. Greta Garbo hatte die Tänzerin Grusinskaja gespielt. Die Leute in den Kinos aller Erdteile hatten geheult wie die Schloßhunde.

Ich ließ mir den Streifen kommen und sah ihn mir in meinem Privat-kino ein halbes Dutzendmal an. Ich erkannte sofort, daß hier ein ge-konnt gemachter Film abspulte. Aber ein bißchen bemoost wirkte er trotzdem. Stummfilm-Schauspielerei, wohin man guckte. Nun, schließlich war er 27 Jahre alt.

Jochen Huth, der neben mir saß, war derselben Meinung. Huth sollte das Drehbuch schreiben. Wir hatten ihn aus einem Dutzend Autoren ausgesucht. Für mich hatte er vorher »Vor Sonnenuntergang« ge-schrieben und »Die Ratten«. Zwei Filme, zwei große Erfolge! Außer-dem war er Bundesfilmpreisträger. Wir einigten uns, die Handlung aus den zwanziger Jahren in die Gegenwart zu verlegen, und Huth ging mit Volldampf an die Arbeit.

Inzwischen entstanden in fünf Ateliers auf dem Spandauer Atelier-Gelände die Bauten. Darunter das später berühmt gewordene riesige Foyer des Grandhotels (das allein 350 000 DM kostete). Der gewaltige Bau war eine Meisterleistung unseres Architekten Rolf Zehetbauer. Ein Gebilde wie aus Mahagoni, Marmor und Fliesen. Dabei war alles nur Sperrholz, Gips und Pappe. Aber das würde kein Zuschauer jemals merken.

Ich war jeden Tag draußen und überwachte den Fortgang der Arbei-ten. Alle Schauspieler waren fest engagiert. Dazu der gesamte Stab: Aufnahmeleiter, Produktionsleiter, Beleuchtung, Kamera, Regie, Ton. Bis zum letzten Scriptgirl wartete alles in den Startlöchern. Wir alle waren aufgekratzt und freuten uns auf die Arbeit. Ich selbst hatte jenes leichte Fieber, das ich immer bekomme, bevor die erste Klappe fällt. Ein Zustand, den ich zugleich liebe und hasse. Ich schlafe dann noch etwas weniger als sonst, wache nachts auf, lege Schallplatten auf, prüfe neue Filmstoffe.

In einer solchen Nacht klingelte das Telefon. Am anderen Ende der Leitung war Jochen Huth.

»Herr Brauner, es . . ., es tut mir wahnsinnig leid, aber . . ., aber mir geht es gar nicht gut. Ich . . ., ich . . .«

»Was haben Sie? Was? Was?« schrie ich in den Hörer.

Ich hörte ihn etwas murmeln von »Arzt war da« und von »Kranken-haus«, dann war die Verbindung unterbrochen.

Mein Drehbuchautor war schwer erkrankt. Aus. Schluß. Vorhang.

Ich spürte, wie es mir eiskalt den Rücken hinunterrann. Wenn wir den Termin des Drehbeginns nicht einhalten konnten, würde mich das jeden Tag 40 000 DM kosten. An Gagen, Versicherungen, Mieten, Zinsen, Provisionen und so schrecklich weiter.

Es begann die Suche nach einem neuen Autor. Das war ein verzweifeltes Unternehmen. Alle Topleute sind meist auf Monate hinaus ausgebucht. Wir jedoch entwickelten ein Mordsglück. Hans Jacobi (der später für mich den »Braven Soldat Schwejk« schrieb) hatte gerade eine »Lücke«. Weil irgendein anderer Auftrag sich verzögert hatte. Wir griffen sofort zu.

Eine fieberhafte Arbeit begann zwischen Regisseur Reinhardt, Produzent Brauner und Autor Jacobi. Jede Seite wurde ihm »noch warm« aus der Maschine gerissen. Wir schufteten Tag und Nacht, und trotzdem durfte nicht geschludert werden. Schließlich ist jeder Film so gut oder so schlecht wie sein Drehbuch.

Weihnachten 1958 kam heran, und wenn mir jemand »Frohes Fest« wünschte, fühlte ich mich veralbert. Ich sagte zu meinem Regisseur: »Herr Reinhardt, wenn wir im Januar nicht ins Atelier kommen, kann ich mich verschrotten lassen. Dann laufen uns die Schauspieler weg. Die haben doch alle ihre Anschlußtermine.«

Das würde uns beiläufig 2 Millionen kosten. 2 Millionen Mark und keinen Meter im Kasten! Aber wir schafften es. Schafften es mit hängender Zunge. Und im letzten Moment.

Am ersten Drehtag fuhr ich hinaus nach Spandau, ging in Halle IV und stieg langsam meine Hoteltreppe empor. Eine ganze Weile stand ich oben auf der Balustrade und schaute hinab auf das Durcheinander, das für mich das schönste Durcheinander der Welt ist. Und die Luft, diese einmalige Luft, gemixt aus Leim, Holz, Pappe, Staub, Öl und heißem Schweinwerferlicht. Ich sog sie tief in meine Lungen.

Unten stand Rühmann in der Maske des vom Tode gezeichneten Buchhalters Kringelein, ein Getretener, Geschundener, der immer das falsche Ende der Wurst erwischt hatte. Die letzten Wochen, die ihm noch verbleiben, will er leben unter dem Motto: »Nach mir die Sintflut«. Er unterhielt sich mit Sonja Ziemann, die das Flämmchen spielte, eine Sekretärin, die in der Stenografie so gut Bescheid weiß wie in der Liebe. O. W. Fischer, als Hoteldieb Baron Gaigern, saß auf einem Klappstuhl und rauchte Kette. Gert Fröbe (Generaldirektor Preysing) probierte sein Schulfranzösisch an Michèle Morgan aus.

»Sind sie nicht lieb«, hörte ich meine Pressechefin sagen, die hinter mir stand.

»Sehr lieb«, antwortete ich. »Zu lieb!« Meine großen Fünf waren geradezu verdächtig freundlich zueinander.

Das sollte in der Tat bald anders werden. Schon am dritten Tag merkte ich, daß die Atmosphäre mit Elektrizität geladen war. Skandale schienen in der Luft zu hängen wie drohende Gewitter. Man wartete förmlich auf den großen Krach. Fünf Topstars in einem Film, das konnte ja nicht gutgehen. Um meine Hallen strichen die Skandalreporter der Boulevardblätter und leckten an ihren Bleistiften.

Und dann war es soweit!

O. W. Fischer pflegte sich vor jeder Szene aufs äußerste zu konzentrieren. Ich glaube, es war so eine Art Yogaübung, die er dabei machte. Er atmete tief ein, hielt den Atem an, verdrehte die Augen. Jedenfalls sah es ein bißchen ulkig aus. Aber ich dachte mir: »Soll er doch, wenn's ihm hilft.«

Plötzlich wurde O. W.'s Blick starr. Ich folgte seinem Blick und sah Gert Fröbe. Fröbe, in der Branche bekannt als Weltmeister im Grimassenschneiden, stand in der Dekoration, atmete tief ein, hielt den Atem an, verdrehte die Augen. Mit einem Wort: er bot eine hinreißende Karikatur von Otto Wilhelm.

Jeden Moment mußte O. W. Fischer in die Luft gehen. Er ging aber nicht. Weil es einen Gottfried Reinhardt gab. Reinhardt sagte lediglich: »Aber meine Herren . . .« Und die Arbeit konnte weitergehen.

Sir Gottfried war der absolute Chef. Er hatte das weder durch Anfälle gelinder Tobsucht noch durch wilde Drohungen erreicht. Und er wußte genau, daß ihm das bei diesem Starensemble auch nichts genützt hätte. Er erreichte sein Ziel durch geradezu chinesische Höflichkeit. Vor allem vermied er es peinlichst, irgend jemand zu duzen. Was Regisseure im allgemeinen zu tun pflegen. Über seine Lippen kam kein »Heinz«, kein »Gert«, keine »Michèle« und keine »Sonny«.

Reinhardt also hatte keinen Ärger mit seinen Superstars. Ich dagegen sollte ihn bald bekommen. Es begann damit, daß Heinz Rühmann an mich herantrat und sagte: »Herr Brauner, worüber wir noch nicht im einzelnen gesprochen haben, das ist die Frage des Vorspanns.«

Was ein »Vorspann« ist, wissen Sie: Er enthält den Titel, die Namen der Darsteller, des Regisseurs, des Kameramanns, der Produktion, des Verleihs und so weiter und so fort. Der Vorspann löst im Kino manchmal ein dumpfes Stöhnen aus, weil der eigentliche Film einfach nicht anfangen will. Noch 'n Name und noch 'n Name und noch einer und jetzt wissen wir auch, wie die Kostümbildnerin heißt, wie der Kamera-Assistent, der Maskenbildner, der Standfotograf, der Trickexperte, die Cutterin, der Requisiteur, der Tonmeister . . . Es ist so wie in dem Couplet von dem Maurer mit seinem Refrain »Und jetzt fangen wir gleeeeiiiichchch an«.

Rühmann also fragte mich, wie das mit dem Vorspann gehandhabt werde. Er meinte damit natürlich, an welcher Stelle sein Name erscheinen würde. Für ihn käme nur eine einzige Stelle in Frage, und das wäre die Numero 1. Also: »Menschen im Hotel. Ein CCC-Film im Verleih der Gloria. Mit HEINZ RÜHMANN und . . .« Die weitere Reihenfolge sei ihm egal.

Als ich versuchte, ihn zu vertrösten, ließ er durchblicken, daß seine Mitarbeit an diesem Film von der Lösung dieser Frage nicht unwesentlich beeinflußt würde.

Kurz darauf empfing ich den Besuch von O. W. Fischer. Wie der Zufall es wollte, hatte er einen ähnlichen Wunsch wie Rühmann. Also: »Menschen im Hotel. Ein CCC-Film im Verleih der Gloria. Mit O. W. FISCHER und . . .« Die weitere Reihenfolge sei ihm wurscht.

Als ich versuchte, ihn zu vertrösten, ließ er durchblicken, daß seine Mitarbeit an diesem Film von der Lösung dieser Frage nicht unwesentlich beeinflußt würde.

Alle guten Dinge sind bekanntlich drei, und Michèle Morgan stand vor meiner Tür. Sie sagte: »Bonjour, Monsieur Braunère, comment allez-vous?« und reichte mir die Hand zum Kusse. Ich küßte und fragte: »Wenn ich mich nicht irre, wollen Sie mit mir über den Vorspann sprechen, Madame?«

Ich hatte mich nicht geirrt. Ich erfuhr auch sofort, wie sie sich den

Vorspann vorstellte. Also: »Menschen im Hotel. Ein CCC-Film im Verleih der Gloria. Mit MICHÈLE MORGAN und . . .« Die weitere Reihenfolge sei ihr gleichgültig.

Als ich versuchte, sie zu vertrösten, ließ sie durchblicken . . ., nun ja, wie gehabt, siehe oben.

Da stand ich nun mit meiner Weisheit und sehnte einen Salomo herbei, den Weisesten der Weisen, der dieses Problem lösen könnte. Versprach ich einem der drei, ihn an die erste Stelle zu setzen, würden die beiden anderen im wahren Sinn des Wortes nicht mehr *mitspielen*. Gleichwertigen Ersatz gab es nicht. Also würde der gesamte Film in die Binsen gehen. Ein Vier-Millionen-Projekt geplatzt wegen eines Streites um des Kaisers Bart: Unvorstellbar!

Eines Nachts kam mir plötzlich die rettende Idee. Ich war schlaflos aus dem Bett geklettert, da schlug ich mir mit der flachen Hand gegen die Stirn: »Ich hab's!«

In den nächsten Tagen war ich damit beschäftigt, Herrn Rühmann, Herrn Fischer und Madame Morgan aufzusuchen.

Ich sagte zu Rühmann: »Ich habe mir die ganze Geschichte noch einmal durch den Kopf gehen lassen. Selbstverständlich gehören Sie an die erste Stelle. Aber, bitte, sprechen Sie mit niemandem darüber, bis die letzte Klappe gefallen ist.«

Rühmann versprach es.

Ich sagte zu O. W.: »Du, Otto, ich glaube, es ist schon richtig, wenn wir dir die Numero 1 geben. Doch großes Ehrenwort: Kein Wort zu den anderen vor Drehschluß. Klar?«

»Klar«, versprach O. W.

Ich sagte zu Michèle Morgan: »Als internationaler Spitzenstar, Madame, kann ich Ihnen den Platz eins schwerlich verweigern. Nur muß ich Sie bitten, daß das völlig unter uns bleibt. Schwören Sie mir das?«

»Mais oui, Monsieur. Aber selbstverständlich.« Madame kniff mit verschwörerischem Einverständnis ihr linkes Auge zu.

Die Dreharbeiten gingen weiter. Meine Superstars vertrugen sich großartig. Wenn sie sich gegenseitig anschauten, las ich in ihren Augen die Worte: »Wenn du wüßtest, was dir am Premierenabend blüht . . .«

Das Filmmaterial wurde geschnitten. Es wurde kopiert. Der Tag der Uraufführung kam näher und näher. Ich spürte, wie meine Hände feucht wurden, wenn ich an meinen Vorspann dachte. Der war inzwischen fertig und die Reihenfolge der Schauspielernamen genau festgelegt. Gott der Gerechte, worauf hatte ich mich da eingelassen.

Am 22. September 1959 flog ich mit meiner Frau nach München. Wir stiegen wie immer im »Königshof« ab. Direkt gegenüber ist der »Gloria-Palast«, in dem der Film seine Premiere erleben sollte. Als wir abends in der Hotelhalle saßen, sah ich das Kommen und Gehen, die Ankunft und die Abfahrt der Gäste mit ganz anderen Augen. Der bullige Herr dort mit dem Kamelhaarmantel, erinnerte er nicht an den Generaldirektor Preysing? Und die kleine Blonde mit dem Schmollmund schien unserem Flämmchen wie aus dem Gesicht geschnitten.

»Vicki Baum«, sagte meine Frau plötzlich, als habe sie meine Gedanken gelesen. »Sie ist doch Anfang der dreißiger Jahre nach Amerika gegangen. Von Reinhardt habe ich gehört, daß sie in Hollywood lebt. Willst du sie nicht einmal anrufen?«

Im nächsten Moment war ich an der Telefonzentrale und meldete das Gespräch an. Eine halbe Stunde später hatte ich Frau Baum bereits am Apparat. Die alte Dame, damals gerade siebzig geworden, stand mit heiterer Distanz über den Dingen. Erfolg, Popularität, Berühmtheit, das alles hatte sie gehabt, und es erschien ihr nicht mehr so wichtig. Bei diesem Gespräch wurde eine Legende zerstört. Das Milieu von »Menschen im Hotel« war so unheimlich echt, daß es für jeden ein offenes Geheimnis war: »Vicki Baum hat sich extra vorher im Hotel Adlon als Zimmermädchen anstellen lassen.«

»Wie war das damals als Stubenmädel?« fragte ich Vicki Baum über zehntausend Kilometer hinweg.

»Nix war.« Ich hörte sie lachen. »Das war nur ein Reklamegag. Ein hübscher kleiner Gag, aber sehr verkaufsfördernd.«

Ich kam an unseren Tisch zurück, und Maria fragte mich, was Vicki Baum gesagt habe. »Sie hat mir toi-toi-toi gewünscht«, sagte ich zerstreut.

»Du wirst es dringend brauchen«, sagte die beste Ehefrau der Welt. Und beide dachten wir an unseren Vorspann . . .

König Salomo, hausgemachter Horror
und Gary Cooper rettet mir das Leben

Auf dem Karlsplatz in München, den die Münchner »Stachus« nennen, drängen sich die Menschenmassen. Eine Hundertschaft Polizisten bildet einen Kordon und versucht, die Menschen von der Ostseite des Platzes abzudrängen. Die Beamten haben sich mit den Armen ineinander verhakt. Ihre Kette kommt immer wieder ins Wanken. Schreie gellen. Eine Gruppe junger Mädchen stürzt zu Boden.

»Zurück!« brüllt jemand, »zuuuuuu–rück!«

Was geht hier vor? Eine Demonstration der Studenten? Ein kommunistisch gesteuerter Krawall? Eine Rockerbande, die wieder mal auf den Putz haut?

Nichts von alledem. Wir schreiben nämlich nicht das Jahr 1969 oder 1973, wir schreiben das Jahr 1959. Damals strömten die Bundesdeutschen noch zu wesentlich friedlicheren Zwecken zusammen. Zum Beispiel um eine Filmpremiere zu erleben.

Und genau darum handelt es sich hier: um die Premiere meines Films »Menschen im Hotel«. Die paar Tausend Münchner, die sich hier Kopf an Kopf drängen, schwenken keine Transparente, sie schwenken die Bilder ihrer Filmlieblinge. Sie versuchen den Polizisten durch die Beine zu schlüpfen und brechen jedesmal in ein wildes Geschrei aus, wenn einer ihrer Favoriten aus dem Wagen klettert. »Bravo Rühmann!« schreien sie. Und skandierend im Sprechchor: »Son–ja! Son–ja!« Oder »Fröööö–beee!« Und wenn sie mit etwas schmeißen, dann sind es Blumen.

Es regnet tatsächlich Blumen an diesem warmen Herbstabend des Jahres 1959. Man applaudiert sogar, als ich zusammen mit meiner Frau auf das im grellen Scheinwerferlicht liegende Portal des Gloria-Palastes zuging. Den Mann, der den Film gemacht hat, den Produzenten, kennen die Filmfans im allgemeinen nicht. Bei mir war das anders. Nicht zuletzt durch meinen Spitznamen »Atze« war ich überall bekanntgeworden.

Wenn ich um etwas eine Träne vergieße, dann um die Filmpremieren der fünfziger Jahre. *Premiere* – was für ein Glanz hatte dieses Wort doch damals! Die besten Zimmer in den Hotels waren ausgebucht. Die Zeitungen schrieben ellenlange Reportagen. Die Schauspieler gaben ihre letzten, ihre allerletzten Interviews. An der Vorverkaufskasse des Uraufführungskinos bildeten sich lange Schlangen. Wer irgendwas mit dem Film zu tun hatte, und sei es als Toilettenmann der Atelierkantine, wurde mit der Frage bombardiert: »Ist vielleicht nicht doch noch eine Karte zu kriegen?« Mich selbst riefen Leute an, die ich seit Jahrzehnten nicht gesehen hatte, gaben sich als meine besten Freunde aus und baten um »einen Stuhl« oder irgendeinen Notsitz«.

»Weißt du noch, Artur?« fragte mich meine alte Freundin Ilse Kubaschewski, die Chefin des Gloria-Filmverleihs, als wir uns bei der letzten Berlinale trafen. »Weißt du noch, wie wir die Schell mit der Feuerleiter aus ihrem Zimmer im Kempinski holen mußten? Weil die Leute das Hotel belagerten?«

Ich wußte es noch. Ich wußte auch noch, wie der Rudi Prack über den Kudamm flüchtete, weil die lieben Fans seine Kleider als Souvenir betrachteten: jeder wollte ein Stückchen vom Jackett oder von der Hose. Und Lilo Pulver kroch zu einem fremden Autofahrer in den Wagen, sonst hätte man sie zerquetscht. Vor lauter Liebe.

Der Prack, die Schell und die Pulver, sie haben damals geschimpft wie die Rohrspatzen auf »diese Verrückten«. »Das geht doch nun wirklich zu weit. Das ist ja Hysterie.« Na, und so weiter.

»Seid froh«, habe ich ihnen damals gesagt, »daß es noch solche Verrückten gibt. Solange man euch vor Begeisterung umbringen will, ist unser Geschäft noch in Ordnung. Das ist wie bei einer Kokotte. Wenn sich keiner mehr nach ihr umdreht, ist sie passé.«

Doch zurück zu unserer Premiere. 20.15 Uhr zeigte meine Uhr. Ich saß in einer der Logen und schaute mich vorsichtig um. Ich sah Rühmann und Fischer. Beide im Frack und glänzend gelaunt. Die Sonny sah wieder mal entzückend aus in ihrem schneeweißen Kleid aus echten Brüsseler Spitzen. Die Morgan zeigte Diors neueste Kreation.

»Epilog«: Hochkarätiger wurde nie ein Film besetzt. Regie: Helmut Käut-
ner. Carl Raddatz, Gustav Püttjer, Rolf von Nauckhoff, Hilde Hildebrand,
Peter van Eyck, Rolf Heydel (v. l. n. r.) (8) Bettina Moissi, Carl Raddatz,
Peter van Eyck, Rolf von Nauckhoff, Arno Assmann, Paul Hörbiger, Hilde
Hildebrand, Hans-Christian Blech, Rolf Heydel, Fritz Kortner, Jeannette
Schultze (v. l. n. r.) (9)

Mit diesem Film begann Cornell Borchers' Weg nach oben: kurze Zeit später rief Hollywood nach ihr. Auch Martin Held stand hier noch am Anfang seiner Karriere.

»Schwarze Augen«

Angelika Hauff, Jan Hendriks

Gehetzt in den Ruinen des Reichstags wurden Irina Garden und Gordon Howard in dem Politkrimi »Die Spur führt nach Berlin« . . .

. . . in dem Jungstar Barbara Rütting, heute fleißige Brotbäckerin, ihre große Chance hatte (hier im Bild mit Gordon Howard).

»Die Kaiserin von China«, ein Gre-
the-Weiser-Film, der zu einem Nad-
ja-Tiller-Streifen wurde. Ursache: ein
verliebter Regisseur (v. l. n. r.: Ernst
Waldow, Grethe Weiser, Nadja Tiller).

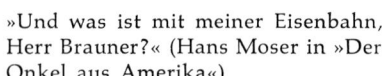
»Und was ist mit meiner Eisenbahn,
Herr Brauner?« (Hans Moser in »Der
Onkel aus Amerika«)

Fröbe überschüttete sie gerade mit gestenreichen Komplimenten. Dann wurde es finster. Nicht nur im Saal. Auch in meinem Kopf. 20.30 Uhr. Musik rauschte auf. Der Titel erschien auf der Leinwand. Der Vorspann. *Mein* Vorspann. »Menschen im Hotel. Ein CCC-Film im Verleih der Gloria. Mit . . .«
Ich verrenkte mir den Hals, um die Gesichter der hinter mir sitzenden Stars zu studieren. Meine Frau trat mir auf den linken Lackschuh. »Benimm dich nicht so auffällig«, zischte sie mir zu. Ich schaute wieder auf die Leinwand. ». . . im Verleih der Gloria. Mit O. W. FISCHER – MICHÈLE MORGAN – HEINZ RÜHMANN . . .«
Alles schön alphabetisch. Ich hatte mich in das Alphabet gerettet! »F« vor »M« vor »R«. Hätte König Salomo einen besseren Ausweg gewußt?
22.30 Uhr. Das letzte Bild. Das Wort »ENDE« verdämmerte. Beifall brandet auf. Es ist nicht der gewöhnliche Höflichkeitsbeifall. Das merkt ein alter Hase sofort. Es ist ehrlicher, enthusiastischer Applaus. Gespendet von einem Publikum, das sich von den Plätzen erhoben hat. O. W. Fischer steigt die kleine Treppe zur Bühne empor zur Verbeugungs-Arie. Sonja Ziemann folgt ihm. Fröbe. Schließlich – ich atme tief durch – auch Michèle Morgan. Nur Heinz Rühmann zögert, zögert sichtlich. Doch dann klettert auch er auf die Bühne.
23.00 Uhr. Premierenfeier. Sekt. Kaviarbrötchen. Ilse Kubaschewski strahlt und hat es natürlich gleich gewußt. Daß es ein Erfolg wird. O. W. umarmt mich. Von der Sonny kriege ich ein Küßchen. Fröbe zerquetscht mir die Hand. Dann kommt die Morgan, schaut mich aus schrägen Katzenaugen an, schweigt sekundenlang. Ihr Gesichtsausdruck verheißt nichts Gutes. Die Morgan kann sehr temperamentvoll sein. Will sie etwa hier vor aller Augen und Ohren einen Skandal provozieren?
»Monsieur Braunäääär . . .«, sagt sie kalt.
»Un moment, s'il vous plaît, Madame«, sage ich. Ein Fingerschnalzen, der Boy bringt mir die bereitgestellten Blumen. Es sind fünfzig Rosen. Langstielig, blutrot, von betäubendem Duft. Ich überreiche ihr das Bukett. Im nächsten Moment geschieht ein kleines Wunder. Michèle Morgan vergißt alles um sich herum. Sie taucht ihr Gesicht

in die Blütenblätter. Ihr Gesicht verklärt sich. Sie schaut mich an und raunt: »Schuft!« Aber sie lacht dabei.

»Laßt Blumen sprechen.« Ich weiß, das ist eine Binsenwahrheit und nicht sehr originell. Trotzdem wundere ich mich immer wieder, wie wenig Männer sich danach richten. Jeder Krach, jedes Bösesein, jede Auseinandersetzung kann durch ein paar Blumen getilgt werden. Es ist geradezu unheimlich, welche Wirkung diese zarten Geschöpfe ausüben. Nach meiner Erfahrung gibt es keine Frau, die ihnen gewachsen wäre.

Blumen schaffen auf Anhieb ein freundliches Klima. Gerade in unserer Branche. Wenn ein Film ins Atelier geht, versäume ich es nie, den Schauspielerinnen ihre Lieblingsblümchen in die Garderobe zu stellen. Caterina Valente bekam regelmäßig ihren weißen Flieder. (Und wenn es tiefster Winter war! Wozu gibt es Treibhäuser oder südliche Länder, in denen er gerade wächst?) Lilli Palmer freute sich über ihre Cattleya, eine besonders schöne Orchidee. Grethe Weiser liebte den Duft von Nelken über alles. Wenn ich in ihre Garderobe kam, sagte sie regelmäßig: »Artur, Mensch, schnupper doch mal. Duften sie nicht *himmm*–lisch?!« Und ich mußte schnuppern und noch mal schnuppern. Lilo Pulver stand einem Bukett frischer Veilchen geradezu fassungslos gegenüber und wäre einmal beinahe mit ihrer Gage heruntergegangen. Beinahe . . .

Natürlich hätten sich all diese Stars ihre Blumen auch selber kaufen können. Aber Blumen, die sich eine Frau selbst kauft, sind keine Blumen. Wenn sie wirklich duften sollen, muß sie ein Mann geschenkt haben.

Rosen für die Morgan. Und Michèle war besänftigt. Wie aber besänftige ich Heinz Rühmann? Man kann als Mann einem Mann schlecht ein paar Maiglöckchen in die Hand drücken. Er stand in einer Ecke, nippte an seinem Sektglas und mied meinen Blick. Ich traute mich nicht in seine Nähe.

Schließlich faßte ich mir ein Herz, ging zu ihm und sagte: . . ., das heißt, ich kam nicht dazu, etwas zu sagen.

Rühmann kam mir zuvor. »Was *Sie* mir jetzt zu sagen haben, das würde mich tatsächlich interessieren«, meinte er und musterte mich von oben bis unten.

34

Ich versuchte ihm zu erklären, warum ich so hatte handeln müssen, und daß, wenn ich nicht jedem den ersten Platz versprochen hätte, der ganze Film geplatzt wäre, und er möge doch Verständnis haben, und letztlich sei es dem Publikum egal, in welcher Reihenfolge die Schauspieler auf dem Vorspann erschienen und . . ., und . . ., und . . .

Er schien mir gar nicht zuzuhören. »Eigentlich sollte man Sie verklagen.«

Ich sagte: »Wir haben einen guten Film gemacht, und wenn er so gut geworden ist, dann ist das nicht zuletzt Ihrer Mitwirkung zu verdanken, Herr Rühmann. Wem würde ein Prozeß nützen? Ich glaube, niemandem. Auch nicht dem, der ihn gewinnt. Die Hauptsache ist doch das Ergebnis unserer gemeinsamen Arbeit. Meinen Sie nicht auch?«

Er schaute mich eine Weile an. »Vergessen wir's.«

Er ist tatsächlich nie mehr darauf zurückgekommen. Nachgetragen hat er mir auch nichts. Im Gegenteil: wir sollten bald noch einen Film zusammen machen. Einen Film, dem in Amerika höchste Ehren erwiesen wurden. Es war »Der brave Soldat Schwejk«. Man zeichnete ihn mit dem »Golden Globe« aus. Der Goldene Globus wird in jedem Jahr von den Kritikern dem besten ausländischen Film verliehen und kommt praktisch einem »Oscar« gleich.

Jahre später habe ich die Memoiren von Vicki Baum gelesen. Die charmante, hochbegabte Vicki, ohne die unser Film nie gedreht worden wäre. Als ich auf Seite 403 angekommen war, mußte ich herzlich lachen.

». . .der Film nach meinem Buch«, hieß es da, »das war wie ein überlebensgroßer Geburtstagskuchen mit ungewöhnlich viel Rosinen, um die eine ganze Schar Filmstars mit Klauen und Zähnen kämpften und einander die Bissen in den Mund zählten. Wie man zwischen dem dynamischen Ehrgeiz der jungen Crawford und dem königlichen Herrschaftsanspruch der Garbo einen Ausgleich gefunden hat, ahne ich schon gar nicht.«

Wie sich die Bilder glichen. Jedenfalls schien der Produzent damals ähnliche Balanceakte ausgeführt zu haben, wie ich es tun mußte.

»Schluß für heute!« sage ich laut und schiebe die Schreibmaschine zurück. Ich stehe auf, mache ein paar Kniebeugen. Die Knochen knacken. Ich höre das so deutlich, weil es still ist in unserem Haus. Verdächtig still. Und das bei drei Kindern! Es ist Zeit, einmal nach ihnen zu sehen. Ihre Mutter ist heute den ganzen Tag weg. Sie betreut in unserer Gemeinde die Alten und Kranken. Eine Aufgabe, die sie mehrere Tage in der Woche beschäftigt.

Wo finde ich die lieben Kleinen? Geschlossen vor dem Fernsehapparat. Fela lümmelt auf der Couch. Alice frißt beim Zuschauen ein Eis. Sammy spielt mit seinen Holzlatschen.

»Fernsehen, natürlich! Das ist doch bestimmt wieder irgend so ein Film«, meckere ich, »den ihr noch nicht sehen solltet.«

»Hast ihn ja selber gemacht«, meint Fela.

Ich gucke genauer hin und muß ihr recht geben. Es ist tatsächlich einer meiner Filme, der hier über den Schirm flimmert. Einer aus der »Dr. Mabuse«-Reihe. Mit Gert Fröbe, Lex Barker, Daliah Lavi, soviel ich sehe. Hausgemachter Horror für meine lieben Kleinen. Kann ich ihnen ja kaum verbieten. Schließlich glauben sie, daß das, was Vater tut, wohlgetan ist.

Kinder vor dem Fernsehschirm, das ist ein Kapitel! Ich glaube, da brauche ich niemandem etwas zu erzählen. Eltern wissen, was es da manchmal für Ärger gibt. Für pädagogische Bedenken. Für gesundheitliche Sorgen. Das ist schon ein Problem.

Kinder vor dem Fernsehschirm eines Filmproduzenten aber sind ein noch viel größeres Problem!

Ich komme mir da manchmal vor wie der Pelikan aus der Sage, der seine eigene Brust aufreißt und damit seine Brut füttert. Das Fernsehen hat den Film weitgehend kaputtgemacht. Gewiß, es gibt da noch andere Ursachen, doch die Hauptursache ist dieser geliebte, verdammte Kasten, vor den man sich hinlümmeln kann wie Fela, vor dem man ein Eis lutscht wie Alice, der einen völlig unabhängig machen kann von jedem Kino. Das ist die Stelle, wo es anfängt bei mir weh zu tun: wenn meine eigenen Kinder noch nicht mal mehr in eine Jugendvorstellung zu bringen sind.

»Wieviel hat'n dir das Fernsehen dafür bezahlt, Pappi?« fragt Sammy und läßt für einen Moment seine Holzlatschen in Ruhe.

36

»Eine Menge«, sage ich. Kinder müssen nicht alles wissen. (Im Vertrauen: Ich kriege für einen alten Spielfilm vom Fernsehen zwischen
40 und 100 000 DM je nach Qualität und Starbesetzung.)
Wenn Sammy oder Alice ihre Kindergeburtstage feiern und sich die
ganze Gesellschaft wieder vor den Schirm hocken will, geht das allerdings über meine Kräfte. Ich nehme in solchen Fällen meinen ganzen
Mut zusammen und sage: »Jetzt gehen wir alle in den Keller und
schauen uns einen richtigen Film an.«
Bei einer solchen Privatvorführung in unserem perfekt eingerichte-
ten Kintopp, dem eine ganze Filmothek mit Dutzenden von Spielfil-
men angegliedert ist, wurde ich einmal von einem Achtjährigen an-
gesprochen, einem jener Berliner Jungs, die bekanntlich »helle« sind.
»Stimmt det, det Sie Ihre Filme alle selba machen?« fragte er.
Ich sagte, daß es stimmt.
»Wie machen Se'n so wat?« erkundigte er sich skeptisch.
Ich lud ihn ein, einmal zu den Dreharbeiten in meine Ateliers nach
Spandau hinauszukommen und sich das anzuschauen.
»Spandau?« sagte er und schob seinen Kaugummi von links nach
rechts. »Det is aber wei-et, j. w. d. würd' ick saren. Aber 'n Autojramm
könnten Se mir jeben.«
Ein Autogramm! Mir schwoll die Brust. Ein sympathisches Kerlchen,
wirklich sehr aufgeweckt und so klug für sein Alter. Hatte ja voll-
kommen recht. Warum immer nur Filmstars? Schließlich war der
Namenszug eines Produzenten auch was wert. Ich zückte meinen
goldenen Kugelschreiber und gab dem Jungen ein Autogramm.
Woraufhin er noch ein zweites haben wollte. Und ein drittes, ein
viertes, ein fünftes. Was um Himmels willen er denn mit so vielen
Autogrammen von mir wolle?
»Für fünf Brauners«, sagte er verlegen grinsend, »krieg' ick auf de
Autojrammbörse eenen Alexander oder zwee Wencke Myhre.«
Welche meiner Filme die Kinder am liebsten sehen? Nun Karl May
natürlich: »Old Shatterhand«, »Durchs wilde Kurdistan«, »Im
Reiche des silbernen Löwen«. Dann die Edgar-Wallace-Sachen: »Das
Ungeheuer von London City«, »Das Phantom von Soho«, »Der
Würger von Schloß Blackmoore«.
Am allerliebsten aber haben sie einen Film, und der ist nicht von mir.

Leider. Er heißt »12 Uhr mittags«. Ein bereits klassisch gewordener Western von atemberaubender Spannung. Jeder, der ihn gesehen hat, wird mir da zustimmen. Meine Kinder aber sehen ihn deshalb so gern, weil ein Mann darin die Hauptrolle spielt, den sie besonders mögen: Gary Cooper.

Gary Cooper. Ich kann mir Sentimentalität nicht oft leisten in meinem Beruf, aber wenn ich an diesen Mann denke, dann werde ich sentimental. Ich habe in meinem Leben als Produzent fast alle großen Filmschauspieler Europas und Amerikas kennengelernt. Von manchen war ich ziemlich enttäuscht.

Da war ein Komiker, über den die Leute im Kino vor Lachen brüllten. Er selbst hatte überhaupt keinen Humor. Der Krimiheld, der sich seinen Weg freizuboxen pflegte, erwies sich als das, was der Berliner eine »Pfeife« nennt. Und der Sexstar, der die Leinwand zum Knistern brachte, zeigte sich als spießiges Hausmütterchen. Selbstverständlich weiß ich auch, daß man von einem Helden im Film nicht verlangen kann, daß er auch ein Held im Privatleben ist. Aber ein klein wenig sollte er doch dem Bild entsprechen, das man sich von ihm gemacht hat.

Mr. Cooper entsprach diesem Bild hundertprozentig. Ich lernte ihn bei den Berliner Filmfestspielen 1953 kennen. In diesem Jahr waren überraschend viele Absagen im Festspielbüro eingetroffen. Stars, die ihr Erscheinen fest zugesagt hatten, hatten plötzlich »Terminschwierigkeiten« oder waren auf rätselhafte Weise »erkrankt«.

Die Berliner kannten den Namen der Krankheit. Sie hieß »Angst«. Der Volksaufstand in Ost-Berlin war gerade niedergeschlagen worden. Am Potsdamer Platz standen noch die sowjetischen Panzer. Nachts hallte Gewehrfeuer von drüben. Keine angenehme Situation für Festivalbesucher, zugegeben. Und trotzdem hatte niemand in West-Berlin das geringste zu befürchten.

Ich lernte Cooper kennen, als ich mit Maria noch in meiner kleinen Drei-Zimmer-Wohnung am Hohenzollerndamm lebte. Er stand vor unserer Tür. Baumlang. Mit einem kleinen Lächeln in den Mundwinkeln. Er sagte »Hallo«. Und sonst sagte er gar nichts. Aber es genügte. Er war uns auf Anhieb sympathisch.

Er ließ sich in einen Sessel fallen und streckte seine Beine so weit von sich, daß ich zur Sicherheit die Tür zum Nebenzimmer öffnete, damit er genügend Platz hatte. »Coop«, wie man ihn in Hollywood nannte, lachte. Er trank Bourbon-Whisky und ging ab und zu auf unseren Balkon, um einen Blick auf die Straße zu werfen.

»Berlin«, sagte er, »dieses Berlin . . .«

»Warum sind *Sie* eigentlich gekommen? Und haben nicht abgesagt. Wie viele Ihrer Kollegen?« fragte ich ihn.

Er verzog das Gesicht und schwieg. Schließlich sagte er: »Ich mußte kommen.« Und nach einer Weile: »Vielleicht ist es gerade jetzt wichtig.«

Ja, es war wichtig! Für die Berliner. Für die Berlinale. Für den Film. Und für mich. »Mr. Cooper«, sagte ich, als wir abends im Kempinski beim Essen saßen, »wissen Sie eigentlich, daß Sie mir einmal das Leben gerettet haben?«

Er sah mich aus seinen unwahrscheinlich hellen Augen erstaunt an. Aber er ging nicht darauf ein. Das Essen war ihm erst einmal wichtiger. Er hatte sich Eisbein mit Sauerkraut bestellt. Dazu trank er eine Weiße mit Schuß. Was nicht ganz zusammenpaßte, aber »Coop« wollte die Berliner Küche studieren, und zwar gründlich. »Man muß in einem fremden Land das essen, was die Leute dort essen, nur so kann man sie kennenlernen«, sagte er.

»Ais–bain mit Krrrrraut«, wie er es aussprach, schien ihm zu schmecken. Ich freute mich: Berlins kulinarische Visitenkarte konnte sich offenbar sehen lassen.

Wir wurden bald vertraut miteinander. Er redete mich mit »Arthur« an (was im Englischen allerdings schaurig klingt: nämlich wie »aa–ßer«) und verbat sich mein »*Mister* Cooper«. »Sagen Sie Gary!«

Er hatte nie auch nur den leisesten Anflug von »Staralüren«. Seine Herzlichkeit war nicht gespielt. Sie kam wirklich aus dem Herzen. Er war von ausgesuchter Höflichkeit auch dem kleinsten Hotelboy gegenüber oder der Putzfrau im Atelier. Er fühlte sich mit dem, was man »das Volk« nennt, völlig eins. Und es war keine Masche von ihm, mit der sich gute Publicity machen ließ. Wir sprachen an diesem Abend auch über das »Geheimnis« seines Erfolgs.

Cooper sagte: »Ich habe mich immer als ein hundertprozentiger Durchschnittsmensch gefühlt, als der nette Junge von nebenan. Und so habe ich auch gespielt. Ich konnte nur so spielen. Weil ich ja tatsächlich eine Durchschnittstype bin. Die Leute, die mich im Kino sahen, die haben mir das deshalb auch abgekauft. Sie haben gedacht: ›Der ist ja genauso wie ich, und er schafft es immer, also habe ich *auch* 'ne Chance, es zu schaffen.‹ Da ist es schon, das sogenannte Geheimnis.«

Später gesellte sich Mrs. Cooper zu uns. Sie strahlte die gleiche warme Herzlichkeit aus. Die beiden paßten großartig zueinander. Ihre Ehe war so gut, daß man in Hollywood sagte »Glücklich wie die Coopers«. Halb neidisch, halb sehnsuchtsvoll. Je nachdem.

Die Coopers haben sich auch nie dem Terror der Hollywooder »Klatschtanten« gebeugt. Klatschtanten sind Leute, die über alles, was mit der Filmbranche zu tun hat, nun ja, klatschen. Sie tun das in schriftlicher Form in ihren Zeitungen. Immer sind sie dabei gewesen. Auch wenn sie nicht dabei waren. Sie wissen, wann und mit wem Frank Sinatra seine letzte Liebesnacht verbracht hat. Warum Liz Taylor sich wieder einmal von Richard Burton getrennt hat. Und was James Dean sagte, bevor er mit seinem Sportwagen in den Tod raste.

Klatschtanten sind keineswegs auf das weibliche Geschlecht beschränkt. Es gibt sie auch in maskuliner Ausgabe. Besonders bei uns in Deutschland. Wo sie »Hunter«, »Graeter« oder »Adabei« heißen und die Neugierde des Publikums mit Backgroundstories füttern.

In den USA hießen die berühmtesten dieser Spezies Louella Parsons, Hedda Hopper und Elsa Maxwell. Inzwischen sind alle drei verstorben. Friede ihrer Asche. Wenn sie zu einer Party baten, war es absolute Pflicht zu erscheinen. Besonders die Schauspieler konnten sich dem nicht entziehen. Es sei denn, sie wollten gesellschaftlichen Selbstmord begehen. Wenn sich zwei Stars auf solchen Parties trafen, spielte sich immer wieder folgender Dialog ab:

»Warum bist du hier?«

»Aus demselben Grund wie du.«

»Ach so, hast dich auch nicht getraut abzusagen.«

Nur die Coopers trauten sich. Gary pflegte solche Einladungen mit schöner Regelmäßigkeit in den Papierkorb zu werfen. Und dazu gehörte verdammt viel Mut.

Über all das sprachen wir an diesem Abend. Und über vieles andere.

Aber schließlich sagte »Coop«: »Du wolltest mir erzählen, Artur, wie ich dir einmal das Leben gerettet habe. *Ich* kann mich nicht daran erinnern.«

Ich zögerte. Obwohl ich selbst das Thema aufs Tapet gebracht hatte. Aber mein Bericht würde einen Ausflug in eine grausige Vergangenheit bedeuten.

Man schreibt den Dezember 1939. Die Deutschen hatten Polen überrannt. Die polnische Armee war vernichtet. Die jüdische Bevölkerung sollte in Ghettos zusammengepfercht werden. Auch vor unserem Haus in Lodz fuhren Lastwagen der SS-Kommandos vor. Ich war damals gerade einundzwanzig und lebte noch bei meinen Eltern. Schauspieler hatte ich werden wollen. Oder Komponist. Ich war aber beim Film gelandet und verdiente mir die ersten Sporen bei zwei Kulturfilmen. Der eine hatte mich mit einer Expedition in den Iran geführt und hieß »Die Schätze des Ostens«. Den anderen hatten wir am Toten Meer gedreht. Für Vater war das nichts weiter als brotlose Kunst. Es wäre ihm lieber gewesen, ich hätte sein Geschäft übernommen. Er war Holzgroßhändler. Und so hatte ich auf seinen Wunsch hin das Technikum besuchen müssen. Alle diese Pläne aber waren in dem Moment gegenstandslos, als der Krieg ausbrach.

Meine Eltern und meine vier jüngeren Geschwister machten sich daran, ihre Sachen zu packen. Man hatte ihnen erlaubt, einen Teil ihrer Habe ins Ghetto mitzunehmen. Sie gingen mehr oder weniger freiwillig, weil sie nur an eine vorübergehende Maßnahme dachten. Es war eben Krieg. Daß man Menschen planmäßig und methodisch umbringen könnte, nur weil es Menschen anderer Herkunft waren, das vermochten sie nicht zu glauben. Und auch nicht, daß die Ghettos nichts anderes waren als Todesfallen.

Ich aber glaubte es. Obwohl keine Phantasie damals ausreichte, um sich Vernichtungslager wie Auschwitz, Treblinka, Maidanek vorzustellen. Ich sagte zu meinen Eltern: »Wenn ihr ins Ghetto geht, werde ich euch nicht wiedersehen. Denn ich bleibe nicht. Und außerdem . . ., außerdem will ich nicht, daß wir einen gelben Stern tragen.« Noch in derselben Nacht brachte ich sie mit einem Pferdefuhrwerk in eines der vergessenen Dörfer am Rande der großen Wälder.

Dort waren sie vorerst in Sicherheit. Das Leben war primitiv, aber wir hatten einen Herd, wir hatten ein Dach über dem Kopf, und zu essen gab es ebenfalls.

Bald aber tauchten auch in den Dörfern die Häscher auf. Nachts, wenn die Hunde anschlugen und von Ferne Motorengeräusch erklang, zogen wir uns hastig an und waren bereit zu flüchten. Als im benachbarten Dorf die ersten Familien denunziert und abtransportiert wurden, sagte ich: »Wir müssen weg von hier. In die Wälder an der deutsch-russischen Demarkationslinie. Ihr wißt, daß dort Tausende von uns leben. Ich will als erster gehen und ein Versteck suchen. Dann hole ich euch nach.«

Zusammen mit vier anderen Jungens brach ich auf. Wir marschierten nachts und verbargen uns am Tage in leeren Feldscheunen. Nach mörderischen Fußmärschen durch das tief verschneite Land erreichten wir den San. Drüben auf der anderen Seite des Flusses lagen die Russen. Von ihnen konnten wir keine Hilfe erwarten. Ihnen waren durch den deutsch-sowjetischen Nichtangriffspakt die Hände gebunden. Wir krochen in das dschungelartige Ufergestrüpp und warteten die Dämmerung ab. Nach Sonnenuntergang sollten zwei ortskundige Führer erscheinen, um uns über den Fluß zu lotsen.

Das Knattern eines Motorrads kam näher. Das mußten unsere Leute sein. Einer von uns verließ das Versteck. Wir hörten ihn schreien. Im nächsten Moment waren wir von SS-Soldaten umringt. Irgend jemand mußte uns verraten haben. Zwei meiner Kameraden versuchten zu flüchten. Sie sprangen in die eisigen Wasser des San und ertranken. Die beiden anderen wurden gefilzt. Man fand bei ihnen deutsches Geld. Wer von uns deutsches Geld besaß, konnte auf der Stelle erschossen werden. Man führte die beiden auf eine Lichtung, und ich hörte das peitschenartige Knallen des Karabiners.

»Hast du auch Geld?« fragte mich der Rottenführer. Er sah genauso aus, wie Peter van Eyck aussah, wenn er SS-Offiziere spielte.

Natürlich hatte ich Geld bei mir. Mit Geld konnte man sich Lebensmittel kaufen. Schnaps, Tabak. Das Leben. Es war eingenäht in die Sohle meines rechten Stiefels, und ich war entschlossen, es zu behalten. Denn es war alles, was unsere Familie noch besaß. »Ich habe nichts. Gar nichts«, sagte ich.

»Zieh dich aus.«

Stück für Stück legte ich meine Kleider ab. Ich wußte nicht, ob ich mehr vor Angst oder vor Kälte zitterte.

»Und jetzt die Schuhe.« Er zog sein Seitengewehr, stieß es in die Sohle des linken Stiefels und schnitt sie von unten nach oben auf. Er nahm den rechten Stiefel, schaute mich an. »Wenn ich was finde, bist du hin. Das weißt du.«

Ich unterbrach meine Erzählung und wandte mich an Gary Cooper, der mir die ganze Zeit zugehört hatte, ohne mich mit einem Wort zu unterbrechen. »Ja, Gary, und in diesem Moment traten Sie in Aktion.«

»Wie das?« fragte er und sah mich an, als hätte ich zu tief ins Glas geschaut. Dabei trinke ich kaum Alkohol.

»Sie haben da mal einen Western gemacht. In einer Szene stehen Sie am Ufer eines Flusses. Unbewaffnet. Ihnen gegenüber ein Killer, der seinen Colt gezogen hat. Sie hören das Klicken, mit dem der Hahn gespannt wird. Sie wissen, daß sie in der nächsten Sekunde tot sein werden. Und da . . .«

». . . und da senke ich meinen Schädel und stoße ihn dem Killer in den Bauch.« Cooper übernahm das Wort und stopfte sein Zigarillo erregt in den Aschbecher. »Der Bursche kippt aus den Socken, fällt ins Wasser, ich mit einem Hechtsprung hinterher, ich schwimme unter Wasser, zwanzig Meter, dreißig, tauche auf, sie ballern auf mich wie die Verrückten, ich tauche wieder, komme hoch und diesmal schießen sie nicht mehr. Sie glauben, daß ich längst abgesoffen bin.«

»Und genauso war es bei mir«, sagte ich langsam.

»›The Texan‹ hieß der Streifen, glaube ich. Der Texaner.« Cooper sah mich aus zusammengekniffenen Augen an.

»Ich weiß es nicht mehr. Ich weiß nur, daß ich den Film in einer Jugendvorstellung in Lodz gesehen habe. Und daß die Szene mit dem Kopfstoß blitzartig vor mir ablief. Ich handelte wie ein Schlafwandler.«

Halb erfroren, zu Tode erschöpft, blutend schleppte ich mich ans andere Ufer. Nach ein paar hundert Metern brach ich bewußtlos zusammen. Zwei meiner Landsleute fanden mich und brachten mich in ihr Versteck.

Gary Cooper sagte nachdenklich: »Da dreht man irgendeine Westernklamotte, wendet einen uralten Trick an und ahnt um alles in der Welt nicht, daß da irgendwo ein Mensch lebt, dem dieser Film das Leben retten wird. Eine verrückte Geschichte.«

Cooper war von der »verrückten Geschichte« mehr beeindruckt, als ich es ahnen konnte. Nach seiner Rückkehr nach Hollywood schrieb er mir einen langen Brief. Der Brief gehört zu jenen »Souvenirs«, die ich am liebsten habe.

». . . habe ich Deine Story, lieber Artur, hier immer wieder erzählt«, hieß es da. »Jeder war davon mächtig beeindruckt. Und jeder erzählte sie weiter. Darüber bin ich verdammt froh. Gab es doch auf den Parties, wo man sich sonst nur die Mäuler zerreißt und Klatsch häkelt, endlich mal ein gutes Thema. Mir selbst geht das alles überhaupt nicht mehr aus dem Kopf. Erst neulich habe ich mit Mrs. Cooper darüber gesprochen (die Dich herzlich grüßen läßt). Immerhin, wenn ich mal abtrete von dieser Bühne, die das Leben heißt, dann weiß ich, daß bei der ganzen Filmerei wenigstens etwas herausgekommen ist. Man sagt mir nach, daß ich Millionen Menschen begeistert habe, aber viel wichtiger ist mir: Einen einzigen habe ich gerettet.«

Die Zeit, die ich in den Wäldern in der Nähe des San verbracht habe, war eine Zeit des Hungers, der Kälte, der Not und der ständigen Todesangst. Wir lebten zu zwölft in einer in die Erde gegrabenen Höhle: zwei Frauen mit ihren beiden Kindern, drei junge Burschen, zwei ältere Ehepaare und ich. Feuer machen durften wir nur, wenn der Nebel vom Fluß her uns einhüllte wie in dicke, feuchte Tücher. Nie durften wir ein lautes Wort sprechen. Immer wieder kam es vor, daß deutsche Spähtrupps zum Greifen nah an unserer Höhle vorbeimarschierten. Wir hörten ihre Stimmen, das Knacken und Krachen des Unterholzes – wir hielten den Atem an, beteten, lagen uns stumm in den Armen, wenn die Gefahr vorüber war.

Eines Abends, im beginnenden grüngrauen Dämmerlicht des Waldes, tauchte, wie aus dem Boden gewachsen, ein deutscher Landser vor uns auf. Stoppelbärtig, die Feldmütze leicht ins Genick geschoben, die Maschinenpistole lässig am Gurt über der rechten Schulter, so stand er da. Er schaute uns der Reihe nach an. Aus der Ferne tönten die Rufe seiner Kameraden. Ich sehe die beiden Winkel auf seinem linken Oberarm noch vor mir, die ihn als Obergefreiten kennzeichneten. Eine Ewigkeit verging. Dann tippte er mit zwei Fingern seiner linken Hand gegen seinen Mützenrand, grinste, drehte sich um und verschwand.

»Wenn ich hier je wieder rauskommen sollte«, habe ich mir damals geschworen, »dann werde ich einen Film drehen. In diesem Film wird diese Höhle vorkommen und die Menschen, die darin lebten, und all die Not und das Entsetzen und dieser deutsche Soldat, er wird auch darin erscheinen.«

Er hat mich in meinem Glauben bestärkt: Es ist nicht wichtig, ob einer Russe ist oder Franzose oder Engländer oder Jude oder Deutscher, wichtig allein ist, daß er ein *Mensch* ist und menschlich handelt. Ich habe deshalb auch nie richtig hassen können in meinem Leben. Bei allem Entsetzlichen, das ich erleben mußte. Kämpfen, ja, das konnte ich, aber hassen, nein. Man kann es einfach nicht, wenn man überzeugt davon ist, daß letztlich doch alle Brüder sind.

Als ich Jahre später, September 1947, meinen Film begann, wußte ich deshalb ganz genau, was ich wollte. Ich wollte keinen antideutschen Film machen. Es sollte ein Film werden, der beitrug, zu verhindern, daß sich das, was geschehen war, wiederholte. Sein Titel war »Morituri« – Die Todgeweihten. Ich ging mit ungeheurem Idealismus an die Arbeit. Und wäre doch um ein Haar auf der Strecke geblieben.

Josef Sieber war dabei, Carl-Heinz Schroth, Hilde Körber, Klaus Kinski (in seiner ersten Rolle) und meine Freundin Winnie, die immer noch schöne Winnie Markus, die heute mit dem Salzmillionär Adi Vogel verheiratet ist. Das Schloß Fuschl bei Salzburg ist eines der Häuser in vier Ländern, in denen sie »residiert«.

Bei den letzten Salzburger Festspielen traf ich sie dort. Wir gingen in den »Goldenen Hirsch« zum Essen. Curd Jürgens hatte den »Jedermann« gespielt, Giorgio Strehler die Königsdramen Shakespeares inszeniert, im Landestheater lief Molières »Menschenfeind« unter der Regie von Noelte, Karajan hatte dirigiert – gesprochen aber haben wir beide, die Winnie und ich, nur über ein Thema: über jene ersten Nachkriegsjahre in Berlin.

Um einen Film drehen zu können, brauchte man damals nicht nur eine Filmfirma und das nötige Filmkapital, man brauchte auch eine Filmlizenz. Die Lizenz mußte man sich von einer der vier Besatzungsmächte besorgen. Um sie zu bekommen, bedurfte es einer »Filmvergangenheit«? Hatte ich eine solche? Nach Meinung der zuständigen Besatzungsoffiziere hatte ich keine. Und meine beiden Kulturfilme? »Können Sie uns die vorführen?« Ich konnte es nicht. Weiß der Teufel, wo sie abgeblieben waren.

Ich ließ von Gustav Kampendonk das Drehbuch zu »Morituri« schreiben und machte mich noch einmal auf zu den Herren Besatzern. Mit diesem Buch würde ich ihnen beweisen, daß ich vielleicht keine Filmvergangenheit hatte, aber bestimmt eine Filmzukunft. Es war ein Drehbuch nach den Herzen der Großen Vier: ein Denkmal für die Opfer des Krieges, ein Dokument der Menschlichkeit, ein Fanal im Sinne der Charta der Vereinten Nationen. Solche Filme brauchte die Welt hier und jetzt. Dachte ich.

»Sie werden begeistert sein«, sagte ich zu meiner künftigen Schwiegermutter. Ihre Tochter Maria stand dabei und strahlte mich an. Offensichtlich liebte Maria mich sehr. Aber Liebe kann blind und taub machen für die Wirklichkeit. Und für die Warnungen der Verwandten, die da meinten: »Ein Mann, der in dieser Trümmerwüste Filme machen will, anstatt wie wir nach Amerika auszuwandern, ein solcher Mann ist ein Idiot. Und einen Idioten heiratet man nicht.«

Vielleicht dachte meine Schwiegermutter ähnlich, aber sie sagte es nicht. Sie öffnete einen Koffer und gab mir einen Nerzmantel, den sie gerade von Freunden aus den USA geschickt bekommen hatte. »Du wirst etwa 200 000 Reichsmark dafür kriegen. Ich habe mich erkundigt.«

Schwiegermutter kannte die Preise. Der Film war mit 800 000 Mark kalkuliert. Mir fehlten also noch drei Nerzmäntel.

Die Zweihunderttausend, die ich in einer alten Aktentasche bei mir trug, waren dann auch das einzige, was einen gewissen Eindruck auf die Film-Offiziere machte. Weniger beeindruckt waren sie vom Drehbuch. Die ganze Richtung schien ihnen nicht zu passen. Mein

Denkmal für die wehrlosen Opfer des Krieges interessierte sie nicht. Den Grund habe ich nie erfahren. Ich war zutiefst enttäuscht, verbittert, fühlte mich verraten.

Die Amerikaner waren noch am ehrlichsten. Sie sagten schlicht »no«. Die Engländer als die geborenen Kompromißler sagten weder »ja« noch »nein«, sie sagten »j–ein«. Die Russen waren einerseits dafür und andererseits dagegen. Dagegen deshalb, weil sie in ihrer Zone eine eigene Filmgesellschaft gegründet hatten. Die Defa. Und der wollten sie keine Konkurrenz machen. Die Franzosen taten etwas Überraschendes. Sie gaben mir eine Lizenz.

»Aber nicht für ›Morituri‹, Monsieur. So ein Thema bedarf einer sorgfältigen Prüfung. Höheren Orts, Monsieur. In Paris, Monsieur.«

Das konnte Monate dauern. So wie ich die Militärbehörden kannte. Mein Geld würde dahinschmelzen wie die Butter unter der Sonne. Ich war zum erstenmal in meinem Leben mutlos. In solchen Momenten kommen die guten Freunde und geben einem billige Ratschläge.

»Mach irgendwas in Schrott«, rieten sie mir. »Oder steig in Büchsenmarmelade ein. Da ist jetzt groß was zu holen.«

»Ich will keinen Schrott«, sagte ich bockig wie ein Kind, dem man Spinat vorsetzt, »und Marmelade will ich auch nicht. Ich will ›Morituri‹!«

Meine Freunde verließen mich in der festen Überzeugung, daß es nun endgültig mit mir zu Ende ging. Sie irrten sich. Wie so oft. Ich machte nämlich meinen Film. Wenn auch einen ganz anderen.

»Heimweh nach der Vergangenheit«, dieses Gefühl ist heutzutage große Mode. Nostalgie heißt es mit dem Fremdwort und wird dadurch noch schicker. Es gibt Leute, die sich vor lauter Heimweh in Omas Schaukelstuhl setzen, um sich aus dem Trichtergrammophon eine Caruso-Schallplatte anzuhören, die so klingt, als heule Nachbars Dackel den Mond an, während die treusorgende Gattin beim Licht der Petroleumlampe ein Büchlein von der Courths-Mahler liest.

Was mich betrifft, so lebe ich lieber in der Gegenwart. Außerdem gibt es Zeiten in unserer Vergangenheit, nach denen ich nicht das geringste Heimweh habe. Ich müßte ja meschugge sein, wenn ich mich zum Beispiel nach dem grausigen Hungerwinter 1946/47 in Berlin sehnen würde. Damals, als die Berliner ihren Grunewald abholzten, nach einer Sonderzuteilung von fünfzig Gramm Heringsrogen Schlange standen und Herr Krause abends vor dem Schlafengehen zu seiner Gattin sagte: »Zieh dich an, Frieda, wir gehen zu Bett.«

Auch im Kino mußte man sich ganz warm anziehen. Oder eng zusammenrücken. So kalt war es. Aber Hauptsache war, daß man überhaupt wieder ins Kino gehen konnte. Ja, man hatte sogar die Genugtuung, den ersten westdeutschen Nachkriegsfilm zu besichtigen. Er hieß »Sag die Wahrheit«. Sein Titel erschien manchen Leuten ziemlich zweideutig. Weil sie so viele Fragebögen ausfüllen mußten, an deren Ende man schwören mußte: »Hiermit erkläre ich an Eides Statt, daß ich die Wahrheit gesagt habe.«

Nun, damit hatte dieser Film weiß Gott nichts zu tun. Er war so unpolitisch wie die Märchen der Gebrüder Grimm. Das war wohl auch der Grund, warum er sofort eine Lizenz bekommen hatte. Produziert hatte ihn eine Gesellschaft namens »Studio 45 Film GmbH«. Und mitproduziert hatte ihn Artur Brauner. Das heißt, ich hatte ein bißchen Geld dazugegeben. Sie erinnern sich an Schwiegermutters

Sonja Ziemann und Rudolf Prack, das Traumpaar der frühen fünfziger   16
Jahre, brachte traumhafte Einspielergebnisse. Hier in einer Szene aus »Die
Privatsekretärin«.

17 Gustav Knuth, mein Lieblingsschauspieler! Hier als Theaterdirektor Emanuel Striese mit der herrlichen Fita Benkhoff in dem unsterblichen Schwank »Der Raub der Sabinerinnen«.

18

Maria Frau . . .

. . . und der unvergessene Willy Fritsch mit dem ewig jungen Johannes Heesters in meinem Revuefilm »Stern von Rio«.

19

20   Curd Jürgens, Sonja Ziemann

      »Liebe ohne Illusion«: ein Problemfilm — eine Dreiecksgeschichte.

21   Curd Jürgens, Heidemarie Hatheyer, Sonja Ziemann

Nerzmantel? Ein wenig mehr als das, was ich dafür bekommen hatte, investierte ich in das Projekt. Was etwas sehr Segensreiches zur Folge hatte: Einigen Darstellern konnte ihre restliche Gage ausgezahlt werden.

Gustav Fröhlich war der Hauptdarsteller. »Justav«, wie ihn die Berliner zärtlich nannten, denn er war sehr beliebt bei ihnen und ist es heute noch. Justav lernte ich draußen in Tempelhof kennen. In den Ateliers, die wunderbarerweise alles überstanden hatten, was auf Berlin abgeworfen und abgefeuert worden war.

»Worüber lachen Sie eigentlich dauernd?« war das erste Wort, das er an mich richtete.

»Über Sie«, sagte ich wahrheitsgemäß. Ich hatte in den Kulissen gestanden und ihn bei der Arbeit vor der Kamera beobachtet.

»Über mich persönlich oder über mich als Schauspieler?« fragte er mißtrauisch.

»Über Peter Hellmer«, sagte ich.

So hieß der Gustav in diesem Film. Hellmer ist ein junger Architekt, der mit seiner Braut eine Wette abgeschlossen hat: Er will für 24 Stunden in jeder Situation und jedem Menschen die Wahrheit sagen. Das Ergebnis ist so katastrophal wie logisch: Er beleidigt reihenweise Partygäste, verrät sich beim Finanzamt, gibt Geschäftsgeheimnisse preis, widerruft eine falsche Aussage, die er nach einem Autounfall gemacht hatte, und sagt beim Scheidungsrichter ehrlich aus, anstatt auf Anraten seines Rechtsanwalts zu schwindeln. Schließlich landet er in einem Irrenhaus und wird in eine Zwangsjacke gesteckt. »Wer so wahrheitsliebend ist, muß verrückt sein«, meint der behandelnde Arzt.

Gustav Fröhlich hatte schon vor der Kamera so umwerfend komisch gewirkt, daß ich zum erstenmal seit langer Zeit wieder aus vollem Herzen lachen konnte. Und das wollte etwas heißen. Denn viel zu lachen hatte man ja nicht im Berlin des Jahres '46.

Alles das sagte ich Fröhlich, und er wurde mit einem Schlag zugänglicher. »Brauner, Brauner«, meinte er nachdenklich, »dann sind Sie wohl derjenige, welcher?« Er machte mit Daumen und Zeigefinger jene Geste, die bereits bei den Neandertalern mit dem Wort »Pinke-Pinke« übersetzt wurde.

»Ja«, sagte ich so bescheiden wie möglich. »Der bin ich.« Dann holte ich tief Luft, faßte meinen ganzen Mut als jüngster, unbeschriebenster, unerfahrenster Filmproduzent der Welt zusammen und sagte zu dem großen Star der einstigen Ufa: »Herr Fröhlich, ich habe vor, einen sehr ernsten, sehr tragischen Film zu machen. ›Morituri‹ soll er heißen. Das Drehbuch ist allerdings noch nicht genehmigt. Es kann sein, daß ich vorher noch einen anderen Film produzieren muß. Einen heiteren allerdings. Hätten Sie Lust, in so einem Film die Hauptrolle zu übernehmen?«

»Ja«, sagte Fröhlich und lächelte mich so an, wie er hieß, »ja, dazu hätte ich Lust.« Er ahnte nicht, was er sich mit dieser Zusage einhandeln sollte.

Die Uraufführung von »Sag die Wahrheit« fand vier Tage vor Weihnachten statt. Genauer am 20. Dezember 1946. Schauplatz war die »Filmbühne Wien« am Kurfürstendamm. Es war nicht direkt mein Film, aber irgendwie doch ein Stück von mir, und ich war entsprechend aufgeregt. Ich hatte gar keinen Grund dazu. Schon nach wenigen Minuten gab es den ersten Lacher im Publikum. Es war ein kleiner, noch etwas schüchterner Lacher, und ich hatte den Eindruck, als trauten sich die Leute noch nicht so recht, als empfänden sie Gelächter in dieser bitterbösen Zeit als geradezu unsittlich.

Dann erschien eine Dame vom Typ Neureich auf der Leinwand und fragte Peter Hellmer alias Gustav Fröhlich: »Ich war übrigens in Badgastein. Finden Sie nicht auch, daß ich viel schlanker geworden bin?« Der Architekt wollte zu einem Kompliment ansetzen, aber da fiel ihm seine Wette ein, und er sagte: »Im Gegenteil, ich finde Sie dicker als je zuvor.«

Hier kam der Lacher Numero zwei. Es folgte der nächste, und das war schon ein richtiger Brüller. Von da an wurde fast nur noch gelacht. Die Leute wischten sich die Tränen aus den Augen, trampelten, bissen sich in die Ärmel, schlugen sich gegenseitig auf die Schenkel. Eine ungeheuerliche Lachwoge riß wie ein Naturereignis alles mit sich, schwemmte für neunzig Minuten allen Kummer, alle Sorgen hinweg wie faules Treibholz.

Das Publikum lachte noch, als die Schauspieler sich am Schluß feierlich verbeugten. Das heißt, mit der Feierlichkeit war es nicht weit her. Gustav Fröhlich, Ingeborg von Kusserow, Mady Rahl, Wilhelm Bendow, Aribert Wäscher (der einen wahrlich irrsinnig komischen Irrenarzt gespielt hatte), Georg Thomalla, sie wurden von dem allgemeinen Lachkoller angesteckt und bogen sich.

Als es im Saal wieder hell wurde, sah ich sogar einige Filmkritiker lachen. Allerdings sehr verschämt. Hinter vorgehaltener Hand.

Wir feierten unsere erste Premiere mit Erdbeersekt (die Flasche zu 200 Mark), Alcolat (einem widerlich süß schmeckenden Alkoholersatz) und Marmeladestullen (Vierfrucht, aus einem zerbombten Ruinenkeller). Wir wußten, daß unser Film keine Chance hatte, für den »Oscar« nominiert zu werden. Er war beileibe kein Kunstwerk, weiß der Himmel, nein. Aber er war anständige Arbeit.

Am Tage darauf vermißte ich die Morgen-, Mittags- und die Abendzeitungen und überlegte mir gerade, ob die Drucker streikten oder ob wieder mal die lieben Besatzer schuld daran waren. Ich fragte Maria und die Mutter von Maria, und beide drucksten sie herum. Na, was war? Sie hatten die Zeitungen vor mir versteckt.

»Her damit«, sagte ich. Sie brachten sie zitternd vor Angst. Ich schlug den Feuilletonteil auf, und schon begann ich mitzuzittern. Vor Wut.

»Protest!« schrieb der spätere Star-Kritiker Friedrich Luft in der »Neuen Zeitung«. »Hier kommt deutlicher Protest gegen den ersten Film der ›Studio 45 Film GmbH‹. Man reibt sich die Augen und hält es nicht für möglich . . . Daß Heiterkeit notwendig ist – darüber kein Wort. Aber was ist dies hier? Menschen bevölkern die Leinwand, die uns fremder sind als die Steinzeitbewohner. Keiner und keine, die auch nur von fern an Arbeit erinnerten. Vor den glatten Lustspielgesichtern erfaßt uns heute das schlechte Gewissen.«

Die anderen Kritiker sprachen sich ähnlich aus. Auch die, die im Kino gelacht hatten, verrissen uns. Es waren die ersten Kritiken meines Lebens, und ich nahm sie entsprechend ernst. Das Weihnachtsfest war mir gründlich verdorben. Bei »Stille Nacht« mußte ich dauernd an die leeren Abendvorstellungen denken.

»Wer diese Kritiken liest, wird nicht in den Film gehen«, sagte ich düster. »Niemand wird diesen Film sehen wollen. Kein Mensch. Absolut niemand. Wir sind pleite, total pleite.«

»Alle! Alle werden sie ihn sehen wollen.« Wer so sprach, war Maria. »Und weißt du auch, warum: weil die Menschen endlich einmal wieder lachen wollen.«

Sie sollte recht behalten. Dieses wundervolle Mädchen. Das ich kurze Zeit später auf Lebenszeit engagierte. »Sag die Wahrheit« wurde ein Renner. Er rannte im Triumph durch die Kinos Westdeutschlands. Allein in der »Filmbühne Wien« ließ er elf Wochen lang die Kinokassen klingeln.

In der Zwischenzeit arbeitete ich verbissen an der Realisierung des Films, der mir am meisten am Herzen lag: »Morituri«. Es tauchten jedoch immer neue Schwierigkeiten auf. Wahre Himalayas von Schwierigkeiten. Ich war schließlich gezwungen, vorher doch noch den anderen Film zu machen. Den heiteren. Und ich entsann mich meines Gesprächs mit Gustav Fröhlich.

Wenn ich heute für einen neuen Film einen Star brauche, wende ich mich an seinen Agenten. Oder ich rufe ihn einfach selbst an. Man vereinbart einen Termin, trifft sich zu einer Konferenz, macht den Vertrag. Damals aber, im Jahre Null der deutschen Filmproduktion, gab es weder Agenten noch Telefone, und in welchen Winkel es den in Aussicht genommenen Hauptdarsteller verschlagen hatte, wußte man auch nicht immer. Ich brauchte eine Weile, um herauszukriegen, daß Gustav Fröhlich in München saß. Ich telegrafierte ihm, schrieb ihm, versuchte ihn über Freunde zu erreichen. Ohne Erfolg. Die Vorbereitungen zu »Herzkönig«, so sollte der Film heißen, waren fast abgeschlossen, und ich hatte noch keinen Hauptdarsteller. Kurzerhand entschloß ich mich, nach München zu reisen.

An einem bitterkalten Januarabend stand ich vor Fröhlichs Wohnungstür und preßte meinen Daumen auf den Klingelknopf.

Doch bevor ich weiter erzähle, muß ich mir dringend einen Drink machen. Meinen Spezialdrink. Die Geschichte ist so abenteuerlich, daß ich mich jedesmal von neuem aufrege. Mein Drink besteht aus einem Glas warmem Wasser, zwei Teelöffeln Apfelessig (in jedem Reformhaus zu bekommen) und zwei Teelöffeln Bienenhonig. Das Ganze wird sorgfältig miteinander verrührt und schön langsam, Schluck für Schluck, getrunken. Die Wirkung ist frappierend.

Früher war ich manchmal lustlos, desinteressiert, ja richtig depressiv. Bei einem Berliner Filmfestival war es so schlimm, daß ich mich einem unserer Hausgäste anvertraute. Er hieß Kirk Douglas, und ich brauche nicht länger zu erklären, wer das ist.

Kirk hörte mir zu, ging auf sein Zimmer, kam mit einem Glas zurück, in dem eine weißlich-gelbe Flüssigkeit schwamm, und meinte: »Nimm das regelmäßig, Artur. Nach ein paar Wochen wirst du dir vorkommen wie Tom Mix und Buffalo Bill zusammen.« Recht hat er gehabt.

Ich klingelte also an Fröhlichs Wohnungstür in München. Kurz darauf saßen wir in seiner Küche, und ich sagte ohne Umschweife: »Ich will jetzt den Film machen, über den wir damals gesprochen haben. Sie stehen doch noch zu Ihrer Zusage?«

»Stehe ich«, sagte Fröhlich und fuhr fort: »Also, am besten ist es, Sie kommen noch einmal mit dem Regisseur und dem Drehbuchmann, und wir besprechen alles in Ruhe, und wir können dann . . .«

»Von Ruhe«, unterbrach ich ihn, »kann keine Rede sein. Drehbeginn ist nächste Woche. Ich bin hier, um Sie mit nach Berlin zu nehmen.«

»Womit?« fragte Fröhlich. Das war eine berechtigte Frage. Fliegen durfte man nicht, die Eisenbahn war total unzuverlässig und Autos hatten Seltenheitswert. Ich aber besaß eines und sagte es Fröhlich.

»Darf ich dieses Auto einmal sehen?« fragte er. Wir traten auf die Straße. Fröhlich ging dreimal um meinen uralten klapprigen Fiat herum, sah mich an und sagte mit leidendem Gesicht: »Herr Brauner, ich habe schon viele Automobile in meinem Leben gesehen, solch einen Vogel aber noch nie.«

»Ich weiß, daß er keinen Schönheitspreis verdient, mein Vogel, aber er fliegt, und wie!« Um ihm die Solidität meines Kraftwagens zu beweisen, trat ich wuchtig gegen den rechten Vorderreifen. Es klirrte und schepperte. Ein Kotflügel löste sich sacht und fiel aufs Pflaster. Gleichzeitig ertönte die Hupe.

»Genau das!« brüllte Gustav, um den Hupenlärm zu übertönen, »genau das hatte ich erwartet.«

Nun, es gelingt mir, ihn ins Auto zu bugsieren. Tränenreicher Abschied von seiner Frau. Wir fahren los in Richtung Hof. Die Autobahn ist spiegelglatt. Mein Fiat kann sich offensichtlich nicht erinnern, wann seine Reifen das letztemal ein Profil hatten. Er tanzt über das Eis wie einst Sonja Henie. Jedesmal, wenn er tanzt, spüre ich Fröhlichs vorwurfsvollen Blick auf meiner Wange brennen.

Nach neun Stunden sind wir kurz vor der Grenze. »Halten Sie Ihren Interzonenpaß bereit«, sage ich.

»Interzonenpaß«, stottert er und fängt an, seine Taschen umzudrehen. Er sucht und sucht. »Mein Gott . . .« Mein Gesicht sinkt auf den Volant. Er hat keinen, hat keinen Interzonenpaß, hat ihn einfach vergessen. Zurück nach München? Niemals! Ich richte mich auf. »Ich bringe Sie trotzdem rüber. Wozu spreche ich Russisch«, sage ich entschlossen.

Auf der Westseite geht auch alles gut. Als die Beamten sehen, daß sie Gustav Fröhlich vor sich haben, lassen sie sich Autogramme geben und drücken ein Auge zu. Wir rollen auf den russischen Schlagbaum zu. Der Offizier kontrolliert meinen Paß. Er schaut Gustav Fröhlich fragend an. Der zeigt hilflos auf mich. »Passport, Propusk, Interzonenpaß«, drängt der Offizier.

Ich steige aus, nehme den Major beiseite und sage in geheimnisvollem Ton: »Wissen Sie, wer der Mann da im Auto ist? Es ist der weltberühmte Schauspieler Gustav Fröhlich, der Mann, der Goebbels geohrfeigt hat.«

Daß Gustav Fröhlich dem Herrn Reichspropagandaminister eine Ohrfeige verabreicht hatte, pfiffen schon in der Nazizeit die Spatzen von den Dächern. Es hatte sich auch bei den Besatzungstruppen herumgesprochen. Mein Offizier geht wieder zum Wagen zurück, steckt den Kopf ins Fenster, starrt Fröhlich an, sagt: »Du Goebbels pengpeng?« Ohrfeigt sich grinsend. »Characho, characho. Du prima.«

Er lacht, klopft ihm auf die Schulter, wendet sich an mich. »Er hat Naziminister geohrfeigt, gutt, särr gutt. Passport braucht er trotzdem.«

Ich frage, wo sein Kommandant wohnt. Der wohnt in Gutenfürst, vier Kilometer von hier. Ich fahre hin. Es ist drei Uhr früh. Ich klopfe, hämmere gegen die Tür. Einen sowjetischen Kommandanten um diese Zeit zu wecken, na, das ist schon eine Frechheit, grenzt geradezu an Selbstmord. Ach, umbringen wird er mich nicht gleich. Endlich macht jemand auf, die Hose hängt dem Jemand in den Kniekehlen, er zieht sie hoch, es ist der Oberst persönlich. Er schaut mich an, als wolle er mich kalt frühstücken.

»Bitte, hören Sie mir einen Moment zu«, flehe ich. Ich erzähle ihm, daß ich Filmproduzent bin, vom Kontrollrat die Genehmigung habe, mein Hauptdarsteller an der Grenze sitzt, keine Papiere hat, nicht durchgelassen wird. Ich hole Luft, sage halblaut: »Und wissen Sie, wer der Mann ist? Es ist der weltberühmte Schauspieler Gustav Fröhlich, der Mann, der Goebbels geohrfeigt hat.«

Der Kommandant schreit: »Den muß ich sehen!«, steigt zu mir ins Auto. Wir fahren zurück zur Grenze. Fröhlich steht draußen in der Kälte, minus 24 Grad, und sieht aus wie eine Eiswaffel. Der Kommandant sagt: »Kommen Sie in die Baracke. Wir trinken ein Fläschchen Wodka. Was soll sein.«

Wir gehen in die Baracke, hocken uns um den Kanonenofen, Gustav muß erzählen. Und noch mal. Und wieder. Wir trinken. »Nasdrowje! Prost!« Wir trinken. Der Kommandant kann die Ohrfeigenstory gar nicht oft genug hören. Dann muß er mal. Ich folge ihm dorthin, sage beschwörend: »Können Sie das verantworten, den Herrn Fröhlich nicht durchzulassen? Einen Helden, einen Antifaschisten, einen Menschen, der . . .«

». . . Goebbels geohrfeigt hat. Weiß ich ja. Hast du mir erzählt.« Er knöpft sich die Hose zu. »Na, also gut, fahr los, Brüderchen, laß dir einen Zettel geben, was soll sein. Doswidanja, Towarischtsch, wiedersehen, das heißt, lieber nicht.«

»Ab, los, nichts wie weg«, raune ich Fröhlich zu, als wir den provisorischen Passierschein endlich haben. Wir fahren, fahren. Meine Augen brennen. Ich singe, damit ich nicht einschlafe. Fröhlich flucht. Flucht auf Gott und die Welt, und auf mich flucht er besonders. »Worauf habe ich mich da bloß eingelassen! Warum bin ich bloß nicht in München geblieben, warum, warum . . .«, so geht das in einer Tour.

Der Wagen macht plötzlich »ratta – tatta – peng – peng – puff«, schleudert nach links, nach rechts, dreht sich zweimal um die eigene Achse, bleibt quer zur Fahrbahn stehen und geht langsam, ganz langsam links in die Knie.

Reifenpanne! Ein kaputter Reifen bei minus 24 Grad. Und nichts dabei. Kein Wagenheber, kein Flickzeug, überhaupt gar nichts. Ich stelle mich auf die Straße und winke. Keiner hält. Ich würde auch nicht halten. Bei dieser Kälte, mitten in der sowjetischen Zone, bei Stockfinsternis.

Ein eisiger Wind hat sich aufgemacht, beißt in unsere Gesichter, dringt bis ins Mark. Wir stampfen mit den Füßen und rennen im Kreis herum. Gustav fängt wieder gotteslästerlich zu fluchen an.

»Ich werde erfrieren, Herr Brauner, ich bin schon erfroren. Wenn ich hier krepiere, dann haben *Sie* das zu verantworten, nur *Sie*, Herr Brauner . . .«

Plötzlich drehe ich durch. Die Müdigkeit, die Kälte, die nervlichen Strapazen entladen sich. Ich packe Gustav an den Revers seines Mantels und schreie ihn an: »Ich dachte, Sie sind ein Mann, ein Kerl! Einer, der den Mumm hatte, Goebbels zu ohrfeigen. Ja, verdammt noch mal, davon müßte man doch auch jetzt was merken.«

Ich stelle mich mitten auf die Fahrbahn und bin entschlossen, mich vom nächsten Auto überfahren zu lassen. Wenn es nicht hält. Es hält. Aus dem Fonds klettert ein Mann. Es ist wieder ein Russe. Diesmal sogar ein General. Nebst Frau, drei Kindern und einem Burschen. Bevor ich mit meiner Ohrfeigengeschichte anfangen kann, hat er seinem Burschen einen Wink gegeben. Der kramt einen Wagenheber heraus, montiert den Reifen ab, reißt den Mantel herunter, holt Flickzeug, nimmt sich den Schlauch vor, sucht das Loch, er sucht und sucht und sucht, der General stapft auf und ab, die Frau hockt im Wagen, friert, fragt x-mal »Was ist, Pjotr Iwanowitsch?«, die Kinder greinen, der General schweigt, stapft, schließlich schreit der Bursche: »Das Loch!« Er hat es gefunden, beginnt zu flicken, endlich ist es geschafft, fast eine Stunde ist vergangen. Der schwere SIM braust davon, ehe wir uns richtig bedanken können.

Als wir nach neunzehn Stunden endlich den Funkturm vor uns auftauchen sehen, ist das erste, was ich tue: ich entschuldige mich bei Fröhlich. Wegen meines Ausbruchs vorhin. Schließlich muß ich mit ihm die nächsten vier Wochen arbeiten.

»Eigentlich müßte ich mich bei dir entschuldigen«, sagt er und duzt mich plötzlich.

Maria Schell,
die Ratten und der große Bluff

Wenn ich daran denke, was ich manchmal alles tun mußte, um einen ganz bestimmten Schauspieler oder eine Schauspielerin für eine ganz bestimmte Rolle zu bekommen . . . Eigentlich dürfte ich gar nicht daran denken. Es ist einfach zu aufregend. Selbst in der Erinnerung.

Da ist zum Beispiel jenes Mädchen, das immer so herrlich und so echt weinen konnte. Maria heißt sie, Maria Schell, und ich ertappe mich gelegentlich dabei, daß ich an sie denke. Wenn wir auch schon eine Ewigkeit nicht mehr zusammen gearbeitet haben.

Jedenfalls haben wir eine ganze Reihe von Filmen gemacht, an die ich mich mit Vergnügen erinnere. Darunter »Das Riesenrad«. Ein Film, bei dem es mir gelungen war, sie nach langen Jahren wieder zusammen mit O. W. Fischer vor die Kamera zu spannen. Es war eine gute Arbeit, aber der Film war nichts gegen »Die Ratten«.

In den »Ratten« hatte Maria ihren größten Erfolg überhaupt. Der Film bekam beim Berliner Film-Festival 1955 die höchste Auszeichnung, die dort zu vergeben ist: den »Goldenen Bären«. Das Publikum strömte in Scharen. Die Presse lobte und lobte und lobte. Er wurde ins Ausland verkauft. Man zeigte ihn in Paris, in New York, Hollywood, London, Rom. Die dortigen Kritiker rieben sich erstaunt die Augen und stellten halb widerwillig, halb respektvoll fest: »Die Deutschen sind wieder da!« Also rundum nur Lorbeeren.

Und ausgerechnet diesen Film hatte Maria Schell um alles in der Welt *nicht* machen wollen! Kann man das glauben? Man muß. Weil es wahr ist.

Ich bin damals fast zwanzigmal in ihrer Münchener Wohnung in der Pienzenauer Straße gewesen. Meist kam ich mit dem Auto gegen Abend bei ihr an. Wenn sie mir die Tür öffnete, pflegte sie bereits still vor sich hin zu seufzen. Wir haben dann meist bis ein, zwei Uhr nachts diskutiert, gestritten, uns Wortgefechte geliefert. Ich beschwor sie, flehte sie an, einmal habe ich sogar vor ihr auf dem Teppich gekniet.

»Maria, du mußt diesen Film machen. Es ist eine große Rolle! Eine klassische Rolle! Eine wichtige Rolle! Du versündigst dich, wenn du sie ablehnst. Du trittst deine Karriere mit Füßen. Noch im Grabe wirst du es bereuen.«

Ich kam mir manchmal vor wie ein Liebhaber von Anno dazumal, der um das Jawort seiner Angebeteten ringt. Und irgendwie war es ja auch so.

Meine Angebetete aber blieb hart wie Granit und verschlossen wie eine Auster. Sie war damals groß im Geschäft und konnte es sich leisten, einen armen Produzenten zappeln zu lassen. »Du willst, daß ich Selbstmord verübe«, pflegte sie zu sagen. »Es kommt nämlich einem Selbstmord gleich, wenn ich – ausgerechnet ich! – eine häßliche, ungeschlachte Person spiele. Eine, die kaum Deutsch kann, die einen Bauch vor sich herträgt. Nein, lieber Artur, so was spiele ich nicht. Nie, nie werde ich so was meinem Publikum zumuten.«

»Deine häßliche, ungeschlachte Person ist eine Figur der Weltliteratur. Ich muß dir nicht sagen, daß Gerhart Hauptmann sie geschaffen hat und auch nicht, daß sie für jede Bühnenschauspielerin ein Fressen war, die Traumrolle überhaupt. Oder was meinst du, warum die Höflich sie gespielt hat, die Dorsch, die Wessely, die Gold?«

»Zugegeben, Artur, aber . . .« So ging das endlos weiter.

Das Schlimme an der Geschichte war, daß Maria so unrecht nicht hatte. Ihr Publikum kannte sie als die strahlende, seelenvolle, innigliche Maria Schell. In Filmen wie »Es kommt ein Tag« (mit Dieter Borsche), »Dr. Holl« (wieder mit Borsche), »Der träumende Mund«, »Bis wir uns wiedersehen«, »Tagebuch einer Verliebten« (alle mit O. W. Fischer). Jetzt sollte sie auf einmal das Gegenteil dessen spielen, was sie bisher verkörpert hatte. Das war schon ein Risiko!

Das Kinopublikum ist sehr konservativ. Es will seine Lieblinge nur in den Rollen sehen, die sie immer gespielt haben. Hans Albers mußte stets der sieghafte Draufgänger sein, einer, der das Leben unter dem Motto »Hoppla, jetzt komm ich!« meisterte. Wenn er mal was anderes spielte, einen Gescheiterten zum Beispiel, wie in dem Zirkusfilm »Fahrendes Volk«, dann hagelte es waschkorbweise Proteste. Aus demselben Grund durfte Grethe Weiser nur komisch sein und Ferdinand Marian nur mies, und wehe, wenn es Hans Moser gewagt hätte, einmal *nicht* zu nuscheln . . .

Viele Schauspieler haben unter dieser Schablone, die ihnen der Erfolg aufgezwungen hatte, sehr gelitten. Von Eddie Constantine weiß ich, daß er seinen Superdetektiv Lemmy Caution haßte, als sei er die leibhaftige Pest, und ihn mehrmals in einem Film sterben lassen wollte. Aber das Publikum war dagegen und die Produzenten auch.

Maria Schell also sollte auf meinen Wunsch hin das tun, was andere Schauspieler nicht tun durften. Und doch war ich hundertprozentig überzeugt, daß ihr Publikum sie auch in dieser Rolle feiern würde.

Was geschieht eigentlich in den »Ratten«? Da ist das Mädchen Pauline, das ein uneheliches Kind unter dem Herzen trägt, das dieses Kind der Schande loswerden will und es schließlich einer Frau John überläßt, die keine Kinder kriegen kann. Dieser John gelingt es, das Kind durch einen Trick als ihr eigenes auszugeben, aber Paulines Muttertrieb erwacht: sie kommt und fordert das Baby zurück. Frau John weigert sich, stiftet schließlich ihren Bruder Bruno, ein verkommenes Subjekt, zum Mord an Pauline an. Doch die Wahrheit kommt an den Tag, und als man der Frau John das Kind wieder wegnehmen will, stürzt sie sich aus dem Fenster.

Das ist nun wirklich keine schöne Geschichte, und als ich »Die Ratten« auf der Bühne des Berliner Schloßparktheaters zum erstenmal sah, da fröstelte ich vor der Erbarmungslosigkeit des Schicksals, das hier ablief. Ein großer Erfolg war es beim Publikum, aber die Leute, die ins Theater gehen, sind andere Leute als die Kinogänger. Dachte ich. Damit schien der Fall für mich erledigt.

In der Pause sah ich, daß Maria, die beste Ehefrau der Welt, Tränen in den Augen hatte. »Was heulst du?« Ich guckte sie verwundert an. »Frag nicht so blöd«, antwortete sie verlegen und schniefte.

Ich schaute mich um. Auch andere Zuschauerinnen hatten ihre Taschentücher in der Hand. Ich wunderte mich noch mehr. Auf der Heimfahrt sagte Maria zu mir: »Das ist ungeheuerlich, daß ihr so was nicht begreift, ihr Männer. Da ist eine Frau, die ein Kind kriegt und es nicht haben darf, und da ist die andere, die keine Kinder kriegt und welche haben will. Und nun dieser Konflikt zwischen den beiden: die geprellte Mutterliebe und die gepumpte Mutterliebe. Das ist etwas so Erschütterndes . . ., aber wie soll ich dir das klarmachen, dir als Mann.«

Am nächsten Tag kaufte ich die Verfilmungsrechte der Berliner Tragikomödie in 5 Akten »Die Ratten« von Gerhart Hauptmann. Preis: 60 000 DM. Was damals, als die D-Mark noch *Goldes wert* war, eine Menge Geld bedeutete.

Ich ließ mir von Jochen Huth ein Drehbuch schreiben. Als Regisseur holte ich mir Robert Siodmak, einen bei der einstigen Ufa hochgelobten Mann, der dann nach Amerika ausgewandert war. Mit dem fertigen Buch ging ich zu Heidemarie Hatheyer, die die Frau John spielen sollte. Sie griff sofort zu, die Heide. Gustav Knuth war ebenfalls bereit. Curd Jürgens rief mich noch in derselben Nacht an und sagte: »Das ist zwar eine obermiese Type, die ich da spielen soll, lieber Artur, aber sei's drum, ist mal was anderes als die ewigen Supermänner. Ich mach's, für jede Gage mach' ich's.«

Das nahm ich ihm natürlich nicht ab, denn sie sind ja alle vom »Stamme Nimm«, meine lieben, guten Schauspieler, und halten es für eine Ehrensache, den Produzenten zu schröpfen, wo und wie sie nur können und . . ., aber das ist ein weites Feld, jedenfalls hatte ich Jürgens.

Nur die Schell Maria, die wollte immer noch nicht, und der Herr Hächler, den sie später heiraten sollte, wollte auch nicht. Eines Tages hatte ich sie aber dann doch soweit. Ich war ihr irgendwohin nachgereist, sie arbeitete ja damals viel im Ausland, in Frankreich, England, Amerika, ich glaube, es war in der Halle des Pariser Ritz, wo ich sie traf.

Sie sagte: »Artur, du weißt gar nicht, wie gern ich dich sehe. Und trotzdem: wie werde ich dich wieder los?«

»Du wirst mich auf der Stelle los, wenn du mir dein Ja-Wort gibst«, sagte ich. Ich fügte halblaut hinzu: »Was hältst du von 33 1/3 Prozent?«

Sie schaute mich sekundenlang an, sagte seufzend: »Also gut: ich spiele die Pauline.« Einer so hohen Beteiligung am Einspielergebnis war sie nicht gewachsen.

Ich fiel ihr um den Hals. Im Grunde wußte ich natürlich, wie sehr sie meine »Nachstellungen« genossen hatte. Niemand ist so trunken vor Glück wie eine Filmschauspielerin, die sich von einem Produzenten umworben sieht. Das ist das gleiche wie bei einem jungen Mädchen, das ein junger Mann verführen will. Irgendwann erliegt sie seinem Werben doch. Kann sie gar nichts dagegen machen. Beharrliche Liebe erzeugt irgendwann immer Gegenliebe.

Voller Triumph fuhr ich nach Deutschland zurück und überlegte mir, welchem Verleiher ich die Ehre geben sollte, sich bei meinem Film finanziell zu beteiligen. Schließlich hatte ich etwas aufzuweisen:

ein Drama der Weltliteratur,

einen erstklassigen Drehbuchautor,

einen international bekannten Regisseur,

zwei Topstars vom Range eines Jürgens und einer Schell.

Der Film würde inklusive einer englischen Fassung rund zwei Millionen kosten. Eine Garantie von einer Million wäre das Mindeste, was ich anzunehmen bereit war.

»Eine Million?« Beim Herzog-Filmverleih, damals dem größten Verleih in Deutschland, sah man mich an, als rede ich irre. »Eine Million für einen Film, der aus jedem Meter nach Sauerkohl riecht? Der in einem miesen, schäbigen Kleine-Leute-Milieu spielt? Krüppel, Säufer, Halbverrückte, Hinterhof Ackerstraße, kein Happy-End, und dafür wollen Sie 'ne Million? Aber, lieber, guter Herr Brauner, wir kennen Sie als einen cleveren Geschäftsmann, der seinen Kram versteht, was ist denn bloß in Sie gefahren?«

Mein Verhandlungspartner stand auf. Er gab mir die Hand. Im Spiegel sah ich, wie er mir kopfschüttelnd nachblickte. Auch bei den anderen siebzehn (!) Verleihen schüttelte man mit dem Kopf. Teils bedauernd, teils mitleidig, teils verärgert.

»Allein schon dieser Titel«, sagte mir einer der Herren. »›Der Kampf der Mütter‹ oder ›Das verkaufte Baby‹, so was ließe ich mir noch gefallen, aber ›Die Ratten‹, du lieber Himmel, was glauben Sie, wer da reingeht? Die Vereinigung deutscher Kammerjäger vielleicht.« Er lachte über etwas, was er für einen guten Witz hielt. Ich lachte nicht.

Völlig deprimiert kehrte ich nach Berlin zurück und legte mich ins Bett. Vergeblich alle Mühen. Ohne eine Verleihgarantie konnte ich diesen Film nicht machen.

Dann bekam ich einen Brief von Margarete Marschalk, der Witwe des Dichters Gerhart Hauptmann. Sie schrieb mir, daß sie das Drehbuch zu den »Ratten« gelesen habe. »Nach der Lektüre darf ich Ihnen sagen, daß mein Mann damit gewiß einverstanden gewesen wäre. Deshalb möchte ich Ihnen von Herzen alles Gute wünschen für Ihre Arbeit . . .«

Und Maria Schell rief an und fragte, wann denn nun der Film ins Atelier gehe. Und Jürgens drängte mich. Und Knuth meldete sich. Hatte ich das Recht, sie alle zu enttäuschen, nachdem ich ihnen mein Projekt angepriesen hatte wie Sauerbier?

Ich entschloß mich, den Film zu machen. Auf eigene Rechnung und Gefahr. Der Herzog-Filmverleih war über so viel Kühnheit derart erschrocken, daß er mir rasch doch noch ein paar Mark bewilligte (die zurückzuzahlen waren, falls der Film das Geld nicht einspielte!).

Als die »Ratten« dann überall im Land volle Häuser brachten, saß ich nach einer Städtepremiere mit einem jener Verleihchefs zusammen, die mich zum Teufel gewünscht hatten. »Na ja, Glück gehabt«, sagte er verdrossen, »wir hätten es ja gern gemacht, wenn nicht . . ., aber lassen wir das. Daß das ein Wahnsinn war, was Sie da gewagt haben, das wissen Sie hoffentlich.«

»Das weiß ich.«

»Wenn Sie auf die Nase gefallen wären, hätte es doch den Herrn Brauner nicht mehr gegeben. Eine Zwei-Millionen-Pleite hätten Sie nicht verkraftet. Stimmt's?«

»Stimmt«, sagte ich. Ich setzte hinzu: »Und ehrlich gesagt: recht wäre mir geschehen. Ein Filmproduzent, der sich so wenig auf seine Nase verlassen kann, hat seinen Beruf verfehlt.«

Was sagte die Schell? Sie strahlte mich an mit ihrem Sternenlächeln und meinte in völligem Ernst: »Hab' ich dir nicht immer gesagt, daß es genau die richtige Rolle für mich ist, lieber Artur?«

Da die »Ratten« so gut gelungen waren, schlug ich Frau Schell vor, die Hauptrolle in »Vor Rehen wird gewarnt« zu übernehmen. Als Vorlage diente der gleichnamige Roman von Vicki Baum, der das Leben einer Frau von siebzehn bis siebzig schildert. Für jede Schauspielerin ein Zuckerlecken, diese Rolle, sie bot alle Möglichkeiten, sich

zu verwandeln, sich zu entwickeln, immer wieder neue Ausdrucksmittel anzuwenden. Sie war auch sofort einverstanden, stellte allerdings eine Bedingung: »Der Horst muß die Regie kriegen.«
Ich bekam einen Schreck, Horst Hächler, ihr Mann, hatte noch keine eigene Regieerfahrung. Er war bisher lediglich Regieassistent gewesen. Unter anderem bei Helmut Käutners »Epilog«. Nun muß natürlich jeder einmal anfangen, aber doch nicht gleich bei einem so teuren Film: 2,5 Millionen sollte er kosten. So viel Geld vertraut man einem Anfänger nicht gern an. Ich gab das zu bedenken.
»Der Horst macht das schon«, sagte Frau Hächler. »Er ist riesig begabt, ein phantastisches Talent, sagenhaft, was er kann und . . .«
Sie schilderte noch eine Weile die Vorzüge des bisher unentdeckt gebliebenen Genies. Ich dachte, na, ist das möglich, gibt es das, dann fielen mir die Schuppen von den Augen. Das Mariele befand sich in einem Zustand, den der berühmte Psychiater C. G. Jung einmal als »einen Zustand partieller Umnachtung unter Ausschluß des Werturteils« bezeichnet hat. Mit anderen Worten: sie war verliebt, verknallt bis über beide Ohren. Da half nichts. Ich mußte in den sauren Hächler beißen. Falls Sie mir den kühnen Vergleich einmal gestatten.
Der Ärger begann noch vor dem ersten Drehtag. Herr Hächler beschied nach Lektüre des Drehbuchs, daß seine Gattin zwar eine Siebzehnjährige, aber keine Siebzigjährige spielen könne. Bei etwa Vierzig müsse der Spaß aufhören. Oder allenfalls bei Fünfundvierzig. Er sei ja nicht kleinlich. Damit aber war der Sinn der ganzen Story zerstört, der ja darin lag, daß sie eine Entwicklung aufzeigte, den Weg einer Frau durch alle Stationen des Lebens. Zermürbende Diskussionen waren die Folge. Endlose Besprechungen. Der Drehbeginn verschob sich immer mehr, und da die Bauten standen, die Termine fixiert waren, der Stab engagiert, kostete jede Gesprächsminute mit dem Ehepaar Hächler bares Geld.
Ich gab deshalb nach und schluckte die Kröte. Das war ein Fehler, den ich bereuen sollte. Zwar hatte ich zu diesem Zeitpunkt bereits eine knappe halbe Million investiert, und die hätte ich in den Kamin schreiben können, aber die Verluste, die der Film einspielte, waren genauso groß. Außerdem hatte ich mit meinem »Jawort« gegen mein besseres Wissen verstoßen, ja eigentlich gegen mein Gewissen. Und

das sollte man nie tun. Von dem Ärger abgesehen, den ich mir einhandelte und der während der gesamten Drehzeit nicht abbrach. Hächler war nicht unbegabt. Es gab Szenen, die wirklich gut waren. Aber sie blieben Ausnahmen. Ihm fehlte vor allem der Blick für das Ganze. Er verrannte sich in Details, ließ völlig unwichtige Einstellungen sechs-, siebenmal kopieren. Wagte ich einen Einwand, so drohte er mir, alles seiner Maria zu petzen. Womit er Erfolg hatte. Denn Frau Hächler fand alles göttlich, was Herr Hächler machte. Zuguterletzt gelang es ihnen auch noch, den herrlichen Titel »Vor Rehen wird gewarnt« in den nichtssagenden Titel »Liebe« zu verwandeln.

Doch noch einmal zurück zu Gustav Fröhlich. Wo da der Zusammenhang ist? Einfach darin, daß es auch mit ihm Ärger gab.
Als wir damals vor unserer Haustür am Dahlemer Ilsensteinweg hielten, waren wir so erschöpft, daß wir eine Viertelstunde, ohne ein Wort zu sprechen, im Auto sitzen blieben. Schließlich erschien meine Frau, pochte gegen die Scheibe und rief: »Lebt ihr noch?«
Wir wußten es selbst nicht so genau. Fröhlich hievte sich brettsteif aus dem Wagen, wankte auf Maria zu und sagte mit erloschener Stimme: »Ein B . . ., B . . ., Bad. Bitte, bitte, ein Bad.«
Er bekam sein Bad. Wir tranken von dem Wodka, den mir der russische Kommandant zum Abschied in die Manteltasche geschoben hatte. Wir *tauten*, in des Wortes wahrer Bedeutung, auf. Noch am selben Tag machten wir einen vorläufigen Vertrag. Gustav war mit allem einverstanden. Auch mit der Gage. Nachdenklich wurde er nur, als er den Passus las: »Wegen der am Tage herrschenden Stromsperren wird fast ausschließlich nachts gearbeitet.«
Fröhlich meinte, er sei kein Nachtmensch und pflegte beim Dunkelwerden dorthin zu gehen, wohin der Mensch gehöre, nämlich ins Bett, ich sollte mich also nicht wundern, wenn er vor der Kamera dauernd gähnen müsse. Schließlich seufzte er aber doch: »Na schön.«
»In vier Wochen denn also«, sagte ich zum Abschied. »Ich werde Sie dann von München wieder abholen, Gustav.«
Er wurde leichenblaß, starrte mich an. Im selben Moment wurde mir klar, was für einen Fehler ich gemacht hatte. Logisch, daß in diesem

22

Die Trallala-Filme sollten
die Kassen klingeln las-
sen — und sie taten es
auch . . .

. . . Protagonisten waren
die Film-Liebespaare Renate Holm / Adrian Hoven
(oben in »Große Starpara-
de« . . .

23

. . . Bibi Johns/Peter Alexander (Mitte in »Musikpa-
rade«) und Caterina Valen-
te/Peter Alexander (unten
in: »Liebe, Tanz und 1000
Schlager«).

24

25   Gustav Knuth und Heidemarie Hatheyer

»Die Ratten« brachten mir meinen ersten »Goldenen Bären« der Berlinale.
Für diesen Film lag ich vor Maria Schell auf den Knien, bis sie mir für die
Rolle der Pauline Piperkarcka endlich ihr Jawort gab.

Heidemarie Hatheyer und Maria Schell

27   »Der 20. Juli«: Der Aufstand gegen Hitler als Film. Wolfgang Preiss — im
      Gespräch mit dem Regisseur Falk Harnack — erhielt für seine Rolle als
      Graf Stauffenberg den Bundesfilmpreis.

28   »Der 20. Juli«: Szene mit Ernst Schröder.

»Das Bad auf der Tenne« oder der Kampf um »Sonnys« nackten Rücken.   29
So streng waren damals noch die Bräuche.

Neben Sonja Ziemann (29) spielten in diesem Film Willy A. Kleinau, Paul   30
Klinger und Herta Staal (v. l. n. r.)

31

»Hotel Adlon«, die Geschichte des
weltberühmten Berliner Hotels.
Ein Film der großen Namen und
teuren Bauten ...

... Allein das Brandenburger Tor,
das wir auf dem Olympiagelände
nachbauten, kostete Hunderttau-
sende. Regisseur war Josef von
Baky.

35

r diesen Film hatte ich eine
minente Besetzung aufgebo-
: Stanislav Ledinek und René
ltgen (*31*) . . .

34

. . . Sebastian Fischer und Nadja
Tiller (*32* und *34*) . . .

32

. . . sowie Claude Farell, Helmut
Lohner und Peter Mosbacher.

33

36

Vicki Baums Bestseller um die »Studentin Helen Willfüer« rührte auch als Film ein Millionenpublikum zu Tränen (Ruth Niehaus, Hans Söhnker).

Aus dem Titel »Schweigepflicht« machte meine Freundin Ilse Kubaschewski »Du, mein stilles Tal« (v. l. n. r.: Peter W. Staub, Curd Jürgens, Bernhard Wicki, Winnie Markus).

Moment alle Einzelheiten unserer Höllenreise noch einmal vor seinem inneren Auge abliefen: die grausige Kälte, die sowjetischen Grenzer, das endlose Warten, der Kommandant, die Reifenpanne, das Schleudern-Rutschen-Schliddern auf der verwehten Straße.

Fröhlich ging. Und kam nie wieder. Wenigstens nicht zu mir. Auch später hat sich keine Zusammenarbeit mehr ergeben. Vielleicht war ich für ihn so etwas wie ein Trauma. Eine schmerzliche Erinnerung an Hunger, Not, Kälte, Todesgefahr.

Den Part in »Herzkönig« hat dann Hans Nielsen übernommen. Es war eine Doppelrolle. Doppelrollen sind sehr dankbar. Weil sie meist völlig entgegengesetzte Charaktere beinhalten: kreuzbraves Mädchen und leichtsinniges Flittchen zum Beispiel, oder strahlender Held und finsterer Schuft. Da gibt es also was zu spielen, und außerdem erscheint der Schauspieler doppelt so oft auf der Leinwand, was ihn ohnehin schon befriedigt.

Bei »Herzkönig« war es ein schrecklicher Diktator und ein charmanter Schriftsteller, die sich beide zum Verwechseln ähnlich sahen. Nielsen führte den Film zusammen mit Sonja Ziemann, Aribert Wäscher, Lisa Lesco und Georg Thomalla zum (Kassen-)Erfolg. Will sagen: »Herzkönig« brachte mir genau die Summe ein, die ich noch brauchte, um mein Lieblingsprojekt »Morituri« endlich beginnen zu können. Und damit hatte der Streifen seine Schuldigkeit getan. Die Filmhistoriker jedenfalls werden ihn sich nicht merken müssen.

Es sei denn, sie interessierten sich für den größten Bluff, der jemals in deutschen Ateliers veranstaltet wurde:

Rohfilm war im Jahre 1947 extrem knapp. Man bekam ihn nur, wie alles andere auch, »auf Beziehungen«. Unser Drehplan richtete sich ausschließlich danach, ob wir was zu verkurbeln hatten oder nicht. Eines Abends meldete mir mein Aufnahmeleiter glückstrahlend: »Herr Brauner, wir haben ein paar Rollen organisiert. Das reicht erst mal 'ne Weile.«

»Großartig«, sagte ich, »dann drehen wir die große Massenszene heute nacht.« In aller Eile wurden die Komparsen zusammengetrommelt, die dem falschen (Herz-)König zuzujubeln hatten.

Als ich gegen Mitternacht die Halle III des Tempelhofer Ateliergeländes betrat, herrschte das übliche wohlgeordnete Chaos, aus dem wunderbarerweise immer wieder ein Film geboren wird. Die Scheinwerfer verbreiteten eine sengende Hitze.

»Den Tausender mehr nach rechts! Halt, stopp, zuviel. Die Komparsen zurück auf die Ausgangsposition. Probe. Prooobe!

Achtung, Aufnahme! Achtung, Klappe! Ruhe, bitte. Ruuu–he! Ton ab, Kamera läuft, Herzkönig 286, zum drittenmal!

Gestorben. Danke!«

Der Aufnahmeleiter grüßte zu mir herüber, kam aber nicht, wie sonst immer, auf mich zu. Der Regisseur schien verlegen. Der Regieassistent druckste herum. Der Tonmeister schaute Löcher in die Luft. Für den Kameramann schien ich Luft zu sein, so angestrengt glotzte er an mir vorbei.

»Was haben die gegen mich«, mußte ich denken. Ich schaute eine halbe Stunde, eine Stunde kritisch zu, plötzlich fiel mein Blick auf die Kamera. Ich spürte einen heftigen Schmerz in der Magengegend, während es mir gleichzeitig eiskalt den Rücken herunterrann.

»Die . . ., die drehen ja ohne«, kam es über meine Lippen, »ohne Film.«

Etwas ganz und gar Ungeheuerliches ging dort vor: Die Kamera lief leer, war gar nicht geladen! Der Kameramann kurbelte für die Blindenanstalt. Anscheinend hatte er total den Verstand verloren. Und die anderen auch. Mein Gott, ja, die ewige Kälte, der Hunger, Sonderzuteilung 125 Gramm Rhabarbermarmelade hatte es gestern gegeben, war ja kein Wunder, wenn da plötzlich jemand . . .

Langsam ging ich auf den Kameramann zu. Jemand zupfte mich am Ärmel. Es war der Produktionsleiter. »Sie haben es gemerkt, Herr Brauner«, flüsterte er, »ich sehe es Ihnen an. Aber bitte, bitte, sagen Sie es ihnen nicht. Die wissen es nämlich auch.«

Ich kniff mir in den Oberschenkel. Träumte ich? Oder war auch der Produktionsleiter bereits meschugge? »Die wissen, daß sie nichts drinhaben, und drehen trotzdem?« fragte ich heiser.

»Ja, also, mit dem Rohfilm, das hat doch nicht geklappt, im letzten Moment, leider, aber die Komparserie, die war ja nun schon da, geschlossen da, 110 Mann stark. Da haben wir gedacht, wenn er das erfährt, der Herr Brauner, dann bricht er zusammen, oder er tut sich was an. Und das wollten wir nicht, und deshalb . . .«

66

»Und deshalb?« fragte ich tonlos.

». . . und deshalb haben wir gedacht: Drehen wir einfach blind. Er muß es ja nicht merken. Und wenn er sich morgen die Muster ansehen will, sagen wir einfach, es war ein Materialfehler.«

»Rührend«, sagte ich und ärgerte mich, daß ich tatsächlich so etwas wie Rührung fühlte.

Jedenfalls habe ich die Komödie mitgespielt. Schließlich war es auch besser, wenn die Komparsen bei guter Laune blieben. Und meine Darsteller (die ebenfalls nichts ahnten). Gute Laune war wichtig. Spiellaune. Außerdem würden sie es morgen alle gut können. Bei so vielen »Proben«.

Wir drehen einer Stadt den Strom ab
und werden von sibirischen Scharfschützen beschossen

Es war vor vielen Jahren im »Cavalieri Hilton« in Rom, als ich Elsa Maxwell traf. Die Maxwell – Gott hab' sie selig! – war eine jener Klatschtanten, wie sie nur Amerikas Filmwelt hervorbringen konnte. Ihre Kolumnen, die sich vornehmlich mit dem Privatleben der Stars befaßten, erschienen in Hunderten von Zeitungen der USA. Wie eine Königin verteilte sie Lob und Tadel unter ihr Volk. Wer gelobt wurde, fiel die Treppe herauf. Wen sie tadelte, der mußte in sich gehen. Tat er es nicht, schwieg sie ihn tot. So lange, bis er wirklich tot war. Mit Elsa war nicht gut Kirschen essen. Die Stars wußten das und hofierten Miß Maxwell, wo sie nur konnten.

»Gibt's was Neues, Mr. Brauner?« fragte sie mich mißmutig. Sie langweilte sich. Es war Juli, die Stadt heiß wie ein Dampfkessel und Cinecittà, die römische Filmmetropole, lag wie ausgestorben.

»Das einzig Neue, was es am Tiber gibt, bin ich«, sagte ich bescheiden. »Das heißt, ich habe gerade Mario Lanza engagiert. Für einen neuen Film.«

In Elsas schwarzen Knopfaugen glomm Interesse auf. »Erzählen Sie, Artur.«

»Es gibt noch nicht viel zu erzählen«, sagte ich und dachte an die ungeheuerlichen Szenen, die ich gerade in der ehemaligen Villa des Marschalls Badoglio erlebt hatte, wo Lanza wohnte. Das wäre ein gefundenes Fressen für die Maxwell gewesen. Aber kein Wort habe ich ihr davon erzählt.

Miß Maxwell nahm die Olive aus ihrem Martini, spuckte den Kern in den Aschenbecher und meinte: »Ich starte gerade eine Umfrage bei allen großen Produzenten und Regisseuren. ›Nennen Sie mir den aufregendsten Film, den Sie je gemacht haben?‹ lautet meine Frage. Bei Billy Wilder war es der Film mit der Monroe ›Manche mögen's heiß‹, weil sie da schon anfing, stundenlang zu spät zu kommen. Und

Henry Koster hat sich am meisten über ›Mein Mann Gottfried‹ aufgeregt. Weil euer O. W. Fischer ihm dabei immer wieder erklären
wollte, wie man einen Film macht. Was haben *Sie* mir zu bieten?«
»Ich habe Ihnen ›Morituri‹ zu bieten. Das ist ein Film, den ich 1948
in Berlin gedreht habe.«
»Morituri«, sagte sie enttäuscht. »Nie davon gehört.«
Ich erzählte es ihr trotzdem, und als ich fertig war, ging die Sonne
hinter dem Monte Mario auf, und auf Elsa Maxwells Aschenbecher
lagen siebenundvierzig Zigarettenstummel und dreizehn Oliven-
kerne.

In »Morituri« wollte ich das auf die Leinwand bringen, was ich selbst
erlebt hatte. Mit diesem Film wollte ich an das Gewissen der Welt
appellieren. Aber man ließ mich nicht. Die Alliierten, von denen ich
bisher angenommen hatte, daß ihr Krieg auch ein Krieg war für die
Unterdrückten, für die Ewig-Geschundenen, für die »Kleinen Leute«
aller Nationen und Rassen, die immer alles ausbaden mußten, was
ihnen die Großen eingebrockt hatten, die Alliierten schienen andere
Sorgen zu haben. Sie waren so stark mit ihren Berliner vier Sektoren
beschäftigt, mit all den Querelen, Zuständigkeiten, Oberhoheiten,
Einflußbereichen, daß ihnen mein Film völlig wurscht war.
Ich drehte ihn trotzdem. Weil ich spürte, daß ich ihn einfach drehen
mußte. Es gibt im Leben Situationen, in denen man weiß: das mußt
du tun, obwohl es absolut wider jede Vernunft ist, aber wenn du es
nicht tust, wirst du es dein Leben lang bereuen. Unvernünftig, absolut idiotisch war mein Plan schon deshalb, weil ich dunkel ahnte, daß
ich mit diesem Film kaum Geld verdienen würde.
Zuerst war die Frage zu klären: Wo drehe ich den Film? Wo fand ich
einen Wald, der so aussah wie die polnischen Wälder meiner Erinnerung? Ich zwängte mich in meinen Topolino und fuhr los. Mit von
der Partie war meine Belegschaft. Ich hatte inzwischen eine eigene
Filmfirma, »Central Cinema Company« hieß sie, und ich war sehr
stolz auf die Abkürzung CCC.
Meine Belegschaft hatte gerade eben Platz in einem Wagen, den man
wegen seiner Kompaktheit das »rollende Kommißbrot« nannte. Sie
bestand aus Dr. Herlitz, dem ehemaligen Syndikus der Ufa, aus der

Buchhalterin Wernicke und der Sekretärin Inge Laeppché. Alle drei sind heute noch bei mir. Was sehr für ihre Betriebstreue spricht, aber vielleicht auch ein ganz klein wenig für ihren Chef.

Mit 45 Stundenkilometern brausten wir los. Nach tagelangem Suchen entdeckten wir einen Wald in der Nähe des Ortes Schildow. Als Motiv ideal, leider lag er in der sowjetischen Zone. Also rasselte ich mit meinem Kommißbrot nach Karlshorst, dem Hauptquartier der sowjetischen Besatzungsmacht in Deutschland, und bat um die Erlaubnis, in meinem Wald, das heißt in ihrem Wald, filmen zu dürfen. Na, die Russen waren sehr freundlich. So freundlich, daß sie »ja« sagten.

Und »nein« sagten sie auch. Was bekanntlich ein »jein« ergibt. Oder eine jener bereits sprichwörtlich gewordenen Antworten vom Typus »Radio Eriwan«: »Im Prinzip können Sie in unserem Wäldchen drehen. Aber wer traut sich das schon.«

Ich traute mich. Wenn ich in Karlshorst auch keine direkte Zusage erhalten hatte, eines hatte ich bekommen: eine Kiste allerbesten Wodkas von der Marke »Stolnitschnaja«. Nebbich? O nein, das »Wässerchen«, wie Wodka auf deutsch heißt, sollte sich noch als ausgesprochen filmfördernd erweisen. So uneinig sich nämlich die vier Besatzer waren, in einem Punkt waren sie einer Meinung: Stolnitschnaja schmeckte ihnen, schmeckte besonders ihren Posten an den jeweiligen Übergängen.

Es gab ja so viel zu schmuggeln für uns. Verpflegung zum Beispiel. 150 Mitglieder stark war meine Crew. Sie kamen aus allen vier Sektoren, und ihre Lebensmittelkarten galten nur dort. Das hieß beispielsweise, im britischen Sektor einzukaufen, und die Butter, das Brot, den Käse, die Wurst ins sowjetische Schildow zu schmuggeln. Was am besten ging, wenn den Posten die Augen trüb wurden. Vor lauter »Wässerchen«.

Bald brauchten auch meine Schauspieler das Wässerchen. Über all den Verzögerungen, Vorbereitungen, Pannen, war der Winter hereingebrochen. Ein Teil unseres Filmes aber spielte im Sommer. Wir mußten Sommerszenen im Winter drehen. Da gab es eine Sequenz zwischen Winnie Markus und Carl-Heinz Schroth. Winnie trug ein dünnes Fähnchen aus Kattun, Schroth ein Hemd und eine Hose, das

Thermometer zeigte auf minus 17 Grad. Himmel, wie oft haben wir diese Szene wiederholen müssen! Kein Publikum der Welt würde es uns abkaufen, daß zwei Menschen im Hochsommer derartig vor sich hin zitterten.

»W . . ., w . . ., wie w . . ., war es?« fragte die Winnie zitternd unseren Regisseur Eugen York.

»Nicht übel«, meinte York, »nur, weißt du, ihr dürft nicht so stark atmen. Das gibt weiße Wölkchen. Also noch mal und weniger atmen.«

Schroth sagte schlicht: »Sch . . ., Sch . . ., Schei . . ., Schei–ße.« Und vor seinem Mund bildete sich ein weißes Wölkchen.

Es kam der Moment, da auch ich Wodka brauchte, obwohl ich ja sonst keinen Alkohol trinke. Nach dem strengen Winter überraschte uns die Währungsreform. Die meisten Deutschen erinnern sich an diesen Tag mit Freude. War es doch der Beginn unseres Wohlstandes. Für mich war der »Tag X« eine Katastrophe. Das für die Finanzierung von »Morituri« bereitgestellte Kapital schmolz auf ein Zehntel seines Wertes zusammen. Meine Mark war nur noch einen Groschen wert. Die Kosten aber verringerten sich nicht auf ein Zehntel. Sie blieben ungefähr gleich.

Ich fuhr nach Hause in die Fürst-Pückler-Straße Numero 18, amerikanischer Sektor, und spielte mit dem Gedanken, mich zu erschießen. Als ich meine Wohnung betrat, kam mir Maria, die beste Ehefrau der Welt, mit einem Glas Wodka entgegen. »Trink«, sagte sie, »du kannst es brauchen.«

Ich brauchte es. Mein Arbeitszimmer sah aus, als hätten die Vandalen darin gehaust. Es waren aber nicht die Vandalen, sondern die Amerikaner. Eine MP-Streife hatte im Auftrag der Film-Sektion mein Telefon beschlagnahmt, die Leitung *aus* der Wand gerissen und die Tapete *von* der Wand. Kalkbrocken lagen herum, Mörtel, der Teppich war verschmutzt.

»Warum?« fragte ich völlig fassungslos.

»Weil du keine Lizenz hast. Haben sie gesagt. Und wenn du keine Lizenz hast, darfst du auch kein Büro haben. Und wenn du kein Büro hast, darfst du auch nicht telefonieren. Zumindest nicht in ihrem Sektor.«

Eine halbe Stunde später stand ich in einem anderen Hauptquartier. Diesmal war es das amerikanische. Ich ließ mir den zuständigen US-Filmoffizier geben und sagte ihm die Meinung. Das heißt, ich versuchte es. Mein Deutsch war noch nicht so gut. Dafür sprach ich kaum Englisch. Verstanden hat er mich trotzdem.

Monate später, als die Filmleute des Headquarters sich »Morituri« hatten vorführen lassen, bekam ich einen Anruf von Mr. Eric Pommer, dem US-Filmbeauftragten für die amerikanisch besetzte Zone. Eric Pommer war einst ein großer Mann gewesen bei der alten deutschen Ufa. Er hatte den weltberühmten Stummfilm »Das Kabinett des Dr. Caligari« produziert, den »Dr. Mabuse«, die »Nibelungen«, »Metropolis«, den legendären »Blauen Engel«, und das Traumpaar Lilian Harvey/Willy Fritsch verdankte ihm seine Existenz.

Pommer sagte: »Herr Brauner, ich habe eben Ihren Film gesehen. Respekt! Ich fürchte, wir waren Ihnen gegenüber nicht ganz fair. Aber das läßt sich ja wiedergutmachen. Wenn Sie es wünschen, erteilen wir Ihnen noch heute eine Lizenz.«

Ich holte tief Luft und sagte fest: »Ich wünsche es nicht!« Das war bestimmt ein Fehler, aber es gibt Fehler im Leben, an die entsinnt man sich noch Jahre später mit stiller Wonne.

Am anderen Morgen war ich wieder draußen auf dem Gelände. »Alles in Ordnung?« fragte ich meinen Produktionsleiter Hans Lehmann.

»Wenn man von dem kleinen Umstand absieht, daß wir keinen Saft mehr haben, dann ist alles in Ordnung«, sagte Lehmann trocken.

»Saft« bedeutete »Strom«. Den hatten wir bisher von einem benzinbetriebenen Generator bezogen. Der Generator hatte sein Leben ausgehaucht. Ohne Strom läuft keine Kamera, flammt kein Scheinwerfer auf, kann man keinen Film drehen. Ich ließ mir eine Karte geben und sagte: »Hier liegt Prenzlau, da liegt Eberswalde, zwei große Städte. Die haben doch Strom. Lassen wir uns eben ein Kabel ziehen.«

»Eine glänzende Idee«, sagte Lehmann. »Wenn man von dem kleinen Umstand absieht, daß die selber noch nicht mal so viel haben, um ihre Rathäuser zu beleuchten.«

Dieselbe Auskunft bekam ich in Prenzlaus und Eberswaldes unbeleuchteten Rathäusern. Ich bat die beiden Bürgermeister händeringend, mir doch wenigstens ein klein bißchen abzugeben von ihrem Strom. Ich bekam zur Antwort, daß sie momentan andere Sorgen hätten, als irgendwelchen verrückten Filmfritzen bei ihrer sinnlosen Tätigkeit zu helfen. Womit sie, denkt man an die Not der Jahre 47/48, sogar recht hatten.

»Geben Sie's auf«, riet mir einer der Bürgermeister, »warten Sie bessere Zeiten ab.«

Bessere Zeiten. Wann würden die kommen? Sollte ich bis dahin die Hände in den Schoß legen wie Großväterchen im Lehnstuhl? Das konnte ich nicht. Ich hatte eine Mission. Ich wollte doch nicht irgendein belangloses Filmchen drehen. Es sollte etwas werden, was die Menschheit aufrüttelte. Ich fuhr also wieder nach Karlshorst und nach Ost-Berlin, und das Ergebnis war, daß man mir eine kilometerlange Hochspannungsleitung à 100000 Volt zog.

In Prenzlau allerdings und in Eberswalde gingen die Lichter aus. Zumindest nachts. Das war für die Prenzlauer und die Eberswalder kein Vergnügen, und ich habe noch heute ein schlechtes Gewissen, wenn ich daran denke. Aber damals brannte etwas in mir, was die Italiener il sacro egoismo nennen, den heiligen Egoismus. Meinen Mitarbeitern ging es ähnlich. Sie nahmen die härtesten Strapazen auf sich, und letztlich war es ihrem bergeversetzenden Idealismus zu verdanken, wenn »Morituri« jemals fertig wurde.

Es kam der Tag, an dem die Wachen des Konzentrationslagers auf die Häftlinge schossen, die einen verzweifelten Ausbruchversuch unternahmen. So jedenfalls wollte es unser Drehbuch. Wir aber hatten nichts zum Schießen. Von der Schreckschußpistole über das Luftgewehr bis zur ältesten Donnerbüchse hatten die Alliierten in Deutschland alles beschlagnahmt.

Hier aber genügte ein kurzes Gespräch mit Ost-Berlin, und schon hatte ich zwei Dutzend Rotarmisten als Komparsen. Daß sie sich zu diesem Zweck SS-Uniformen anziehen mußten, störte sie nicht sonderlich.

Wir drehen die Szene. Eugen York gibt seine Anweisungen. Die Häftlinge reißen Planken aus dem Barackenfußboden, legen sie über den elektrisch geladenen Zaun, hangeln sich hinüber. Alarmglocken klingeln. Drehbuchgemäß besetzen die SS-Russen die Wachtürme und beginnen zu feuern. Der mörderische Klang der Schnellfeuergewehre zerreißt die Luft. Unglaublich echt klingt es. Großartig, diese Komparsen, muß ich denken.

Im nächsten Moment ertönt ein grelles Schreien. »Aufhören, aufhören! Nicht schießen!« Ich sehe, wie sich unser Kameramann Werner Krien auf den Boden wirft, sehe die angstverzerrten Gesichter von Hilde Körber, Josef Sieber, Klaus Kinski. Was ist los, Gott der Gerechte, was ist nun schon wieder los mit diesem verfluchten, vermaledeiten Film?

Ich renne hinüber zu der Kamera, die längst nicht mehr läuft. Krien zerrt mich zu Boden. Sie schießen immer noch. Plötzlich höre ich das nervenzerfetzende Winseln, das ein Geschoß verursacht, wenn es den Luftwiderstand bricht, und ich höre das Jaulen der Querschläger.

»Die schießen scharf«, brüllt mir Eugen York ins Ohr. Sein Finger weist auf die Kamera. Oberhalb des Drehkranzes klaffen zwei Einschüsse. Das Feuer wird schwächer, hört schließlich ganz auf. Wir gehen mit weichen Knien zu unseren Russen hinüber. Aus den Mündungen ihrer Gewehre wölkt Rauch. »Carascho?« fragt mich der Major, der sie befehligt. »War guttt?«

»Sehr gut«, antworte ich mit letzter Kraft, und der Regisseur fragt: »Keine Platzpatronen, warum du keine?«

»Nix Platzpatronen«, sagt der Major und ist direkt beleidigt: »Schießen scharf, sind Scharfschützen, sibirische. Bumm, bumm.« Er hebt seine Automatik und schießt eine Salve in die Luft, daß uns die Strümpfe zittern.

»Herr Major«, sage ich, »wir müssen die Szene noch einmal drehen. Unsere Schauspieler haben sich zu sehr erschreckt.« *Erschreckt*, was für ein lächerlicher Ausdruck für eine Ungeheuerlichkeit.

»Und bitte, Herr Major«, fleht Kameramann Krien, »schießen Sie etwas mehr daneben.«

»Wie sehr daneben?« fragt der Major, »halbes Meter, ganzes Meter, wie du wünschen?«

Wir wünschen uns zwei Meter, und der Major sagt wieder: »Carascho!« Also das Ganze noch einmal. »Ruhe, bitte! Achtung, Aufnahme! Klappe. Ton ab, Kamera läuft. Morituri 3 zum zweiten-mal.«

Aber auch die dritte Sequenz ist dazu bestimmt, UB (unbrauchbar) zu werden. Ein sowjetischer Schützenpanzer biegt mit rasselnden Ketten auf die Waldlichtung. Ein zweiter, ein dritter folgt. Überall wimmelt es von den erdbraunen Uniformen der Rotarmisten. Wir sind buchstäblich umzingelt.

Ein Oberst kommt über die Lichtung gestiefelt und fängt an zu brül-len. Wer wagt es, hier Krieg zu führen ohne seine Erlaubnis? Und in seinem Befehlsbereich? Er ist der Standortkommandant von Prenzlau, und wenn jemand schießen darf, dann sind es seine Trup-pen und sonst keine.

Unser Major von den sibirischen Scharfschützen baut sich vor ihm auf und beginnt: »Genosse Oberst, ich . . .«

Dem Oberst fällt der massige Unterkiefer auf die Brust. Vor ihm steht ein SS-Offizier und spricht Russisch. Der Major hat vergessen, daß er eine SS-Uniform trägt. Er versucht zu erklären. Der Oberst brüllt ihn nieder. Dann brüllt auch der Major. Die Szene wird zum Tribu-nal, zur Komödie, zur Klamotte. Und wenn ich heute daran zurück-denke, dann sage ich mir: Dieser Film im Film wäre der eigentliche Film gewesen und bestimmt ein großer Erfolg.

»Morituri« nämlich war keiner. Das Publikum wollte ihn nicht se-hen. Die Zeit war, wie man in solchen Fällen zu sagen pflegt, noch nicht reif dafür. Das heißt: niemand hatte Lust, sich mit der Vergan-genheit auseinanderzusetzen. Die einen nicht, weil sie kein blüten-reines Gewissen hatten. Die anderen nicht, weil sie froh waren, diese Vergangenheit endlich hinter sich zu haben. Und nun kam einer und fraß das Gras, das gerade anfing darüber zu wachsen, wieder runter. Nee, also wissen Se, nee, meinten nicht nur die Berliner.

Ich hatte sogar Schwierigkeiten, ein Uraufführungskino zu finden. In der Ostzone durften die Kinobesitzer nicht, weil die Defa meinen Film nicht mochte. In West-Berlin wollten die Kinobesitzer nicht, weil sie um ihre Kasse fürchteten. Ich mußte nach Hamburg auswei-chen, wo »Morituri« schließlich am 24. September 1948 herauskam. Er brachte mir ausgezeichnete Kritiken, ein paar Dutzend Drohbriefe wegen »Nestbeschmutzung« und einen Haufen Schulden. Was die

Kasse betraf, so hat es selten einen dickeren Flop, einen größeren Versager gegeben.

Gekostet hat »Morituri« anderthalb Millionen Reichsmark und, da uns die Währungsreform überrollt hatte, noch einmal 250000 DM. Eingespielt hat er knapp 60000 DM. An meinen Schulden zahlte ich fünf lange, bittere Jahre. Ich habe es trotzdem nie bereut, diesen Film gemacht zu haben. Gelernt allerdings habe ich – leider, leider –, daß ein Kino in erster Linie eine Stätte der Unterhaltung sein sollte und keine Stätte der Vergangenheitsbewältigung.

Aber als Filmproduzent hört man nie auf zu lernen. Eine meiner Lektionen erteilte mir Mario Lanza. Mario Lanza, über den die amerikanische Filmjournalistin Hedda Hopper schrieb:

»Seine Stimme war sein Glück und sein Untergang, eine Gnade und ein Fluch zugleich. Er stieg zu Erfolg und Ruhm empor wie eine Rakete, um als ausgebrannte Hülse auf die Erde zurückzufallen und sich in Dunkelheit zu verlieren. Für die kurze Zeit, in der er als leuchtender Stern am Himmel stand, erweckte er die alten Tage des Wahnsinns, des traumhaften Glanzes, der Verworfenheit, der Herrlichkeit wieder zu einem unvorstellbaren Leben . . .«

Was den Wahnsinn und die Verworfenheit betrifft, so habe ich tatsächlich einiges erlebt mit Mario Lanza. Doch darüber später!

Der Bierdeckelvertrag,
Mario Lanza zersingt ein Weinglas
und Mussolini geht durch den Raum

Schwül ist es heute, schwül und feucht – ein Wetter, das aufs Gemüt drückt. Ich öffne die Fenster noch weiter. Es zieht. Ich schließe sie wieder. Ich ersticke. Ich schmeiße das Jackett beiseite, lockere die Krawatte, ziehe sie wieder fest. Ich merke, daß ich das alles nur tue, um mich vor dem Schreiben zu drücken. Ein Kalauer geht mir durch den Sinn, hakt sich fest in meinem Gehirn: »Sie hätten Architekt werden sollen.« – »Warum?« – »Weil Ihnen nichts *einfällt*.«
Maria, die beste Ehefrau der Welt, kommt herein, schaut mich an, schaut die Schreibmaschine an, wirft einen prüfenden Blick auf das noch jungfräuliche Papier, meint: »Schiller, habe ich mir sagen lassen, soll immer an faulen Äpfeln geschnuppert haben, damit ihm was einfiel.«
»Bin ich Schiller?« frage ich mißgelaunt.
»Weiß Gott nicht«, sagt sie und überläßt mich meinem Schicksal.
Ich starre ein Loch in die Luft. Und noch eins. Und ein drittes. Dann starre ich auf die Fensterbank, und schon rege ich mich auf! Auf dieser Fensterbank liegen 4650324 DM. In Worten: viermillionensechshundertfünfzigtausenddreihundertvierundzwanzig Mark!!!
Nicht in bar. Nein, aber so gut wie in bar. Das heißt: in Form von Drehbüchern. Nach einem Drehbuch wird, wie Sie wissen, ein Film *gedreht*. Es enthält die Personen, die Schauplätze, den Handlungsablauf. Jedes einzelne der dort liegenden Bücher habe ich bar bezahlt – und aus keinem einzigen ist je ein Film geworden.
Vierkommasechsfünnefnulldreizwovier Milliönchen in den Schornstein geschrieben, so was kann nicht nur einen Filmproduzenten aufregen. Ich stehe auf, fahre mit den Händen über den Stapel der Manuskripte, greife dieses und jenes heraus, blättere darin herum. Beim Blättern habe ich das Gefühl, als sei jede Seite ein verfallener Hundertmarkschein.

Da ist das Drehbuch zu dem einstmals geplanten Film »So ist mein Mann«. Eine herrliche Komödie, bestimmt für zwei herrliche Schauspieler: für Caterina Valente und Peter Alexander. Autoren sind zwei hochbezahlte amerikanische Fachleute: Ladislas Fodor und Ben Hecht. Sie kassierten für ihre Arbeit 300 000 DM. Mischa Spoliansky, der die Musik komponierte, schlug mit 50 000 DM zu Buch.

Die Kalkulation ergab, daß der Film 3 Millionen DM kosten würde. Allein die Valente und der Alexander verlangten zusammen fast eine halbe Million als Gage! Der Verleih bot mir eine Garantie von 500 000 DM. Damit war das Projekt gestorben. Für den »Rest« von zweieinhalb Millionen konnte ich meinen Buckel nicht hinhalten.

Ein zweites Beispiel von der Fensterbank: Lee Thompson, der Regisseur des Welterfolgs »Die Kanonen von Navarone«, hatte für mich »Das Gold von Troja« geschrieben. Das ist die abenteuerliche Geschichte des einstigen Kaufmannslehrlings Heinrich Schliemann, der die Schätze eines versunkenen Königreichs fand. Die Ufa hatte den Verleih übernommen. Die (sehr teuren) Dekorationen waren draußen auf dem Spandauer CCC-Gelände bereits zur Hälfte fertig. Als Darsteller waren O. W. Fischer und Lilli Palmer durch einen Vorvertrag engagiert. Plötzlich bekam die Ufa kalte Füße und trat vom Vertrag zurück. Ich strengte einen Prozeß an. Es kam zu einem Vergleich. Die Ufa wurde verdonnert, mir 200 000 DM für die geleistete Arbeit zu zahlen. 450 000 DM aber hatte ich bereits investiert. Verlust: 250 000 DM.

Es ist grausam, wenn man in den Manuskripten auf meiner Fensterbank herumkramt. 96 000 DM für Projekt »Dr. Wohlgemut«. (Das ist der Berliner Frauenarzt, der in der John-Affäre eine Rolle gespielt hat.) Überweisung an Curd Jürgens für »Peer Gynt«: 30 000 DM. »Der Zauberberg«, Drehbuchfassung des berühmten Romans von Thomas Mann: 225 000 DM. Und so *schrecklich* weiter. Überschrift: Filme, die nie gedreht wurden.

Ich weiß, es gilt in manchen Kreisen als unfein, andauernd über Geld zu sprechen. Aber ein Filmproduzent hat eben sehr viel mit Geld zu tun. Außerdem ist er auch nur ein Mensch und hat das Recht, einmal sein Herz auszuschütten. Noch dazu, wenn der durchschnittliche Kinogänger überhaupt nichts von dem weiß, was er wirklich tut. Dieser

Durchschnittsbesucher wird mich jetzt vielleicht fragen: »Warum schmeißen Sie denn auch mit dem Geld so rum, wenn noch gar nichts unter Dach und Fach ist?«

Darauf kann ich nur antworten: »Ich muß schmeißen. Denn wenn ich nicht schmeiße, beißt erst gar keiner an.«

Ich muß mir ein Drehbuch schreiben lassen, manchmal sogar noch die Musik, muß klären, welcher Star welche Rolle spielt, wer Regie führt, wer hinter der Kamera sitzt, wer die Bauten und die Kostüme macht. Ich muß mir einfach solch ein »Paket« zusammenstellen. Mit diesem Paket gehe ich dann zu einem Verleiher. Das ist derjenige, der die Filme später in die Kinos bringt, der sie *verleiht*. In meinem Falle war es oft eine Verleihe*rin*: Ilse Kubaschewski von der »Gloria«.

Die Ilse ist eine alte Freundin von mir. Aber nur privat. Wenn es ums Geschäft ging, haben wir unsere Freundschaft immer zurückgestellt, sozusagen eingefroren. Anschließend wurde sie dann wieder aufgetaut (die Freundschaft). Das ging immer gut, obwohl wir nicht selten völlig verschiedener Meinung waren.

Frau Kubaschewski pflegte mein Projekt zu prüfen und ließ anschließend von ihren Herren darüber nachdenken.

»Ja, das machen wir«, sagte sie dann. Oder sie sagte: »Das machen wir nicht, Artur. Da müssen wir zubuttern, und vom Zubuttern kann man nicht existieren.«

Ein solches »Nein« bedeutet in der Praxis: der Produzent bekommt kein Geld. Will sagen, der Verleiher weigert sich, ihm eine finanzielle Garantie zu geben (die im allgemeinen zwischen 60 und 80 Prozent der Herstellungskosten liegt, beziehungsweise *lag*).

Jetzt kann sich der Produzent natürlich sagen: »Na, dann nicht, finanziere ich meinen Film eben allein.« Auf diese Weise kann er eine ganze Menge Geld gewinnen. Oder eine ganze Menge verlieren. Das letztere ist das übliche.

Apropos die Ilse. Angefangen hatte unsere Zusammenarbeit im Jahre 1953 mit einem Bierdeckel. Wir hatten vier Stunden in der Bar des Kempinski miteinander gerungen. Als wir uns einig waren und das Projekt schriftlich fixieren wollten, fehlte uns Papier.

»Nehmen wir das da«, sagte ich und schnappte mir einen Bierfilz vom Nebentisch. Auf der einen Seite stand »Trink Berliner Kindl«. Auf die andere Seite schrieben wir: »CCC-Film Artur Brauner produziert für den Gloria-Verleih ›Die Privatsekretärin‹. Hauptdarsteller: Sonja Ziemann, Rudolf Prack, Paul Hörbiger. Geschätzte Kosten: 1,4 Millionen DM. Verleihgarantie: 70 Prozent.« Folgten beide Unterschriften.

Es war der teuerste Bierfilz aller Zeiten, und ich glaube, daß ein solches Vertragspapier in der Geschichte des Films ein Unikum darstellt. Ich habe den Millionendeckel später eigenhändig in einen Rahmen gefaßt und ihn an die Wand meines Arbeitszimmers gehängt. Als Beispiel dafür, daß es völlig egal ist, worauf ein Vertrag festgehalten wird. Ob auf Bütten oder auf Klopapier. Hauptsache, er wird gehalten.

Wir jedenfalls haben ihn gehalten, Ilse Kubaschewski und ich. Und die nächsten fünfundvierzig Verträge auch. So viele Filme haben wir im Laufe der Jahre zusammen produziert. Mit fünfunddreißig davon erzielten wir einen Gewinn.

Sie sehen, ein Filmproduzent verliert nicht nur immer Geld, gelegentlich verdient er auch was. Wobei mir ein herrlicher Witz einfällt.

»Sie sehen mies aus«, sagt der alte Goldstein zu seinem Geschäftsfreund Pratschkauer, der in Textilien macht.

»Isses e Wunder«, antwortet Pratschkauer düster, »kleine Umsätze, große Kosten. Kein Tag vergeht, an dem ich nicht Tausende einbüße.«

»Wenn Se jeden Tag einbüßen, dann machen Se doch Ihren Laden zu.«

Pratschkauer empört: »Und von was soll ich leben?«

Doch noch einmal zurück zu meiner »Millionenbank«. Unter den einhundertvierzehn nie verwirklichten Drehbüchern ist eines, das den Titel »Granada« trägt. Granada war damals ein bekannter Schlager, der die Hit-Listen der Plattenjockeys monatelang anführte und bis heute ein Evergreen geblieben ist. Mit »Granada« sollte Mario Lanza sein großes Comeback feiern.

Lanza war ein Tenor von unglaublicher Stimmkraft. Experten stellen ihn neben Enrico Caruso und Benjamino Gigli. Caruso war es, an dessen Genie er sich entzündete. Alfred Arnold Cocozza, wie Lanza

Hans Albers in der wohl bedeutendsten Rolle seines Lebens: als Geheim-   38
rat Clausen in der Gerhart-Hauptmann-Verfilmung »Vor Sonnenuntergang«.

40

»Liebe«, nach
Vicki-Baum-Ro
»Vor Rehen wir
warnt«, war ein
blemfilm mit N
Schell und Raf
lone in den H
rollen, der mir
Probleme be
te . . .

41

42

... Für die frischge-
backene Frau Häch-
ler (42: ihre Mär-
chenhochzeit in der
Wieskirche) kam nur
Herr Hächler als Re-
gisseur in Frage.

43 »Mein Vater, der Schauspieler«: O. W. Fischer mit dem Kinderstar Oliver Grimm.

eigentlich hieß, war im Italienerviertel von Philadelphia, USA, aufgewachsen. Jeden Cent, den er grapschen konnte, legte er in Caruso-Platten an. Carusos Arie »Wie sich die Bilder gleichen« aus »Tosca« spielte er siebenundzwanzigmal nacheinander, um seine Stimme dem großen Vorbild anzupassen. Gesangsunterricht in Form einer richtigen Ausbildung hat er eigentlich nie gehabt.

Caruso war es dann, wenn auch nur mittelbar, der Mario Lanza zu Weltruhm verhalf. Er spielte die Titelrolle in dem Film »Der große Caruso«. Nach einem Jahr hatte Metro-Goldwyn-Mayer daran 19 Millionen verdient.

Lanza selber hatte zwar nur die vergleichsweise lächerliche Gage von 100 000 Dollar erhalten, kam aber durch seine Schallplatten auf eine runde Million pro Jahr. Die Produzenten flehten ihn an, Schallplattenbosse umschwärmten ihn wie die Motten, sein Publikum geriet bei jedem Auftreten in einen nie gekannten Taumel, Frauen verließen ihre Männer und reisten ihm nach von Stadt zu Stadt.

Die Welt lag ihm zu Füßen, er aber zerstörte seine Stimme, seine Persönlichkeit und schließlich sich selbst. Er trank und fraß sich buchstäblich zu Tode. Welche gigantischen Anstrengungen er immer wieder unternahm, um seinen Dämon zu bekämpfen, das hat etwas Tragisches und spricht ihn frei von den Gesetzen bürgerlcher Moral. Als ich ihn in Rom aufsuchte, um mit ihm »Granada« zu besprechen, war sein Kurs an der Börse des Showgeschäfts auf den Nullpunkt gesunken. Seine Schulden gingen ins Aschgraue. Die MGM hatte ihn auf 13 500 000 Dollar Schadenersatz verklagt, weil er aus dem Film »Alt Heidelberg« (The student prince) ohne ein Wort der Begründung ausgestiegen war. Seine Versuche, bei RCA Schallplattenaufnahmen zu machen, schlugen fehl, weil ihm die Stimme versagte. Ein Engagement am »New Frontier Hotel« in Las Vegas für 50 000 Dollar die Woche endete, bevor es begonnen, mit einem Skandal: Lanza war zu betrunken, um auftreten zu können.

Nun saß er in Rom. Verfolgt von seinen Feinden, verlassen von seinen wenigen Freunden, verfemt, verstoßen.

»Und Sie, warum sind Sie hier?« fragte er mich voll tiefen Mißtrauens bei unserer ersten Besprechung im »Cavalieri Hilton«.

»Ich bin hier, weil ich an Sie glaube.«

»Trotz allem, was man sich über mich erzählt?«

»Trotz allem.«

»Dazu kann ich Ihnen nur gratulieren, Signor Brauner«, sagte er und tat es so nachdrücklich, daß mir die Hand noch zwei Tage lang weh tat. Er hatte die Kraft eines Stieres. »Ich bin bald wieder der Größte!« Er sprang auf und schmetterte »Graaaa–haaaa–naa–daa« in die Luft, daß die Touristen in der Hotelhalle aufgeregt zusammenliefen.

»So«, sagte er befriedigt, »und jetzt werden wir einen kleinen Happen zu uns nehmen.« Er bestellte eine Flasche Taittinger brut und eine Portion Kaviar. Der Ober kam mit einer Hundert-Gramm-Dose, und Lanza fragte ihn, ob er ihn für ein Vögelchen halte. Er habe von einer Portion gesprochen, und darunter verstehe er ein Kilo. Die Kilodose kam, er nahm einen großen Silberlöffel und schaufelte die kleinen schwarzen Eier des Stör in sich hinein, als handle es sich um Griesbrei. Er spülte mit einer zweiten Flasche Champagner nach und sagte beiläufig: »200 000 Dollar Gage hatten wir am Telefon vereinbart, Signor Brauner.«

»100 000 Dollar Gage plus Gewinnbeteiligung bis zu einer maximalen Höhe von 100 000«, korrigierte ich und beglückwünschte mich, daß ich bei dem Telefongespräch ein Tonband eingeschaltet hatte. »Das ist ein Unterschied. Hier ist übrigens die Anzahlung.«

Er schob den 50 000-Dollar-Scheck in seine Rocktasche wie einen alten Fahrschein und orderte noch ein Kilo Malossol mit einer weiteren Flasche Schampus. Wir sprachen über die für ihn als Partnerin vorgesehene Caterina Valente, über die Lieder, die er mit ihr singen sollte, und über die Kostüme. Plötzlich stand er abrupt auf. »So, und jetzt kommen Sie mit zu mir. Meine Frau wartet mit dem Abendessen auf uns.«

»A–bend–es–sen?« fragte ich fassungslos nach einem Blick auf zwei leere Kilodosen Malossolkaviars.

»Ja«, sagte er, »von dem Zeug da kann kein Christenmensch satt werden.«

Er durchquert die Hotelhalle, und seine handgenähten Kothurn-Stiefel, die er aus New York bezieht, knarren. Sie haben extra hohe Sohlen, um ihn etwas größer erscheinen zu lassen als seine 1,70 Meter. Draußen steht ein Cadillac so groß wie ein Rundfahrtbus. Er ist mit Tigerfell gepolstert, und das Armaturenbrett besteht aus 14karätigem Gold. Ich bewundere alles gebührend. Er kramt im Handschuhfach herum, drückt mir etwas in die Hand. Es ist eine goldene Armbanduhr mit der Inschrift »In Liebe. Von Mario.« In seiner großen Zeit pflegte er sie unter seine Fans zu werfen wie ein Faschingsprinz die Karamelbonbons.

Wir sitzen im Boudoir seiner Villa. Aus einem halben Dutzend Stereolautsprechern tönt Mario Lanza. Puccini, Verdi, Mascagni, Leoncavallo, Rossini, ein Perlenkranz italienischer Meisterarien, phantastisch, hinreißend, dargeboten von dieser phänomenalen Stimme, das kann einem die Seele zerschmelzen. Aber ich bin nicht hier wegen meiner Seele. Ich brülle: »Man kann nicht verhandeln, es ist zu laut!«

»Gefällt Ihnen meine Stimme nicht?« brüllt er zurück. Ich zucke hilflos mit den Achseln. Was für eine Frage. Wäre ich sonst hier?

Er drückt auf einen Knopf. Die Lautsprecher schweigen. Er holt drei große Weingläser, sogenannte Prunkrömer, stellt sie auf den Kaminsims. »Jetzt will ich Ihnen mal zeigen, was diese Stimme alles kann.« Er konzentriert sich, atmet tief ein, er singt, singt mit Urgewalt, das hohe C steht strahlend im Raum, endlos, endlos, plötzlich geschieht etwas Geisterhaftes: Die Weingläser beginnen zu knistern, zu knakken, sie zerspringen, die Scherben fallen auf den Boden.

Ich starre ihn an wie hypnotisiert. »Das ist nichts«, sagt er wegwerfend, »überhaupt gar nichts. Fragen Sie mal Frank Sinatra. Dem habe ich einen ganzen Spiegel zersungen.«

Signora Betty Lanza bittet zu Tisch. Marmor ringsum, Kristallspiegel, Deckenfresken, Ölgemälde, Gobelins. Dieses Haus ist keine Villa, es ist ein Schloß. Zwei livrierte Diener tragen auf. Es gibt Antipasti auf Riesenschüsseln: gemischte Salate, Oliven, Pfefferschoten, gefüllte Paprika, Mortadella, Parmaschinken, eingelegte Aale, Schnecken, Froschschenkel, Scampi.

Die Livrierten stellen eine Waschschüssel mit Spaghetti auf den Tisch. Lanza schaufelt Fleischsauce drüber und Parmesankäse. Er schnappt sich ein paar von den Ravioli, trinkt einen schweren Brolio dazu. Lasagne, richtig, von der Lasagne hat er noch nicht gekostet. Ein vorwurfsvoller Blick zu Betty hinüber. »Momentino, bambino, caro mio, hier nimm noch von den Canneloni.« Er nimmt von den Canneloni. Ein Steinbutt folgt, triefend von Öl. Da braucht man Weißbrot. Krachend zerbricht er eine der armlangen Stangen, taucht das Brot in die ölige Sauce.

»Essen Sie, Signor Brauner, essen Sie, Sie sind zu mager. Ein Produzent darf nicht mager sein. Wie will er Kredit kriegen, wenn er keinen Bauch hat.« Er lacht dröhnend, wischt sich den fetttriefenden Mund, Schweiß steht auf seiner Stirn, das Gesicht ist gerötet.

Mein Gott, kann dieser Mensch essen! Er darf doch gar nicht. Ich hab's im Vertrag. »Signor Mario Lanza verpflichtet sich durch Unterschrift, bis zum Drehbeginn am 10. Oktober 1959 sein Körpergewicht von 120 Kilogramm auf maximal 100 Kilogramm zu senken«, steht im Vertrag.

Ich sage es ihm zwischen Vitello alla Milanese (in Butter gebackenem Kalbfleisch) und Saltimbocca alla Romana (mit Salbei gewürzten Scheiben von Schweine- und Kalbfleisch).

Er nimmt die Serviette ab, die er sich in zwei Zipfeln hinter dem Ohr zusammengebunden hat. »Wissen Sie, wieviel ich abnehmen mußte, als wir ›Because you're mine‹ (Mein Herz singt nur für dich) machten? Einen halben Zentner. Da bin ich zu Ginger Rogers raus nach Oregon, die hatte da ein Landgut, und ich habe von Tomaten gelebt und harten Eiern und jeden Morgen meine achthundert Meter Dauerlauf, und schwuppdiwupp war ich ihn los, den halben Zentner.«

Ich kannte all diese Geschichten. Und ich wußte auch, daß einer von MGM mit der Kleinkaliberbüchse auf dem Gartenzaun gesessen und dem Mario immer dann einen Warnschuß vor den Bug geknallt hatte, wenn er langsamer zu werden drohte. Bei seinem ersten Film »That midnight kiss« (Ein Kuß um Mitternacht) hatte man ihn jeden Morgen vor Drehbeginn gewogen wie einen Preisbullen. Sein Gewicht wurde von den MGM-Leuten notiert wie ein Börsenkurs. Sie waren in Hochstimmung, wenn es gefallen war, und völlig down, wenn es zu steigen begann.

»Signor Brauner«, sagt er und wirft einen schmachtenden Blick auf seinen Panettone, einen Windbeutel mit Rosinen und eingemachten Früchten, »Signor Brauner, wissen Sie überhaupt, worauf Sie sitzen?«

»Auf einem Stuhl vermutlich«, sage ich und überzeuge mich, daß es tatsächlich ein ganz normaler Stuhl ist.

»Auf diesem Stuhl hat Mussolini gesessen, Benito Mussolini!« Er brüllt vor Lachen, schlägt sich auf die Schenkel und mir auf die Schulter. »Dieses Haus hier gehörte dem Marschall Badoglio, und der war ein enger Freund vom Duce.«

Ich rücke unbehaglich hin und her. Gegen Diktatoren habe ich nun mal was. Es hätte schlimmer kommen können, tröste ich mich, Hitler zum Beispiel, wenn der hier gesessen . . .

Mario Lanza ist schon wieder mal verschwunden. Er verschwindet immer häufiger. Wer so viel in sich hineingießt, denke ich, muß schließlich . . ., nun ja, das eben muß er. Als ich mir ebenfalls »die Hände waschen« gehe, sehe ich ihn im Nebenzimmer vor einem Schrank stehen. Er trinkt aus einer Riesenflasche Whisky. Ich kann sogar das Etikett lesen. »Old Granddad«, ein Bourbon, seine Lieblingsmarke. Gegen Mitternacht ist Mario Lanza stockbetrunken. Er fängt an zu weinen, nennt mich »Arturo« und beginnt mir sein Herz auszuschütten.

Er beklagt sich bitter über Gott und die Welt. Auf dem Eßtisch liegen die Reste einer gigantischen Mahlzeit. Noch nie in meinem ganzen Leben habe ich einen Menschen erlebt, der so viel vertilgen kann. Einen ganzen Delikatessenladen hat er verschlungen. Auf seinem Platz liegen unter anderem die abgenagten Knochen von sechsunddreißig Hühnerkeulen!

Ich erinnere ihn immer wieder daran, daß er mir gegenüber vertraglich verpflichtet ist, 20 Kilogramm abzunehmen. »Am 10. Oktober wollen wir ins Atelier. Bis dahin sind es noch acht Wochen. Wie wollen Sie das schaffen, Signor Lanza, wie, wie?« frage ich langsam verzweifelnd. Von dem Umfang seines Bauches hängt das Schicksal meines Films ab. Es ist zum Lachen, aber mir ist nicht danach.

Er stammelt etwas wie »bagatello« und fährt fort, sich selbst zu bemitleiden. »Man hat mich immer nur ausgenutzt. Mein ganzes Leben lang. Besonders die Gangster von Metro-Goldwyn-Mayer. Produzenten. Leute wie du, Arturo, genau solche! Man sollte sie umbringen. Allesamt umbringen.« Er nimmt eine von den großen Silbergabeln und verbiegt sie mit seiner Urkraft zu einer Heftklammer.

Mario Lanza war tatsächlich für die MGM eine Goldgrube gewesen. Seine vier Filme hatten 40 Millionen Dollar gebracht. Und das war Kassenrekord! Als die großen Bosse ihn feuerten, weil er zu viel trank und zu wenig arbeitete, verklagten sie ihn. Mario zeigt mir die Klageschrift und amüsiert sich dabei köstlich. Er sagt: »Außer den Dreizehneinhalb wollen sie noch zusätzlich 763 423,24 Dollar. Und nun überlege ich die ganze Zeit, wofür die 24 Cent sind.« Er erzählt mir mit diebischem Vergnügen, wie er nach seiner Entlassung nachts durch Hollywood gebraust war, um seinen Feinden die Fenster einzuschmeißen, ihre Briefkästen zu demolieren, ihre Gartentore auszuhängen.

Irgendwann um ein Uhr früh klingelt das Telefon. Er nimmt den Hörer, lauscht hinein, hält die Sprechmuschel zu und sagt: »Das Spital. Da liegt ein Kind. Blutkrebs, hat nicht mehr lange zu leben. Die Kleine hat sich von mir ein Lied gewünscht. Marcellina heißt sie.« Er erhebt sich und singt das Wiegenlied von Brahms in das Telefon. Er singt es auf deutsch. »Guten Abend, gute Nacht, mit Rosen bedacht, mit Näglein besteckt, schlupf unter die Deck. Morgen früh, wenn Gott will, wirst du wieder geweckt. Guten Abend, gute Nacht, von Englein bewacht . . .«

Er singt es trotz seiner Trunkenheit mit unendlicher Zärtlichkeit. Das ist der andere Lanza. Der Mensch, der Kinder über alles liebt, der den Armen hilft, der ein treusorgender Vater ist.

Ich glaube, es ist gegen halb drei Uhr früh, als ich bemerke, daß ich allein bin. Ich bin einen Moment in meinem Sessel eingenickt. Ich durchquere die obere Halle. Die Tür zu einem der Räume steht sperrangelweit auf. Ich sehe Mario Lanza lang ausgestreckt auf dem Boden liegen. Seine Frau liegt quer über dem Bett. Eine Schallplatte dreht sich auf dem Teller. Der Saphir ist an einer Stelle festgehakt. »Holde A-iii . . ., A-iii . . ., A-iii«, macht die Platte mit Marios Stimme.

Mitte Oktober waren wir bereit, mit »Granada« ins Atelier zu gehen. Das Drehbuch von Ben Hecht war fix und fertig. Der Vertrag mit Caterina Valente war perfekt. Außer dem Titelsong hatte ich eine Reihe erstklassiger anderer Lieder gekauft. Darunter »Malagueña«, »Andalusia«, zwei ausgesprochene Hits. Der gesamte Stab war engagiert. Von Mario hatte ich gute Nachrichten. »Ich schmeiße mit Pfund, lieber Arturo«, hatte er mir auf deutsch aus seiner Friß-die-Hälfte-Klinik geschrieben, in die er sich begeben hatte. »Ich schmeißen und fresse nur Gräsern wie Kuh. Ich werden kommen wie eine Tanne zu dir. Schaffe ich es wie immer.«

Am Abend des 7. Oktober wurde mir in meinem Spandauer CCC-Büro ein Telegramm ausgehändigt. Es stammte aus der in der Nähe von Rom gelegenen Klinik und enthielt nur einen Satz: »Mario Lanza verstorben.« Als Todesursache wurde später »Venenentzündung« und »Blutgerinnsel in einem Herzkranzgefäß« angegeben. Der »Löwe«, wie er sich selbst genannt hatte, war nicht mehr. Diesmal hatte er es nicht geschafft.

Fünf Monate später folgte ihm seine Frau. Man nahm Selbstmord an. Betty Lanza, geborene Hicks aus Chikago, hatte ebenfalls in ihren letzten Jahren getrunken. So hatte sie ihrem Mann nicht mehr die Frau sein können, die er gebraucht hätte.

Hans Albers und die Neger

Fünfzehn Jahre sind seit dem Tod Mario Lanzas vergangen. Seine Spuren sind bereits verweht. Nur einmal wurde die Erinnerung an ihn wieder wach, als Lanza-Sohn Rico, der in die Fußstapfen seines Vaters treten will, im deutschen Fernsehen auftrat. Unsere Zeit ist schnellebig und vergißt rasch. »Dem Mimen flicht die Nachwelt keine Kränze.« Dieses Wort schrieb Schiller. Er meinte damit die Theaterschauspieler, deren Lorbeer nach ihrem Tod so schnell und gründlich verwelkt.

Nun, in der Welt des Films welken die Kränze bereits bei Lebzeiten. Viele große Stars, die in den fünfziger und sechziger Jahren vom Publikum gefeiert wurden, von den Produzenten umworben, von den Verleihern gepriesen, leben heute am Rande des Geschehens.

Einige erscheinen gelegentlich mit ihren alten Filmen im Fernsehen. Dann seufzen die Zuschauer erinnerungsschwer, und Frau Meyer sagt: »Mein Gott, das ist ja der . . ., der Dings, wie hieß er doch gleich?« und ihr Mann meint, nach einem Schluck aus der obligaten Bierflasche: »Komisch, ich dachte immer, der ist längst tot.«

Andere ziehen mit dem Thespiskarren durch die Lande und bespielen, umgeben von drittklassigen Partnern, die Theater der deutschsprachigen Provinz.

Sie alle pflegen auf den deutschen Film zu schimpfen, geben den Produzenten – und nur ihnen! – die Schuld an seinem Niedergang, und wenn man sie fragt, warum sie nicht mehr auf der Leinwand zu sehen sind, antworten sie: »Soll ich unter diesen Jungfilmern spielen, die die Leute mit ihrem Problemkäse aus den Kinos vertrieben haben? Oder soll ich mich etwa ausziehen? Und in ›Liebesgrüße aus der Lederhose‹ eine Rolle übernehmen?« Womit sie nicht ganz unrecht haben. Aber warum das alles so gekommen ist, darüber wird noch zu reden sein.

Wenn ich die Besetzungslisten meiner alten Filme durchgehe, werde ich regelmäßig melancholisch. Es sind Darsteller darunter, die damals einen ganzen Film tragen konnten und deren Namen heute kaum noch jemand beim breiten Publikum kennt:

Adrian Hoven, Renate Holm (»Die große Starparade«); Annemarie Blanc (»Roman eines Frauenarztes«); Maria Frau, Franco Andrei (»Stern von Rio«); Elisabeth Müller (»Gestehen Sie, Dr. Corda!«); Elma Karlowa (»Der Csardaskönig«); Sabine Bethmann (»Der Tiger von Eschnapur«); Germaine Damar (»Scala – total verrückt«); Georgia Moll (»Marina«); Maria Perschy (»Der Henker von London«); Letitia Roman (»Fanny Hill«); Ivan Desny, Irina Garden, Nancy Kwan, Cornell Borchers, Wolfgang Preiss, Helmut Schmid und so weiter, und so fort.

Ruth Leuwerik, die bei mir »Liebling der Götter« und »Franziska« gespielt hat, übt ihren Beruf nur noch selten aus. Zu meiner tiefen Trauer. Es gibt keine Schauspielerin, die ich mehr geschätzt habe als die Ruth. Künstlerisch. Und menschlich. Sie lebt an der Seite eines Augenarztes in München und gibt vor, zufrieden und glücklich zu sein. Dabei weiß ich nur zu gut, daß niemand mehr so richtig zufrieden und glücklich sein kann, der einmal die Luft der Ateliers geschnuppert hat.

O. W. Fischer verzehrt die Zinsen seines einstigen Ruhmes auf seinen Theatertourneen. Er tingelt. Doch wie lange noch? Im übrigen hat er sich der Philosophie ergeben. Was für mich nichts anderes ist als eine Flucht. Oder eine Art Alibi vor sich selbst.

Rudolf Prack, mit dem ich »Du bist wunderbar« gemacht habe, »Was eine Frau im Frühling träumt«, »Aus dem Tagebuch eines Frauenarztes«, »Die Privatsekretärin«, er hat sich seit langem zurückgezogen. Zurückziehen müssen. »Ich verstehe die Welt nicht mehr«, sagte er verbittert, als ich ihn einmal in Wien traf, »erst haben sie viel Geld ausgegeben, um mich großzumachen, dann haben sie mich fallengelassen. Fallengelassen wie eine heiße Kartoffel.« Der Rudi war der größte Kassenbrecher, den der deutsche Film je gekannt hat. Wenn er zur Ilse Kubaschewski kam und schnell mal 50000 DM brauchte, dann zückte die sparsame Ilse ihr Scheckbuch und schrieb gleichmütig eine 5 mit vier Nullen aufs Papier.

Viele leben am Rande des Geschehens, und viele sind nicht mehr unter uns. Wenn ich alte Fotos betrachte, bin ich von Toten umgeben.

Am tiefsten getroffen hat mich damals der Tod von Hans Albers. Ich war erschüttert, wie früh er diese Welt verlassen mußte. Und ich war entsetzt über die Art, wie die Nachricht von seinem Tod aufgenommen wurde. Dieser 24. Juli 1960 ist mir noch so gegenwärtig, als sei er gestern gewesen.

Ich saß in meinem Arbeitszimmer in der Grunewalder Königsallee bei einer Konferenz. Der Produzent Kurt Ulrich war dabei, den man als Erfinder der Heide-, Wald- und Wiesenfilme bezeichnet. Gustav Kampendonk, der Drehbuchautor. Und der Regisseur Paul Martin. Wir strickten an einem neuen Projekt für Peter Alexander. Zigarrenrauch wölkte. Auf dem Tisch standen Kaffeetassen, Kognakgläser, Flaschen mit Mineralwasser. Ich hatte meine Sekretärin gebeten, keinen Anruf durchzustellen. Um so ärgerlicher war ich, als das Telefon doch anschlug.

Ich lauschte in den Hörer, hielt ihn eine Weile wie erstarrt in der Hand und mußte mich räuspern, ehe ich sprechen konnte.

»Hans Albers ist tot«, sagte ich schließlich. »Vor einer halben Stunde . . .«

Meine Herren sahen auf von ihren Arbeitsunterlagen. Alle drei waren sie mit Albers befreundet. Sie kannten ihn seit über zwanzig Jahren, hatten für ihn geschrieben, für ihn inszeniert, für ihn produziert. Bis weit in die Tage der alten Ufa zurück ging ihr gemeinsamer Weg.

Einer sagte: »Na ja, er war ja ziemlich schwer krank. Irgendwie hat man damit rechnen müssen.«

Der andere: »Der Schnaps, der verdammte Fusel. Er hat einfach zuviel gesoffen, der Hanne. Das konnte ja nicht gutgehen.«

Der dritte: »Irgendwann sind wir alle dran.«

Ich saß da wie vor den Kopf geschlagen. Natürlich hatte auch ich gewußt, daß Albers in einer Klinik bei Starnberg krank darniederlag. Trotzdem war mir sein Tod unfaßbar. Er war immer so vital gewesen, ein solcher Kraftmensch, so strotzend vor Optimismus und unbändiger Lebenslust, daß man ihn geradezu für unsterblich hielt. Zumindest würde er uns alle überleben.

»Im Frühjahr«, sagte ich zu meinen Gesprächspartnern, »da war ich noch bei ihm. In seinem Haus in Garatshausen, am Westufer des Starnberger Sees. Ihr kennt es ja, da ist er bei vierzehn Grad Wassertemperatur in den See, Kopfsprung vom Bootssteg, anschließend ein Wasserglas voll mit Kognak, und das im Alter von 67 Jahren. ›Atze, so zwanzig Jährchen mußt du schon noch mit mir rechnen‹, sagte er, als ich mich verabschiedete. ›Ab 80 pflege ich nämlich meine schönsten Filme zu machen und außerdem . . .‹«

Ich wurde unterbrochen. Einer der Herren sagte leicht ungeduldig: »Ich denke, wir sollten das Drehbuch noch einmal durchgehen. Seite für Seite. Mir ist da nämlich etwas aufgefallen, das wir unbedingt . . .« Im nächsten Moment waren sie schon mitten in einer erregten Debatte.

Ich starrte sie fassungslos an. Das Leben geht weiter, natürlich, und es muß ja auch weitergehen. Aber ein bißchen Pietät wäre in diesem Moment schon am Platz gewesen. Ich hatte erwartet, daß jemand sagte: »Vielleicht sollten wir unsere Besprechung auf morgen vertagen.« Niemand sagte es. Ich hatte gedacht, daß die drei alten Albers-Freunde in melancholischer Erinnerung schwelgen würden. »Weißt du noch, wie wir damals mit dem Hanne . . .«

Sie taten es nicht. Kalt und nüchtern gingen sie zur Tagesordnung über. C'est la vie.

Später hörte ich von einem Freund, mit welch großartiger Haltung Hans Albers seiner letzten Stunde entgegengesehen hatte. Wie in allen Krankenhäusern hatte man ihm nicht gesagt, wie es um ihn stand. Er sagte zu dem Freund, der an seinem Bett saß: »Ich hab' da mal gelesen, wie der alte Hindenburg starb, und der Sauerbruch war bei ihm, und Hindenburg fragte: ›Herr Professor, ist *er* schon da?‹ Und Sauerbruch hat geantwortet: ›*Da* noch nicht. Aber er geht schon ums Haus herum.‹ Siehst du, und genauso ist das bei mir. Er geht schon ums Haus herum, der Gevatter Hein . . .«

Über Hamburg hatte er viel gesprochen, als ich ihn in jenem Frühjahr besuchte.

»Über Hamburg geht nun mal nix«, sagte er, »das darfst du als Berliner nicht in die falsche Röhre kriegen. Hamburg ist die Heimat, und da wird man mich auch mal zu Grabe tragen.« Er fügte hinzu: »Aber das hat ja noch bannig viel Zeit.«

Er zog mich zu seiner Stereoanlage, machte ein geheimnisvolles Gesicht und drückte auf einen Knopf. Das dumpfe Röhren eines Nebelhorns klang auf, grelles Möwengeschrei, das Tuckern einer Barkasse, das Rauschen der Bugwellen, ein Schlepper schrie grell, an der Kaimauer glückste und gurgelte das ablaufende Wasser, eine Schiffsmaschine stampfte, dazwischen das schwere Schlagen eines Segels, das Wirbeln einer Schiffsschraube.

Bei Nacht und Nebel war er mit einem gemieteten Motorboot im Hamburger Hafen herumgefahren und hatte die Geräusche auf einem Tonband festgehalten. »Das is' von wegen die Sehnsucht«, sagte er und schniefte gerührt.

Er war ein Kerl von echtem Schrot und Korn. Und von einer Strahlkraft, die keiner der großen Fixsterne am Himmel des deutschen Films je erreicht hat. Ob man nun an Rühmann denkt, an Grethe Weiser, Maria Schell oder Peter Alexander. Seine Popularität übertraf alles, was ich jemals erlebt habe. Er konnte sich nicht auf der Straße sehen lassen, ohne sofort von Dutzenden von Menschen umgeben zu sein. Da half keine große Sonnenbrille, kein breitkrempiger Hut, kein hochgeschlagener Mantelkragen – dieser Charakterkopf war unverkennbar.

Vor Garatshausen lagen die Boote dicht gestaffelt auf dem See, und ihre »Kapitäne« lauerten mit Teleobjektiven, bis sie den Hanne auf der Platte hatten. Die Mädchen einer Schulklasse aus Lüneburg verpflichteten sich, sein Foto zusammen mit dem Frühstücksbrot aufzuessen. Als Zeichen ihrer Verehrung. »Keine verzog dabei eine Miene«, schrieb die Klassensprecherin. Ein Fräulein Wanda W. aus Verden bot für eine seiner Frackschleifen 1000 DM: »Meine gesamten Ersparnisse.« Ein Ehemann aus Hermsdorf machte seine Eheschließung davon abhängig, daß seine Frau ihre 27 Albers-Alben verbrannte.

Auswüchse hemmungslosen Starkults, gewiß, Hanne selbst aber störte so was nicht. Er genoß jede Art von Verehrung mit Wonne und machte aus seinem Herzen keine Mördergrube. »Nur die Lumpen

sind bescheiden«, pflegte er mit Goethe zu sagen. An Minderwertig-
keitskomplexen hat er nicht gelitten.

Als wir »Kein Engel ist so rein« drehten, kam wie bei jedem Film die
depressive Phase. Das ist ein Zeitpunkt, bei dem man plötzlich nicht
mehr an das glaubt, was man da macht. Jeder Theaterregisseur, jeder
Schriftsteller, jeder Maler kennt das. Bei uns fallen dann Worte wie
»Mein Gott, wer um alles in der Welt wird sich das anschauen?!« oder
»Da geht doch kein Aas rein.«

Dem Albers war als einzigem in unserem Team Depressives in jeder
Form völlig fremd. Er kam ins Atelier, sah unsere sorgenverhange-
nen Gesichter, sagte: »Weiß gar nicht, was mit euch los ist. Mit diesen jungen Ottos da – er zeigte auf Sabine Sinjen und Peter Kraus,
seine Partner – wird das noch 'n ganz doller Otto.«

Er wies mit dem Daumen auf seine Brust. »Und dann vergeßt Otto-
Otto nicht, mit dem kann überhaupt nix schiefgehen.« (»Otto« war
sein Lieblingswort, mit dem er alles und jedes bezeichnete.)

Über sein Selbstbewußtsein kursierten eine Menge Geschichten.
Wahre und unwahre. Hier ist eine wahre aus dem letzten Krieg, die
mir mein Nachbar, der Regisseur Helmut Käutner, erzählt hat (der
mit Albers die »Große Freiheit Nr. 7« drehte).

Wenn Hans Albers in einem Hotel logierte, bezog er die Fürstenzim-
mer. Darunter kam für ihn nichts in Frage. Im Münchner »Regina-
Palast-Hotel« hatte er gerade sein Fürstliches Appartement bezogen,
als man ihn mit untertänigster Höflichkeit bat, wieder auszuziehen.
Warum? Nun, der bulgarische König sei gerade eingetroffen, und da
dachte man, da müßte man, da könne man natürlich nicht anders
und . . . und . . . und . . .

»Nö«, sagte Albers, »ich bleibe.« Und blieb.

Schließlich erschien ein Abgesandter des Propagandaministeriums
und wurde deutlicher. Staatsgast, Verbündeter, Staatsinteresse, pi-
papo, was er alles vorbrachte. Hanne blieb stur. »Ich hab' zuerst ge-
bucht«, murrte er.

Da platzte dem Ministerialrat der Kragen: »Herr Albers, schließlich
handelt es sich hier um einen König. Um den König von Bulgarien!«

Hans Albers ging auf ihn zu, schaute ihm mit seinem wasserblauen
Seemannsblick tief in die Pupille und sagte: »Und ick bin 'n Kaiser.

Der Kaiser von Babelsberg.« (Babelsberg, so hieß die am Rande Berlins gelegene einstige Filmstadt, wo Albers so gut wie zu Hause war.)

Geräumt hat er seine Zimmerflucht nicht. Er hatte eben nicht nur im Film Mumm, wo er sich zum Entsetzen manches Produzenten nur sehr selten doubeln ließ, auch im Leben verfügte er über eine gehörige Portion Zivilcourage. Einmal jedoch habe ich ihn sehr nervös, sehr bescheiden, ja fast demütig erlebt. Das war, als wir »Vor Sonnenuntergang« drehten.

»Vor Sonnenuntergang« war, nach den »Ratten«, mein zweiter Film nach einem Drama von Gerhart Hauptmann. Auch dieser Streifen bekam bei den Berliner Filmfestspielen (1956) den Goldenen Bären. Hauptmann erzählt die Geschichte eines reichen Mannes, der sich im hohen Alter – vor Sonnenuntergang – in ein blutjunges Mädchen verliebt. Er spürt voller Seligkeit, daß sein Herz wieder jung wird, und ist fest entschlossen, das Mädchen zu heiraten. Seine Angehörigen lehnen sich auf gegen den »Lustgreis«, wie sie ihn verächtlich nennen. Sie fürchten um ihr Erbe und wollen ihn entmündigen lassen. Das Ende ist nicht, wie sonst meistens im Film, *happy*, sondern tragisch. Aber das Publikum liebte diesen Film trotzdem.

Hans Albers spielte die Rolle des großen alten Mannes. Am ersten Drehtag draußen auf meinem Spandauer Filmgelände fand ich ihn nervös und voller Lampenfieber. Er memorierte den Text der großen dramatischen Familienszene, die gerade auf dem Drehplan stand, so laut, daß es durch die Gänge schallte: »Vielleicht klingt das alles ein wenig altmodisch – für Menschen, die sich überhaupt nichts mehr schuldig sind als Geld – Geld, das Zinsen trägt. Zinsen! . . .«

Er unterbrach sich, als er mich sah. »Artur, Junge«, stöhnte er, »ich hab' vielleicht 'nen Bammel. Trinkst du einen mit? Ach nee, du trinkst ja nicht, du armer Mensch, aber ich brauche einen.« Er nahm das Zahnputzglas vom Waschbecken und füllte es randvoll mit Kognak, seinem Lieblingsgetränk. Er trank, seufzte und goß nach.

Bei jedem anderen Schauspieler hätte ich jetzt eingegriffen. Auch wenn der eine oder andere der Meinung sein mag, daß ein, zwei Gläschen erst die richtige Spiellaune bringen. Doch die Erfahrung lehrt, daß nach einer kurzen Hochstimmung ein steiler Abfall erfolgt. Was vor der Kamera vernichtend sein kann.

Albers aber war ein Sonderfall. Er brauchte sein »Schlückchen«, um arbeiten zu können. Es wäre völlig sinnlos gewesen, ihm das auszureden. Er wirkte auch nie betrunken. Selbst nach drei, vier Sechsstöckigen war er hundertprozentig präsent, wenn der Ruf »Kamera ab« ertönte. (Es gibt nur einen Schauspieler, der genauso viel verträgt, und das ist Curd Jürgens.)

»Ich hab' 'nen Bammel«, sagte Albers, »weil . . ., na ja, du weißt doch, meine Rolle, die hat der Werner Krauss damals gespielt, bei der Uraufführung im Deutschen Theater, und vor dem Krauss, da liege ich auf den Knien, der hat 'n bißchen mehr drauf als ich, und wenn die Leute dann anfangen zu vergleichen . . . Junge, Junge, das kann nur in die Hose gehen.«

Da war noch etwas, was den Hanne nervös machte. Der Regisseur unseres Films war Gottfried Reinhardt, der Sohn des großen Max Reinhardt, von dem ganze Schauspielergenerationen gelernt haben, wie man Theater spielt. Und Gottfried war nicht dafür gewesen, daß Hans Albers mit seinen geliebten »Negern« arbeitete.

Das waren keine Schwarzen aus dem Urwald, die Albers als Partner haben wollte, sondern schwarze Tafeln. Auf diese Tafeln schreibt man mit weißer Kreide den Text der Rolle und hält sie so außerhalb des Bereichs der Kamera, daß der Darsteller sie während des Drehens ablesen kann. Es gibt nämlich Schauspieler, die ihre Rolle nicht lernen wollen (weil sie zu faul dazu sind), oder die sie nicht lernen können (weil ihr Gedächtnis nicht mehr funktioniert).

Um sich solche Tafeln leisten zu können, muß man allerdings ein ziemlich großer Star sein. Albers war einer, und er hatte sich derart an seine Neger gewöhnt, daß er ohne sie nur sehr ungern vor die Kamera trat. Manche Leute behaupten sogar, der herrliche, unverwechselbare Albers-Blick, dieses sehnsuchtsvoll-träumerisch in die Ferne blickende Blauauge, sei nur darauf zurückzuführen, daß der Hanne immer so intensiv auf seine Tafeln starren mußte.

Mit dem Film »Vor Sonnenuntergang« hat Hans Albers alle seine Kritiker beschämt, die ihm einen »Einbruch« prophezeit hatten. Er brach nicht ein, sondern zeigte, daß er ein bißchen mehr konnte als

»Hoppla-jetzt-komm-ich«. Er lieferte eine Charakterstudie von hohen Graden und bestand glänzend neben so hervorragenden Bühnenschauspielern wie Martin Held, Annemarie Düringer, Erich Schellow und Maria Becker.

Später hat ihm dann sogar Werner Krauss zu seiner Leistung gratuliert. »Hans«, sagte er in jener herrlichen Mischung aus Ehrlichkeit und Verlogenheit, mit der sich Schauspieler gegenseitig zu loben pflegen, »Hans, ich schwör' dir's, das hätte ich nicht besser spielen können, ehrlich, du, das kannst du mir glauben.«

Albers, der, wie alle seiner Branche, jedem Kompliment rettungslos erlag, antwortete verlegen und stolz zugleich: »Nee, laß man, Werner, bei die schweren Ottos, da bist du mir nu mal über.«

Atze Brauner mit der besten Ehefrau der Welt am Abend nach einer Pre- 44
miere.

45   Ein Tänzchen in Ehren konnte mir keine verwehren. Weder Yvonne de   46
Carlo, die schönste Frau der Welt (45), noch meine Entdeckung Cornell
Borchers (46). 47: »Kommst du mal nach Hollywood, Mädchen?« scheint   47
Gary Cooper hier die reizende Barbara Rütting zu fragen.

Hans Albers, der Mann, der niemals sterben durfte. Nie hat es in Deutsch-   48
land einen populäreren Schauspieler gegeben als »Hanne«.
Manche Schauspieler mußte man zu ihrem Erfolg prügeln. Bei Sonja
Ziemann und Rudolf Prack konnte ich mich mit einer scherzhaften Geste
begnügen.   49

50 Zwei Altmeister des deutschen Films zum erstenmal wieder in Berlin: Robert Siodmak (50) machte für mich u. a. »Die Ratten« und »Mein Vater, der
Schauspieler«; Fritz Lang (hier auf dem Foto 51 mit Debra Paget auf dem
Flughafen Tempelhof) startete sein deutsches Comeback mit den Wieder-
51 verfilmungen von »Der Tiger von Eschnapur« und »Das indische Grabmal«.

Warum Peter Alexander starb
und Tarzan beschattet wurde

Der traurigste Tag meines Lebens war der 1. Dezember 1971. Und gleichzeitig war es mein glücklichster.
An diesem Tag starb Peter Alexander. Die Todesnachricht stammte von einer Polizeistation im Münsterland und besagte, daß »Alexander, Peter, bürgerlich Peter Alexander Neumayer, mit dem Auto tödlich verunglückt« sei. Frontalzusammenstoß. Hat gottlob nichts mehr gespürt, der arme Kerl.
Ziemlich erschüttert holte ich eines meiner nach Dutzenden zählenden Fotoalben aus dem Schrank und schaute mir die Bilder von P. A. an: Hier war er in »Musikparade«, dort in »Liebe, Tanz und 1000 Schlager«, da in der CCC-Kantine, bei einer Premierenfeier, in seinem Haus bei Lugano. Dahin. Aus. Vorbei.
Was hatte er einmal zu mir gesagt, in seinem sanften Wiener Dialekt: »Wann i amal tot bin, schick mir an Blechkranz, damit i im Sarg hör, wann's regnet. Dees find i immer so heimelig.«
Drei Stunden später begann der glücklichste Tag meines Lebens. Ich erhielt einen Anruf vom feudalen Bremer »Parkhotel«. »Herr Alexander ist soeben bei uns eingetroffen«, sagte jemand.
»Lebend?« fragte ich nicht ohne Grund.
»Macht eigentlich einen ganz lebendigen Eindruck. Er flucht gerade mordsmäßig, und da kann er doch nicht so sehr tot sein.«
Geflucht hat Alexander damals auf den traurigen Zeitgenossen, der die Polizeistation von Beckum angerufen hatte, um den Tod »des beliebten Künstlers« zu melden. Als Augenzeuge, wie er angab. Unter Nennung eines falschen Namens natürlich. Anscheinend wollte er sich einen Jux machen. Aber da Totgesagte bekanntlich doppelt solange leben, hat dieser »Scherz« auch wieder etwas Gutes.
Peter Alexander, den habe ich übrigens . . ., also wenn ich jetzt *entdeckt* sage, dann höre ich im Hintergrund ein wahres Protestgeheul.

Wie das so üblich ist in unserer Branche: braucht ein Talent einen Entdecker, läßt sich keiner sehen. Hat sich dieses Talent zu einem großen Künstler entwickelt, wimmelt es von Leuten, die es entdeckt haben.

Als ich Lilli Palmer bei einem Filmball fragte, wer denn der Verehrer gewesen sei, der sie so überschwenglich abgebusselt hatte, antwortete sie: »Das war kein Verehrer, das war einer meiner zahlreichen Entdecker.«

Was Alexander betrifft, so kann ich zumindest in Anspruch nehmen, daß ich ihn für den *Film* entdeckt habe. Irgendwann hatte ich ihn im Rundfunk gehört. Da war mir die Stimme aufgefallen. In dieser Stimme war das, was man das »gewisse Etwas« nennt. Was das im einzelnen ist?

Vielleicht darf Hans Moser diese Frage beantworten. Er sagte einmal in seinem klassischen Nuschelton zu mir: »Das gewisse Etwas . . ., also . . ., nun . . ., das ist etwas . . ., also entweder man hat's oder man hat's nicht.« Große Pause. »Ich hab's.«

Dieser Alexander da im Rundfunk hatte es auch. Ich stöberte ihn auf und fand, daß er genauso aussah, wie er sang. Außerdem hatte er sehr viel Charme mitgekriegt. Es sollte sich herausstellen, daß er auch tanzen konnte. Ich setzte ihn sofort in einem der damals so beliebten Schlagerfilme ein. »Große Starparade« lautete der Titel und war nichts anderes als eine von dünnen Handlungsfäden zusammengehaltene Show. Alexander hatte lediglich ein Liedchen zu trällern, aber das machte er so gut, daß ich mir sagte: »Wenn jemand auf Anhieb dreißig, vierzig andere Schlagersänger und -sängerinnen an die Wand singt, sollte man ihm eine Chance geben.«

Eine große Chance, ach was, einen ganzen Film! Das ging nicht ohne Partnerin. Dieser Alexander brauchte eine Partnerin. Ich sah mir die »Starparade« in meinem Privatkino noch einmal an, rief plötzlich »stopp!«, der Film wurde angehalten, der Ton verklang, mit weit aufgerissenem Mund starrte mich ein junges Mädchen an, und das hieß – Caterina Valente.

Frau Valente war nicht so weithin unbekannt wie der Herr Alexander. Von dem Jazzdirigenten Kurt Edelhagen entdeckt, hatte sie sich bereits einen gewissen Namen gemacht. Das rassige »Malagueña«

drang aus jeder Musikbox, und »Ganz Paris träumt von der Liebe« sang man nicht nur an der Seine.

Die junge Valente und der junge Alexander, das war mein Traumpaar. In »Liebe, Tanz und 1000 Schlager« wollte ich die beiden zum erstenmal zusammen einsetzen. Leider hatte Ilse Kubaschewski eine andere Vorstellung von einem Traumpaar. Ihres bestand aus Adrian Hoven und Renate Holm. Ich fuhr nach München, und wir stritten uns einige Stunden erbittert, wobei jeder von uns sich in »sein Paar« immer mehr verbiß.

Ich wollte die beiden haben – *nur* die und sonst niemand! – und war zu jedem Opfer bereit. Mein »Opfer« bestand aus den Worten: »Also gut, wenn Sie mir Valente/Alexander bewilligen, bin ich bereit, auf 300 000 DM der Verleihgarantie zu verzichten.« Dreimal hunderttausend – diesem Argument ist kein Verleiher gewachsen. Auch Ilse Kubaschewski nicht.

Zufrieden fuhr ich nach Berlin zurück – und schon entbrannten neue Auseinandersetzungen.

Der Alexander, dieser junge, unbekannte Mann, dem ich die größte Chance seines Lebens bieten wollte, hatte den Mut – den Übermut! – mir ins Gesicht zu sagen (auf wienerisch auch noch): »Herr Brauner, schauen S', die Rolle, alles wunderbar, ganz herrlich, zum Fressen geradezu. Nur für mich, da ist sie einfach zu schad'. I soll doch da die Mädeln vernaschen wie die Mohnkipferl, und so einer bin i net, so ein Hallodri, so ein Casanova. Also, bittschön, lossen S' mi da wieder aus.«

Am liebsten hätte ich ihm jetzt auf gut berlinerisch geantwortet: »Denn eben nich, liebe Tante, heiraten wa 'n Onkel.« Ich tat es nicht, sondern gab meiner Stimme einen beschwörenden Klang: »Natürlich sind Sie ein Casanova. Das haben Sie bloß noch nicht gemerkt. Oder wissen Sie nicht, daß die weiblichen Mitglieder meiner Belegschaft sich bereits geschlossen in Sie verliebt haben?«

»Das wußte ich nicht, aber . . .«, stotterte der junge Mann.

»Nichts aber. Sie sind ein Casanova und damit basta!« Ich wurde etwas lauter.

»Ich bin *kein* Casanova!« brüllte der junge Mann zurück.

Es war die merkwürdigste Verhandlung, die ich je in meinem Leben geführt habe. Man stelle sich das vor: ein junger Beau weigert sich, das zu sein, wovon alle anderen Männer träumen. Ich wandte mich an das blonde Mädchen, das mit dem jungen Mann gekommen war, Hilde hieß und seine Frau war. »Warum will er kein Casanova sein, gnädige Frau, warum nicht? Hat er X-Beine, O-Beine, einen Eierkopf oder die Zähne von Dracula?«

»Nein«, sagte sie und schaute ihren Mann prüfend an, »das alles hat er nicht, aber . . .«

Zwei, drei Tage kämpfte ich mit dem »Aber« beider Alexander. In der CCC-Kantine bei Bockwurst, in meinem Grunewaldgarten bei Streuselkuchen, an der Havel bei Aal grün mit Gurkensalat. Mir war aufgefallen, daß der Peter gern und gut zu essen pflegte. Endlich sprach Frau Hilde ein gewichtiges Wort.

»Daddy«, sagte sie und verriet damit ihres Mannes Kosenamen, »Daddy, ich kann ja verstehen, daß du keinen Casanova spielen willst. Aber könntest du nicht einen spielen, der im Grunde gar keiner ist und nur so spielt, als sei er einer, und es so gut macht, daß jeder denkt, er ist einer?«

Einen solchen Vorschlag pflegt man in der Politik eine »österreichische Lösung« zu nennen. Worunter ein Kompromiß zu verstehen ist, der jeden Partner glauben läßt, *er* habe das bessere Ende der Wurst erwischt.

Peter Alexander, auch später immer der Meinung, daß die beste Nation die Resig-Nation ist, seufzte: »Ja, wenn du meinst, Schnurrdiburr.« Und unterschrieb.

Viel Spaß haben ihm dann die Liebe, der Tanz und die 1000 Schlager nicht gemacht. Er war der Meinung, daß sich um ihn im Grunde kein Aas kümmerte. »Gekümmert« werde immer nur um seine Partnerin Caterina Valente.

Caterina hatte einen Ehemann namens Eric van Aro. Der war früher Jongleur, und Caterina hatte ihm als Assistentin das zugereicht, womit er jonglierte. Später kehrte sich ihr Verhältnis um: Er wurde *ihr* Assistent, sprich Manager. Er managte sie so erfolgreich, daß sie binnen kurzem ganz oben war. An die Verhandlungen mit ihm erinnere ich mich mit Schaudern. Er war so unmöglich in seinen Forderungen, er hat solche Bedingungen gestellt, daß einem die Luft wegblieb. Am liebsten hätte er alles an sich gerissen: die Rechte, die Nebenrechte, die Kostüme, ja sogar das Negativ.

Viele Produzenten haben deshalb von vornherein kapituliert und einen Film mit Bibi Johns, Germaine Damar oder Renate Holm gemacht, obwohl sie viel lieber mit der Valente gearbeitet hätten. Aber sie fürchteten einfach die Verhandlungen mit dem Ex-Jongleur. Insofern hat Herr van Aro seiner Frau viele Sympathien verscherzt und ihr damit sogar geschadet.

Bei »Liebe, Tanz und . . .« traf van Aro allerdings auf den Falschen, oder besser, auf die Falsche. Hilde Alexander, die so aussah wie ein zartes Gänseblümchen, war keines, sondern glich eher einer wehrhaften Distel, wenn es um ihren »Daddy« ging. Es ist ja immer das alte Lied bei den erfolgreichen Filmpartnern, ob sie nun Schell/Fischer heißen, Leuwerik/Borsche oder Ziemann/Prack: jeder möchte die meisten Großaufnahmen, die besten Szenen, den meisten Text, die schönsten Lieder.

So lieferten sich auch Hilde Alexander und Eric van Aro, als die Vertreter ihrer Ehepartner, manch erbittertes Scharmützel, bei dem es um die Frage ging: Wer kriegt das größte Stück vom Kuchen? Später sind sie trotz allem gute Nachbarn im milden (Steuer-)Klima des Tessin geworden. Was Valente/Alexander aber leider nicht geworden sind: mein Traumpaar. Sie gingen bald ihre eigenen Wege, drehten ihre eigenen Filme, und das war ein Jammer. Ich bin heute noch überzeugt, daß sie alle Kassenrekorde gebrochen hätten.

Hilde Alexander zeigte schon damals jene Talente, die ein guter Manager haben sollte: Cleverness, Härte, aber auch Flexibilität und Charme. Sie ließ sich kein X für ein U vormachen und schon gar nicht von einem Mann. Wenn es ums Geschäft ging, war sie für jede Schmeichelei tabu und für jede Aufmerksamkeit unzugänglich, die man ihr als Frau entgegenbringen wollte. Als ich in meinem damaligen Stamm-Nachtlokal »Mazurka« für sie Champagner und Kaviar bestellte, meinte sie mißtrauisch: »Mit Peters Gage gehe ich deswegen trotzdem nicht runter, lieber Herr Brauner.«

Der Peter selbst war damals so bescheiden wie heute. Obwohl er bereits allerhand auf dem Kasten hatte, zweifelte er ständig an sich selbst. Immer wieder fragte er mich bei den Dreharbeiten nach den

Mustern. Als »Muster« bezeichnet man die ersten Kopien der im Atelier abgedrehten Teile eines Films. Sie werden am Abend eines jeden Drehtages im Vorführraum von Regisseur, Kameramann, Cutter etc. kritisch begutachtet. In gewissen Abständen werden auch die Darsteller hinzugezogen. Das ist für sie immer ziemlich aufregend, weil sie sich zum erstenmal selber sehen können.

Ich setzte also eine Vorführung an . . . und wer nicht kam, war Peter Alexander. Als wir am Schluß, wie in solchen Fällen üblich, erregt diskutierend den Vorführraum verließen, stand draußen ein todblasser Mensch und sagte: »Grüß Gott.« Er war's.

»Ja, wo um Himmels willen haben Sie denn gesteckt?« fragte ich aufgebracht.

»Draußen auf dem Hof. Ich hab' mich nicht reingetraut. Weil ich nicht wußte, ob ich gut war oder schlecht, und wenn ich schlecht gewesen wäre, dann . . .« Er schaute mich an wie ein Mensch, der im nächsten Moment sein Todesurteil erwartet. »War ich schlecht?«

Nun sang Peter Alexander in diesem Film einen Schlager, der das damals grassierende Tangofieber parodierte und den sinnigen Refrain hatte: »Ja, damit haben Sie kein Glück, in der Bundesrepublik.« Ich antwortete ihm deshalb im Tangorhythmus: »Mensch, damit werd'n Se haben Glück, in der Bundesrepublik.«

Er war überglücklich und gestand mir später, daß er, einsam auf dem Hof herumtigernd, immer wieder gedacht habe: »Ach, wäre ich doch bloß Förster geworden.« Das war nämlich sein ursprüngliches Berufsziel. Aber die Wälder waren damals besetzt. Gott sei Dank.

Noch stand ihm jedoch die schwerste Prüfung bevor: die Premiere. Ich hatte mir dafür etwas ganz Besonderes ausgedacht. Ich mietete die Waldbühne am Olympiastadion. Sie war für die Olympischen Spiele 1936 als Freilichttheater erbaut worden, hatte sich aber inzwischen zu einem Freilichtkino entwickelt. Und zwar zum größten Europas. Auf den in Form eines Amphitheaters angeordneten Sitzplätzen hatten 22000 Menschen Platz. Eine damals beängstigende Vorstellung. Und wir hatten auch Angst, panische Angst! Wieviele Zuschauer würden überhaupt kommen? Wie würden sie reagieren in der ungewohnten Umgebung? Hatte »Liebe, Tanz und 1000 Schlager« überhaupt eine Chance in einem solchen Monsterkino?

Ich weiß nicht, wer in dieser ersten Augustwoche des Jahres 1955 aufgeregter war: Caterina Valente, Peter Alexander oder ich. Am Sonnabend sollte die Premiere stattfinden. Jetzt war es Mittwoch, und im Vorverkauf waren lediglich ein paar hundert Karten weggegangen. Hundert von zweiundzwanzigtausend! Wir trösteten uns mit dem Gedanken, daß die Berliner bestimmt nur das Wetter abwarteten. Ich hielt ständigen Kontakt mit dem Meteorologischen Amt. Doch wie Meteorologen so sind: sie legten sich nicht fest. Das derzeitige Hoch namens »Egon«, meinten sie, sei zwar ziemlich stabil, so stabil aber vielleicht doch auch wieder nicht, um unter gewissen Umständen die Ausläufer des vom Atlantik sich nähernden Tiefs »Amanda« erfolgreich abwehren zu können.

Am Freitag war der Himmel schwarz. Ich verfluchte Amanda, verwünschte meinen Einfall, eine Filmpremiere unter freiem Himmel zu veranstalten und ließ vorsichtshalber ausrechnen, was mich die Pleite kosten würde. Egon aber blieb standfest: am Samstag war der Himmel italienisch blau. Ich saß vor meiner Superleinwand und sagte zu Peter Alexander: »Hoffentlich kommen die Zuschauer in Strömen.«

Gegen sieben Uhr kam der erste, was Alexander zu dem Uraltkalauer veranlaßte: »Einer strömt schon, Herr Brauner.«

Es strömten dann aber tatsächlich 22000!!! Wir waren ausverkauft. Und das nicht nur bis zum letzten Platz, sondern bis zum letzten Baum. Auf den Bäumen ringsum hockten die Leute, die keine Karte mehr bekommen hatten. Es war geradezu beängstigend, wenn man daran dachte, daß das größte Kino der Bundesrepublik, das Düsseldorfer »Apollo«, 2800 Plätze aufwies. Einen Film vor knapp 3000 Zuschauern zu spielen, ist aber etwas anderes als vor über 22000.

Komödien zum Beispiel, das ist eine alte Erfahrung, kommen in kleinen Theatern besser an als in großen. Die Atmosphäre ist intimer, dichter, die so wichtigen »Lacher« entwickeln sich schneller zur Lachsalve. In großen Häusern dagegen wird oft nicht »durchgelacht«, das heißt: die Lacher verflackern, erzeugen keine Kettenreaktion, wirken nicht ansteckend – und so was kann eine Premiere umbringen.

Außerdem reagieren Menschen vollkommen anders, wenn sie als

Masse auftreten. Das ist wie im Fußballstadion. Ein kleiner Zwischenfall kann sich zu einer Massenpsychose entwickeln und damit zu einem erstklassigen Skandal. Mit Schaudern dachte ich in diesem Moment an die Freilichtpremiere des Films »Rummelplatz der Liebe«, die ebenfalls in der Waldbühne stattgefunden hatte.

Curd Jürgens und Eva Bartok waren die Hauptdarsteller. Leider waren sie das aber auch kurz vorher in einer privaten Affäre: Curd hatte seiner Eva in einer Wiener Bar eine geknallt. Diese »Ohrfeigenaffäre« machte damals in ganz Europa Schlagzeilen. Und wenn die beiden gedacht hatten, es wäre bereits Gras darüber gewachsen, so sollten sie eines Besseren, oder sagen wir eines Schlechteren, belehrt werden. Bei der ersten Liebesszene kamen bereits die Zwischenrufe.

»Curdchen, hauen sollste, nich' knutschen!« riefen die Berliner. Und: »Zieh ihr doch das Höschen stramm!« Und: »Vorsicht, die bei-eßt!« Die Vorstellung wurde zu einem Schrecken ohne Ende. Ein ohrenbetäubendes Pfeifkonzert empfing Curd Jürgens und Eva Bartok, als sie sich am Schluß verbeugen wollten.

Ich erzählte Peter Alexander die Geschichte. Er wurde noch einen Schein bleicher und meinte: »Sie haben die richtige Art, einem Menschen Mut zu machen.« Er fügte melancholisch hinzu: »Ich bin gar nicht gut in unserem Film. Ich bin sogar richtig schlecht. Wer kennt mich auch schon. Ein Mr. Nobody bin ich, ein großer Unbekannter. Das kann nur schiefgehen.«

Caterina Valente holte ihr Strickzeug hervor und lenkte sich auf ihre Weise ab: einmal kraus, einmal glatt. Was sie immer tut, wenn sie besonders aufgeregt ist. Ihr Mann und Hilde Alexander vergaßen sogar, sich zu streiten.

Na ja, also es geht los. Der Conférencier macht seine Witzchen. Er fordert die Leute auf zum großen Streichholzfeuerwerk. Das war damals eine Berliner Spezialität. Wer ein Streichholz dabei hatte, zündete es an, hielt es hoch, und die Waldbühne stand in Flammen. Der Vorspann läuft an. Das Publikum lacht, als die Namen Ruth Stephan und Rudolf Platte erscheinen. Zwei beliebte Komiker. Ein gutes Zeichen. Die Handlung läuft. Die Lacher steigern sich. Eine Bombenstimmung herrscht. Peter Alexander kneift mir in den Arm. Ich kneife

meine Frau. Meine Frau kneift Caterina Valente. Wieder ein Riesen-
lacher. Peter und Caterina kommen glänzend an beim Publikum.
»Toi-toi-toi!«
Plötzlich wird es finster. Der Film ist gerissen. Ich rase in die Vor-
führkabine. Von grellen Pfiffen umtost. Der Vorführer schwitzt, ar-
beitet wie besessen, die Panne wird behoben, der Film läuft weiter,
das Pfeifen erstirbt langsam. Aber die Stimmung hat gelitten. Nach
einer Viertelstunde scheint alles vergessen, das Publikum ist wieder
bei Laune – da reißt das Zelluloid zum zweitenmal.
Diesmal dauert die Finsternis länger. Genau acht Minuten. Eine
Ewigkeit. In dieser Ewigkeit verwandelt sich die Waldbühne in eine
Vorhölle. Die Zuschauer sind außer sich vor Empörung. Sie pfeifen,
johlen, werfen mit ihren Sitzkissen. Ich bin aschgrau im Gesicht und
Maria, meine Frau, fragt, ob sie einen Arzt holen soll.
Eine Stunde später flimmert das Wort »ENDE« über die Leinwand.
Auf den Rängen herrscht Stille. Die Stille vor dem Sturm. »Ihr müßt
raus«, flüstere ich meinen Schauspielern zu, »raus auf die Bühne.
Wenn sie euch sehen, werden sie schon klatschen.«
Caterina sagt: »Mit Tomaten werden sie werfen . . .« Peter meint
trotzig: »Ich geh' nicht. Ich bin doch nicht lebensmüd'. Gehn Sie
doch.«
Ich muß die beiden förmlich auf die Bühne schieben. Die Scheinwer-
fer erfassen sie – und im selben Moment donnert ein Beifall los, wie
ich ihn noch nie erlebt habe. Rudolf Platte, Ruth Stephan, Silvio
Francesco, der Bruder der Valente, sie gehen jetzt auch raus. Der Applaus wird zum Orkan.
Der Riesenerfolg ist da!

Curd Jürgens und Eva Bartok waren für mich ein Schulbeispiel dafür,
wie sehr das Privatleben von Schauspielern ihr Berufsleben beeinflussen kann. Jürgens hat immer den Standpunkt vertreten: »Solange
ich meine Arbeit hundertprozentig mache, kann es mir wurscht sein,
was die Leute über mich denken.«
Aus dieser Wurstigkeit entstanden dann solche Sachen wie die mit
dem goldenen Eßbesteck. Curd hatte dafür geworben, mit Foto und
Text, und aus dem Text schien hervorzugehen, daß er selbst mit

goldenen Messern und Gabeln zu speisen pflegte. Purer Unsinn natürlich, aber gefährlicher Unsinn. Die Leute, die das lasen, glaubten es nämlich aufs Wort. Der Grundstein für ein negatives Image war gelegt. Motto: »Wer goldene Löffel im Büfett hat, ist auch sonst nicht ganz astrein.« Die Bartok-Ohrfeige paßte dazu wie die Faust aufs Auge. Also: »Wer mit goldenen Bestecken ißt und seine Frau ohrfeigt, muß ein besonders mieser Zeitgenosse sein.«

Wie oft habe ich mit Curd Jürgens über solche Riesendummheiten diskutiert, ihm vorgehalten, daß ein Schauspieler Privates nicht vom Beruflichen trennen könne. Die großen amerikanischen Gesellschaften zum Beispiel haben immer streng darauf geachtet, daß ihre Stars, wo immer sie auch in der Öffentlichkeit erschienen, dem Bild entsprachen, das das Volk sich von ihnen gemacht hatte. Von Marlene Dietrich weiß ich, daß sie einmal gerüffelt wurde, weil sie in legerer Hauskleidung in den Supermarkt zum Einkaufen gegangen war. Lady Marlene galt als die Verkörperung der Supereleganz, und dazu gehören weder Kopftuch noch Jeans.

Bei Curd blieb alles Reden vergeblich. Wenn ich ihm Vorhaltungen machte, sagte er: »Ihr nehmt das alles zu ernst. Was ist denn schon unser Beruf? Ein Job wie hundert andere. Auf keinen Fall aber eine Berufung, wie viele Kollegen es gern glauben. Mit Heinrich George stand ich einmal vor dem Stephansdom in Wien, da hat der George doch tatsächlich bedauert, daß wir Schauspieler uns nicht genauso lange halten wie eine gotische Kirche. ›Und dabei sind wir doch genau solche Kunstwerke!‹ Das hat er wörtlich gesagt. Da habe ich mir gedacht: ›Ach du liebes bißchen, haben Sie's nicht etwas kleiner?‹«

Mich hat es immer geärgert, daß die Leute vom Jürgens so einen falschen Eindruck hatten. Denn er ist ja, ganz im Gegensatz zu dem, was die Leute von ihm halten, ein feiner Kerl: großzügig, fair, anständig, ein wirklicher Gentleman.

Nichts nimmt das Publikum mehr übel, als wenn ein Schauspieler sich nicht so verhält, wie man es von ihm erwartet. Von Peter Alexander zum Beispiel darf man erwarten, daß er ein lieber, netter Bub ist mit einer lieben, netten Frau und lieben, netten Kindern und seine Freizeit ausschließlich beim Fischen verbringt. Wehe, wehe, sollte er eines Tages gegen dieses Klischee verstoßen: Wenn er sich, sagen wir

mal, einen jener langmähnigen, jeansgewandeten weiblichen Teen-
ager zu Gemüte führen würde, die auf den Tourneen vor seiner Gar-
derobentür in Scharen zu lauern pflegen. Die Schlagzeile »Peter
Alexander betrügt seine Frau« würde einen Schrei der Entrüstung
auslösen und seinen Beliebtheitsgrad radikal sinken lassen. Auch
Anneliese Rothenberger, Vorbild der Frau ohne Skandale, beginge
beruflichen Selbstmord, käme sie auf die Idee, sich einen Seiten-
sprung zu erlauben.
Das deutsche Publikum ist hierin besonders unerbittlich. Ich persönlich könnte es heute nicht riskieren, mit Caterina Valente einen Film
zu machen. Sie hat einen um 15 Jahre jüngeren Mann geheiratet. Das
gilt in den Augen vieler Frauen als unseriös, ist ein ausgesprochener
Makel. Einen 15 Jahre, ja einen 25 Jahre älteren Mann zu ehelichen,
gut und schön, aber einen so viel jüngeren? »Unmöglich. Wie kann
man nur. Na, die muß es nötig haben.«
Ein anderes Beispiel. Romy Schneider war für die Verfilmung des
Simmel-Romans »Lieb Vaterland, magst ruhig sein« vorgesehen,
hatte aber abgesagt. Obwohl man ihre Mitwirkung mit einer Million
französischer Francs belohnen wollte. Der Produzent war traurig.
Kurz darauf schlug Romy einem Hotelportier in Berlin ihren Schlüssel auf den Kopf, weil der Portier es nicht erlauben wollte, daß sie ihren Freund mit aufs Zimmer nahm. Die Meldung ging durch sämtli-
che Boulevardblätter. Und der Produzent ließ verlauten: »Unter
diesen Umständen bin ich nicht mehr so traurig, daß Frau Schneider
in meinem Film nicht spielt.« Romys Bild hatte, zumindest in den
deutschen Mittel- und Kleinstädten, gelitten, und es stand zu befürchten, daß viele dieser Mittel- und Kleinstädter sich sagten: »Die
wollen wir erst mal eine Weile nicht sehen.«
Übertrieben? Ich fürchte, nein. Paul Hubschmid, Anfang der fünfziger Jahre die Verkörperung schweizerischer Solidität und Wohlan-
ständigkeit, glücklich verheiratet, wandte sich einem jungen bild-
schönen Starlet namens Renate Ewert zu. Die Zeitungen waren voll
davon. Unglücklicherweise machte ich zu diesem Zeitpunkt gerade
einen Film mit ihm. »Italienreise – Liebe inbegriffen« lautete der Titel. Mein Pressechef stand vor dem Dilemma, daß Herr Hubschmid
plötzlich ein Negativ-Image hatte. Aus dem Schweizer Edelbürger

war, in den Augen vieler Leute zumindest, ein Ehebrecher und Bruder Leichtfuß geworden. Unserem Film hat das nachweislich geschadet.

Kommen wir zu Lex Barker, diesem wundervollen Jungen, der da an einem Sommernachmittag mir nichts, dir nichts in New York zusammenbricht und stirbt. Auch so eine Geschichte, die mich auf der Stelle trübsinnig stimmen kann. Barker, dieses Bild von einem Mann, dieser Athlet mit dem Gardemaß, der so auf seine Gesundheit achtete, sich wie ein junger Herrgott fühlte, nie einen Arzt gebraucht hat, der ein meisterlicher Skiläufer war, ein passionierter Sporttaucher, geht da an diesem Sonntag die Straße entlang, und irgend etwas fällt ihn, fällt ihn wie ein Blitz den Baum, na, man kann es nicht fassen.
»Herr Brauner, ich würde gern bei Ihnen in Deutschland filmen. Und wissen Sie auch, warum? Einfach, weil ich die Deutschen mag!« Das sagte er zu mir, als ich ihn in Rom auf einer Party bei James Mason kennenlernte. In Amerika kannte man ihn in erster Linie als Tarzan. Hier in Europa hatte er gerade eine Rolle in Fellinis Film »La dolce vita« (Das süße Leben) hinter sich gebracht.
»Was für eine Rolle?« fragte ich.
»Eine tragende.« Er grinste. »Ich habe Anita Ekberg tragen müssen. Auf meinen Armen. Ich habe jetzt noch Muskelkater.«
Barker war der Typ eines Filmschauspielers, wie er in Deutschland selten vorkommt. Er war männlich und doch sensibel, Liebhaber und Rauhbein zugleich, hatte Bizeps, aber auch Hirn, war ein Draufgänger und doch kein Dummkopf. Ich habe ihn nach Berlin geholt und gleich in einem Film eingesetzt. Als Partner von Gert Fröbe und Daliah Lavi spielte er einen FBI-Agenten in »Im Stahlnetz des Dr. Marbuse«. Er gefiel dem Publikum auf Anhieb. Später wurde er dann der legendäre Old Shatterhand des deutschen Films, und sein Poster hing in den Zimmern Hunderttausender großer und kleiner Jungen.
Barker war, wie die meisten amerikanischen Filmschauspieler, ein außerordentlich disziplinierter Arbeiter. Starallüren kannte er nicht. Er kam pünktlich zum Drehort, konnte seinen Text, war stets konzentriert, stritt nicht mit dem Regisseur und malte nicht im Drehbuch herum. In diesem Sinne also beste Hollywoodschule.

Dann machte ich mit ihm »Frauenarzt Dr. Sibelius«, und ich war drauf und dran, meine gute Meinung über ihn zu ändern.

Ich komme da eines Tages ins Atelier und sehe, wie die Leute herumstehen und Däumchen drehen. Es gibt keinen deprimierenderen Anblick für einen Filmproduzenten. Im Laufe der Jahre kriegt man nämlich so eine Art innerer Taxameteruhr. Die tickt und tickt und tickt, und man weiß, daß jedes Ticken Geld kostet, wie in einem Taxi.

»Herr Barker ist noch nicht da«, sagt der Aufnahmeleiter. »Er läßt sich das Essen doch immer in seine Garderobe schicken, aber in der Garderobe ist er nicht.«

»Lassen Sie schon mal einleuchten«, sagte ich, »die Szene ist ja geprobt. Ich werde ihn suchen.«

Ich suche. In der Kantine, in den Dekorationen, im Schneideraum, im Chefbüro, im Heizungskeller. Vergeblich. Inzwischen ist eingeleuchtet. Das Skriptgirl reicht mir das Drehbuch mit der angestrichenen Szene, die zuletzt gedreht wurde.

»45. – Praxis von Dr. Sibelius (Lex Barker)«, lese ich. »Der Doktor am Waschbecken. Er wendet sich halb um, die nächste Patientin betritt den Raum, es ist eine sehr junge, sehr hübsche Frau, mit einer starken erotischen Ausstrahlung. Aus dem Mienenspiel von Dr. Sibelius erkennt man, daß er diese Tatsache registriert hat. SIBELIUS (ganz der große Arzt): ›Bitte, wenn Sie ablegen würden . . .‹ Die Patientin verschwindet hinter dem Paravent. Man hört das Knistern seidener Unterwäsche. Durch den Paravent schimmern die Umrisse ihres nackten Körpers.«

Plötzlich habe ich eine schreckliche Vision. Ich reiche das Drehbuch geistesabwesend zurück und mache mich auf den Weg zur Garderobe der »Patientin«. Da kommt sie mir schon entgegen. Himmel, die ist wirklich sehr sexy, da muß man ja direkt die Luft anhalten, wirklich gut besetzt. Sie drückt sich mit einem hastigen Gruß an mir vorbei. Und da ist auch Lex Barker. »Hallo, Artur«, sagt er betont lässig und versucht in rührender Weise den Eindruck zu erwecken, als käme er von der entgegengesetzten Seite, »alles okay?«

»Mr. Barker«, sage ich ziemlich dienstlich, »ich muß Ihnen nicht erzählen, daß ein Drehtag mit 30 bis 40 000 DM zu Buche schlägt.« Ich schaue auf die Uhr. »Die Verspätung hat mich ca. 3000 gekostet, und so viel Geld würde selbst Rothschild nicht für ein Schäferstündchen ausgeben. Noch dazu, wenn es nicht sein eigenes ist.«

Barker schaut von seinen zwei Metern verlegen auf mich herab. »Sorry, kommt nicht wieder vor«, sagt er und trollt sich.

Es kommt nicht wieder vor, aber dafür kommt auch nichts mehr von Barker. Will sagen, er spielt immer nur mit halber, dreiviertel Kraft. Er wirkt übermüdet, zerstreut, manche Szenen leiden schon darunter. Was ist los? Cherchez la femme, natürlich: die »Patientin«! Sie läßt ihn nicht aus ihren Fängen, erfahre ich, lauert ihm auf, rückt ihm im Hotel auf die Bude, lungert den ganzen Tag im Ateliergelände herum, obwohl sie längst abgedreht ist, hatte ja nur ein paar Szenen, die Kleine.

Ich knöpfe sie mir am anderen Tag vor. Will mir schließlich den Film nicht kaputtmachen lassen. Ich gehe mit ihr in die Kantine, lade sie zu einer Berliner Weißen ein. »Ich kann ja verstehen, daß Sie in Lex Barker verliebt sind, nur, wissen Sie, in vierzehn Tagen, da ist die letzte Klappe gefallen, könnten Sie nicht bis dahin Ihre Liebe sozusagen ein bißchen auf Eis legen, es ist nämlich . . .« Jetzt fange ich auch noch an zu stottern. Worum man sich auch alles kümmern muß.

Sie schaut mich erstaunt an aus ihren veilchenblauen Unschuldsaugen. »Aber, na so was, Sexi-Lexi ist doch in mich verknallt, würde ich sagen, *er* ist es, der mich nicht in Ruhe läßt.« Heiliger Strohsack, lispeln tut sie auch noch. Ein zauberhaftes Dummerchen, läßt aber nicht mit sich reden, ich hätte ihre Gefühle verletzt, behauptet sie.

Am nächsten Tag ist Barker noch etwas müder als sonst. Anscheinend hat er ihre verletzten Gefühle heilen müssen. So geht das nicht weiter. Wie werden wir das Mädchen los – das ist hier die Frage! Lex Barker – wenn ich ihn auf dem großen Filmplakat in meinem Büro als Old Shatterhand sehe: kraftvoll, männlich, kühn, die nervige Faust am Halfter seines Rappen, ein Bild unzerstörbaren Mannestums, dann will ich es immer noch nicht glauben, daß es ihn nicht mehr gibt. Keine 54 Jahre ist er alt geworden. Er war ein Weltmann im besten Sinne des Wortes. Seine Bildung, seine guten Manieren erinnerten in nichts an den Typ des dollarscheffelnden Ami. Er sprach, und das ist auch selten bei Amerikanern, fließend Französisch, Italienisch und bemühte sich eifrig, Deutsch zu lernen.

»Wie heißt das, Artur?« fragte er immer wieder, wenn wir zusammen unterwegs waren. Er liebte alles, was deutsch war: deutsche Küche, deutsches Bier, deutsche Kultur und die deutschen Mädchen. Stimmt, ich hatte auch einen Prozeß mit ihm. Den gewann er sogar (was mich heute noch ärgert). Weil ich aus einem überlangen Film (»Durchs wilde Kurdistan«) zwei kurze gemacht hatte, beanspruchte er die doppelte Gage. Obwohl er nicht einen einzigen Drehtag zusätzlich dafür hatte arbeiten müssen. Also, wenn ich daran denke, ich fand das so ungerecht, daß ich . . .

Na ja, vergessen. Und vergeben. Schwamm drüber. Geblieben sind die guten Erinnerungen. Der letzte Film, den er bei mir machte, war »Frühstück im Doppelbett«. Da spielte er einen Sportlehrer, der einem Zeitungskönig (O. W. Fischer) die Frau (Lilo Pulver) ausspannt. Lilo hatte versucht, diese Rolle für ihren Mann, den Helmut Schmid, zu ergattern. Weil sie ihn nicht nur für den besten Schauspieler der Welt hält, sondern auch für den schönsten Mann dieses Erdkreises. Ist ja ihr gutes Recht. Aber da habe ich ihr sagen müssen, daß der Verleih auf Lex Barker bestand. Wegen des internationalen Namens.

Sie haben sich dann trotzdem gut verstanden. Barker respektierte Lilo und O. W. von vornherein als die besseren Schauspieler. Das stimmte sie sofort friedlich. Besonders gut harmonierte Lex mit O. W., so verschieden sie auch waren. Er sagte einmal zu ihm in seinem lustigen Deutsch: »Otto, deine Kopfchen und meine Kräftemuskeln gemixt, du, dann wir haben eine Supersuperman.«

Bei »Frauenarzt Dr. Sibelius« war der Supermann Lex Barker nun in echten Nöten. Die lispelnde Kleine verfolgte ihn derart hartnäckig, beanspruchte so ausgiebig seine Freizeit, daß seine Arbeit vor der Kamera immer stärker litt. Mit einem ewig müden, ununterbrochen gähnenden Darsteller kann auch der beste Regisseur nichts anfangen.

Das Sternchen mußte für eine Weile aus dem Verkehr gezogen werden. Aber so einfach war das gar nicht. Man kann einem jungen Mädchen schließlich nicht verbieten, einen Mann liebzuhaben.

Selbst ein Filmproduzent kann das nicht. Da hatte mein Aufnahmeleiter, ein echter Berliner, einen Einfall.

»Herr Brauner«, sagte er, »ick sehe, Sie ham Kumma. Also, wenn Se
mir fragen, aber Sie fragen mir ja nich, da hilft nur eens: 'n andrer
muß ran.«

»Ein anderer Mann?« fragte ich mißtrauisch. »Sagen Sie bloß, Sie
meinen sich damit.«

»Na, ick bin ja nu schon 'ne Weile aus'n Schneider. Aber der Beppo
könnte det machen. Wenn wa den uf die Kleene ansetzen . . . .«

Beppo war Edelkomparse, stammte aus Palermo, war so schön wie
Apoll und hatte jede Menge Chancen bei der Damenwelt. Und
doch . . .

»Na, lassen Sie mir man machen«, sagte mein Aufnahmeleiter, der
mein Zögern bemerkte. Und er machte. Unser Apoll von Palermo
wurde verpflichtet, Barkers hartnäckige Verehrerin in die teuersten
Bars und Restaurants zu führen. Und zwar die nächsten vierzehn
Abende mit schöner Regelmäßigkeit. Auf Spesen, versteht sich, und
gegen eine Aufwandsentschädigung. Wie sich herausstellen sollte,
waren alle Beteiligten mit dieser Lösung zufrieden: Lex Barker war
von Stund an munter wie eine Morgenlerche, der Regisseur konnte
ungestört seinen Film beenden, unser Sternchen lernte Berlin bei
Nacht so gründlich kennen wie niemand zuvor, und Beppo gestand:
»War schönste Rolle von meine ganze Leben, Signor Brauner.«

52

Rolf Hansen drehte den Film »Die Letzten werden die Ersten sein« nach einer Novelle von John Galsworthy . . .

. . . mit den Hauptdarstellern Ulla Jacobsson, Maximilian Schell und O. E. Hasse.

55 Ruth Leuwerik, die Frau, die bei mir gleich nach Maria Brauner kommt: Dame und Kumpel, großer Star und braves Mädchen, ein Typ, von dem jeder Produzent träumt. In »Franziska« (mit Friedrich Domin) . . .

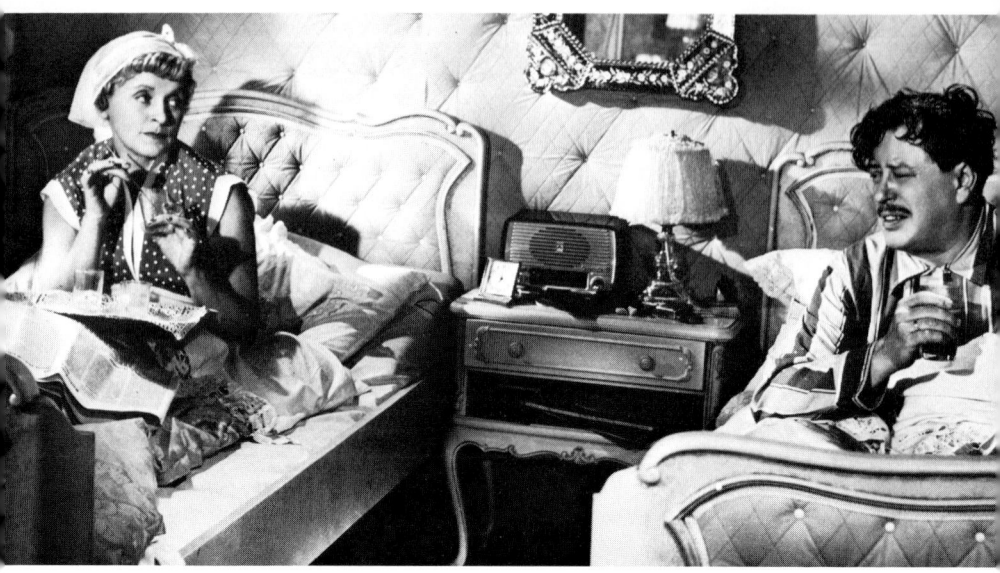

57 Ein Tag wie jeder andere scheint »Der erste Frühlingstag« bei Familie Hil-
ler zu werden: Mutti (Luise Ullrich) frönt bereits ihrer Linien-Diät, Vater
(Paul Dahlke) ist noch nicht so ganz da.

Mutter Dolly bleibt die Luft weg: Der Bruder ihrer besten Freundin (Ro-
58 bert Freitag) hat bei ihr Feuer gefangen.

Sean Connery putzt Klinken
und Elke Sommer zeigt, was sie hat

Lex Barker hatte ich, wie erwähnt, in Rom auf einer Party kennengelernt und ihm einen Vertrag angeboten. Damit war er für den deutschen Film entdeckt. Was bei Barker kein Kunststück war. Er hatte sich ja, zumindest durch seine Tarzanfilme, bereits einen Namen gemacht. Viel, viel schwieriger ist es, jemanden zu entdecken, den keiner kennt, weil er noch keinen einzigen Film gemacht hat, und von dem man nur ein Foto gesehen hat.

Dieses Foto befand sich in der B.Z. und zeigte ein junges, hübsches, blondes Mädchen im Bikini. Junge, hübsche, blonde Mädchen in Bikinis finden sich in Boulevardblättern zu Dutzenden, und deshalb blätterte ich darüber hinweg, bei meiner täglichen Zeitungsdurchsicht. Irgend etwas muß jedoch in meinem Unterbewußtsein hängengeblieben sein: ich blätterte wieder zurück und sah mir das Mädchen genauer an.

Das »gewisse Etwas«, das ich bei Peter Alexander in der Stimme erkannt hatte, war auch hier augenfällig. Womit ich jetzt nicht die Figur meine, die Kurven. Nein, das Gesicht war es. In diesem Gesicht lag Jugend, Unbekümmertheit, Frische, die Sommersprossen gaben einen Schuß Verschmitztheit hinzu, etwas Keckes, Kumpelhaftes.

»Mit diesem Mädchen«, sagte ich zu Maria, die mir am Frühstückstisch gegenübersaß, »möchte ich Pferde stehlen.«

Maria, die beste Ehefrau der Welt, warf einen langen Blick auf das Foto und sagte schlicht: »Pferdestehlen wäre das einzige, was du mit der dürftest.« Sie schaute noch einmal hin und meinte: »Im übrigen finde ich das Mädchen richtig prima.«

Ein Mädchen, das nicht nur Männern gefällt, sondern auch Frauen – das war es! Ich rief die B.Z. an und fragte, wer das Bikinimädchen sei, woher sie käme, wo sie wohne.

»Die Mieze auf Seite zwei meinen Sie«, sagte der Bildredakteur.

»Also das is' 'ne Pfarrerstochter aus Erlangen, steht gerade in Rom Schlange wegen 'ner kleinen Rolle in einem Kostümschinken. Elke heißt sie. Wie weiter? Keinen Dunst.«

Eine Woche später saß das Fräulein Elke Sommer vor mir. Ich hatte ihr eine Flugkarte geschickt und ein paar Mark Spesen für eine Berlinreise. Der Eindruck, den ich per Foto von ihr gehabt hatte, bestätigte sich. Sie wirkte sympathisch, war fröhlich, ungezwungen und vermittelte den Eindruck eines Mädchens, das Karriere machen wollte, sich aber nicht umbringen würde, wenn es nicht klappen sollte. Sie flunkerte mir nicht vor, was für tolle Angebote sie habe, protzte nicht mit Prominenz und war fern von jener lächerlichen Ach-Gott-was-bin-ich-doch-für-ein-Talent-Attitüde, wie sie viele Filmgänschen für richtig halten.

Nach einem Gespräch von etwa zwanzig Minuten bot ich ihr einen Siebenjahresvertrag an. Mit ein bis zwei Jahren Test, dann Aktion. »Und Schauspielunterricht müssen Sie nehmen«, sagte ich.

»Sprechunterricht«, sagte sie. »Schauspielunterricht brauche ich nicht. Was ich brauche, sind gute Regisseure und anständige Drehbücher. Im übrigen spiele ich mich selber. Man muß nur alles fühlen, was man macht.«

»Von wem haben Sie denn die Weisheit?« fragte ich erstaunt.

»Von de Sica«, sagte sie, »ich habe ihn in Rom einmal um Rat gefragt deswegen.«

Sie hat auch später immer gewußt, was sie wollte, die Elke. Und vor allem: was sie konnte. Auf diese Art machte sie Karriere. »Am Tag als der Regen kam« hieß der erste Film, in dem ich sie einsetzte (mit Gert Fröbe und Mario Adorf). Der Film wurde ein Erfolg. Mit einem erfolgreichen Film zu starten ist wichtig für eine Anfängerin. Auch wenn sie selbst dazu nur wenig beigetragen hat. Aber jeder Produzent wird sich sagen: »Die war doch gerade in dem XY-Film dabei. Der hat doch ganz gute Kasse gemacht.« Wie überall ist es auch hier besser, einem »winning team« angehört zu haben, einer erfolgreichen Mannschaft, als einer, die zwar glänzend gespielt, aber trotzdem verloren hat.

Der Weg des Fräulein Sommer führte steil nach oben. Für den letzten Streifen, den sie für mich innerhalb des Siebenjahresvertrags machte, zahlte ich 50 000 DM Gage. Als ich sie ein Jahr später für »Hölle von Macao« engagierte, kostete sie das Zwölffache, genauer gesagt: 600 000 DM! Eine Rolle in »Der Preis« brachte ihr in den USA den »Golden Globe« ein.

Hollywood holte sie. Was nicht so sensationell war, denn Hollywood hat schon viele europäische Schauspieler geholt. Aber Hollywood ließ sie nicht wieder gehen. Nur das zählt. Sie wirkte auf die amerikanischen Zuschauer genauso, wie sie auf mich und Maria gewirkt hatte: als das Mädchen von nebenan, der dufte Kumpel, den die Männer sich als Frau wünschen und die Frauen als Schwester oder Freundin. *Kameradin*, das war sie, und nicht *Sexbombe*. Obwohl viele sie dafür hielten. Dazu war sie aber viel zu bürgerlich. Selbst wenn sie sich auszog, was sie am Anfang ihrer Karriere tat, wirkte sie immer noch wie das kleine Mädchen aus dem kleinen Städtchen Erlangen. Außerdem wären die Frauen für eine Sexbombe kaum zu begeistern gewesen.

Elke war es gelungen, ihre private Nettigkeit auf die Leinwand zu übertragen. Sie spielte sich tatsächlich selbst, oder besser, sie stellte sich selbst dar. Als Schauspielerin kann man sie kaum bezeichnen, eher als Darstellerin. Aber das ist beim Film auch viel wichtiger. Ingrid Bergman, Greta Garbo, Gary Cooper, Jean Gabin, Hans Albers, um nur einige zu nennen, waren immer mehr Darsteller als Schauspieler. Von ihrer ausgeprägten Persönlichkeit sprang etwas über aufs Publikum. Sie waren darüber hinaus so fotogen, daß sie nur zu gucken brauchten (»Schietkieker« hat Robert Siodmak sie einmal so bösartig wie treffend genannt), und schon waren sie präsent.

»Was wäre geschehen, wenn Ihnen Elke Sommers Foto damals nicht aufgefallen wäre?« hat mich einmal ein Journalist gefragt.

Meine Antwort: »Dann wäre sie vielleicht heute noch Pfarrerstochter. Denn es gibt tausend andere Mädchen, die genauso blond, genauso hübsch, genauso talentiert sind.«

Was ich damit sagen will: Beim Film spielt das Glück eine so große Rolle wie sonst bei keinem Beruf auf dieser Welt! Talent ist selbstverständlich, darüber braucht man nicht zu reden. Doch selbst die größte Begabung nützt nichts, wenn das Glück fehlt. Man muß das

Glück haben, zur richtigen Zeit von einem guten Regisseur als der gerade verlangte Typ herausgebracht zu werden. Es gibt eine Menge Filmschauspieler, die viel mehr können als die, die ganz oben schwimmen, denen aber Göttin Fortuna, die bekanntlich blind ist, kein Lächeln schenkt.

Ein Mann wie Sean Connery zum Beispiel putzte lange Jahre die Klinken bei den großen Produktionen, verkümmerte in mittleren und kleineren Rollen, bis jemand kam, der sagte: »Das ist der Mann, der James Bond spielen wird.« Und aus dem erfolglosen Gelegenheitsdarsteller ward ein Weltstar.

Doris Day, berühmt geworden durch Hitchcocks »Der Mann, der zu viel wußte«, war bereits halb vergessen, als ein Produzent auf die Idee kam, sie als spätes Mädchen einzusetzen, das nach heftigem Widerstand doch noch den Mann ihres Lebens findet. Ergebnis: ein neues Image – ein neuer Welterfolg.

Und noch ein Beispiel aus den Akten der Göttin Fortuna.

Es war 1959. Ich fuhr nach Wien, um die Besetzung für den Film »Der brave Soldat Schwejk« abzuschließen. Ein Schwejk-Film brauchte jenen k. u. k.-Touch, der, da Prag uns verschlossen war, nur an der Donau verwirklicht werden konnte. Außerdem mußten die Schauspieler böhmisch-österreichisch sprechen können. Nach zweijährigem, zähem Kampf war es mir gelungen, Heinz Rühmann für die Hauptrolle zu gewinnen. Rühmann, der immer gesagt hatte: »Es ist eine Traumrolle, aber ich bin leider zu alt dazu, viel zu alt, Herr Brauner. Und böhmakeln kann ich auch nicht.«

Mit Hilfe eines Sprachlehrers hat er es dann so gut gelernt, daß die alten Böhmen ihn für einen Landsmann gehalten hätten. Den Oberleutnant Lukas spielte Ernst Stankowski, die Baronin war Erika von Thellmann, der Woditschka Franz Muxeneder.

»Und wer spielt die Gretl?« fragte ich Axel von Ambesser, den Regisseur. Wir saßen uns in einem Büro der Filmateliers in Sievering gegenüber.

»Die hier oder die hier oder die hier«, sagte Ambesser und legte mir ein paar Fotos vor. Die Gretl war nur eine Episodenrolle, keine große Sache, aber wir wollten auch die kleinste Charge hautnah besetzen.

Ich schaute mir die Fotos an und zuckte mit den Achseln. »Die sehe ich alle drei nicht.« Als ich nach unserem Gespräch den langen Korridor des Besetzungsbüros entlangging, sah ich sie.

Sie saß auf einer Bank, puderte sich die Nase und schniefte. Es klang herzzerreißend. Und herzzerreißend war der Blick, den sie mir zuwarf.

»Kleiner Weltuntergang, Fräulein?« fragte ich.

»Für mich ja«, sagte sie leise. »Ich hab' gedacht, diesmal klappt's, aber es war wieder nix. Es wird wohl auch nie nix.«

»Was wird nichts?«

»Das mit der Rolle im ›Schwejk‹. Die Gretl, müssen Sie wissen, wollt' ich so gern spielen.« Sie sprach ein wunderschönes Wienerisch. Ich lauschte gebannt, wie sie mir von ihrem Treppauf-Treppab, ihrem Hangen und Bangen, ihrer Hoffnung und Verzweiflung, von dem zermürbenden Kampf um eine kleine, winzige, klitzekleine Rolle erzählte. Sie schwieg, schaute mich nachdenklich an. »Sie sind wohl nicht vom Film, oder? Ach nein, Sie haben bestimmt einen anständigen Beruf.«

Ich bat sie um ihre Karte, aber sie hatte keine und kritzelte mir Namen und Adresse auf die Rückseite einer Zigarettenschachtel. Ich sagte, ich würde von mir hören lassen. Ich sah ihr an, daß sie mir nicht glaubte. Das hatten wohl schon zu viele zu ihr gesagt. Vielleicht war ich auch so einer, der ihr alles andere geben wollte, nur keine Rolle.

»Senta Berger«, las ich auf der Heimfahrt ins Hotel Sacher. »Wien, soundsovielter Bezirk . . .«

Ich rief sie an und bestellte sie für den nächsten Tag hinaus nach Sievering. »Machen Sie sich schön«, sagte ich. Sie fragte in einer Mischung aus Erstaunen und Unglauben in ihrem melodischen Wienerisch: »Ist das jetzt wirklich kein Pflanz'? Sind Sie wirklich ein Filmmensch?«

Sie erschien in einem malvenfarbenen Chanelkostüm, das rotblonde Haar schimmernd, die Lippen dezent geschminkt. Ihre großen, schönen Augen waren fragend auf mich gerichtet. »Herr Brauner?« Ich machte sie mit Axel von Ambesser und Heinz Rühmann bekannt. »So stell' ich mir die Gretl vor«, sagte ich. Es klang wie die bekannte Operettenarie.

Die beiden Herren lachten und schauten wohlgefällig auf das Fräulein Berger. Rühmann nickte mir unmerklich zu. Ambesser griff in die Schublade seines Schreibtisches, holte ein paar Schreibmaschinenblätter hervor und meinte: »Lernen Sie das, mein Fräulein. In einer Woche beginnen wir mit den Dreharbeiten.«

In rascher Folge machte Senta Berger neun Filme bei mir. Darunter »O sole mio«, »Das Testament des Dr. Mabuse«, »Lange Beine – lange Finger«, »Adieu, lebwohl, good bye«. Mit dem Film »Es muß nicht immer Kaviar sein«, der sie in einer Hauptrolle an der Seite von O. W. Fischer sah, hatte sie ihren Durchbruch.

Senta Berger war auch bald im Ausland gefragt. Sie stellte sich als ein internationaler Typ heraus, der in jede Filmlandschaft paßte. Sie filmte in Österreich als Österreicherin, in Amerika als Amerikanerin, die Franzosen akzeptierten sie als Landsmännin, und die Italiener verziehen ihr mit Wonne ihre leicht rubensschen Formen. Ihr Gewicht war tatsächlich Sentas einziger Kummer.

Mein Kummer war, daß sie *zu* erfolgreich wurde. Sie hatte sich in ihrem Siebenjahresvertrag verpflichtet, pro Jahr zwei Filme bei der CCC zu machen. Das fiel ihr von Jahr zu Jahr schwerer. Sie sagte, es seien die Rollen, die ihr nicht lägen, und die Regisseure, die sie nicht mochte. Es waren aber die Gagen, die ihr zu klein waren. Denn im Ausland wurde sie inzwischen wesentlich höher notiert.

Nun, ein Filmproduzent, der von seinen Stars, die er entdeckt hat, so etwas wie Dankbarkeit erwartet, ist selber schuld. Erfolgreiche Schauspieler verdanken ihren Weg nach oben einzig und allein – sich selbst. Und sonst niemandem. Sagen sie. Keiner erinnert sich gern jenes Menschen, der einen kannte, als man noch ganz unten war. Das ist menschlich, und man muß sich nicht darüber aufregen.

Im Jahre 1954 bot mir das Schicksal die Chance, einen wirklichen Weltstar zu entdecken. Ich nützte diese Chance nicht. Ich war einfach blind. Alle anderen Filmproduzenten, die an diesem Abend zu den Gästen des Berliner Filmballs gehörten, waren genauso blind. Wir erkannten einfach nicht, daß die Riesendame, die sich neben jeden Star drängte, wenn ein Blitzlicht aufflammte, die ein ratterndes Italienisch sprach, wir erkannten nicht, daß diese Dame dazu bestimmt war, die Kinos aller fünf Kontinente zu füllen . . .

118

Sophia Lorens Paradiesvogel
oder die verpaßte Chance

1954. Berliner Filmball im »Prälaten«. Dieser Ball war, im Gegensatz zu heute, ein großes gesellschaftliches Ereignis, das seine Schatten Monate vorauswarf. Wer keine Einladung bekommen hatte, spielte mit dem Gedanken auszuwandern. Was in der Branche Rang und Namen hatte, kam angereist: aus Deutschland, aus Frankreich, aus Italien, England, ja sogar aus den USA. Jeder Ball glich einem lebenden Who-is-who der Filmbranche.

An meinem Tisch saßen an diesem Tag der Regisseur Vittorio de Sica und Gina Lollobrigida. De Sica hatte mit der Lollo zwei Filme gemacht, von denen die Welt sprach: »Liebe, Brot und Phantasie« und »Liebe, Brot und Eifersucht«. Beide spielten sie im typisch italienischen Milieu. Sie waren so ungeheuer italienisch, daß man sich über den Welterfolg eigentlich nur wundern konnte. Aber Meister Vittorio war es gelungen, das Besondere ins Allgemeingültige zu heben.

Kirk Douglas war der Vierte im Bunde. Er hatte gerade seinen »Odysseus« abgedreht und sprühte vor Lebenslust nach den monatelangen harten Dreharbeiten an den Küsten des Mittelmeers. Yssur Danielowitsch Demskij, wie der von russischen Eltern abstammende Douglas eigentlich heißt, sang fröhliche Lieder. Darunter Walter Kollos Evergreen »Das war in Schöneberg im Monat Mai, ein kleines Mädelchen war auch dabei«. Schließlich liegt der »Prälat« in Schöneberg, und Kirk spricht ein passables Deutsch. Bei der Zeile »Ich hab' sie gern geküßt, im Monat Mai« brach er plötzlich ab und stieß mich mit dem Ellbogen an. »Oh, what a swell party«, sagte er, »Himmel, was für ein piekfeines Fest. Wen hast du denn da eingeladen, Arturchen?«

Ich folgte seinem Blick und sah ein Mädchen, das bei der Verteilung der Körpergrößen zweimal »hier« gerufen haben mußte. Sie hatte ein

ausgesprochenes Gardemaß und wirkte noch größer durch die turm-
artig frisierten Haare, die außerdem brandrot waren. Auf der Spitze
des Turmes hockte ein Paradiesvogel, der bei der kleinsten Bewe-
gung seiner Trägerin mit dem Schwanz wippte.

»Artur«, prustete Kirk Douglas, »die solltest du dir nicht entgehen
lassen. Siebenjahresvertrag ist das mindeste, mit 'ner Option für
weitere sieben. Vielleicht kannst du sie als Rotkäppchen einsetzen,
aber, bitte, dann laß mich den Wolf spielen.«

Die Kapelle intonierte einen Boogie. Der Herr, der neben unserer
Walküre saß, verbeugte sich und bat sie zum Tanz. Ich erkannte
Friedrich Mainz, den Filmproduzenten, und wie sich herausstellen
sollte, war er es, der sie zum Ball mitgebracht hatte. Nun, ich bin auch
gerade kein Riese, aber Kollege Mainz liegt noch ein paar Zentimeter
unter mir. Sein Kopf reichte gerade bis zum Busen seiner Tänzerin.
Ein Anblick, der Douglas zu neuen Bonmots inspirierte. Auch de Sica
und die Lollo waren inzwischen aufmerksam geworden, und wenn es
vielleicht nicht ganz vornehm ist, sich über die Körpergröße oder die
Körper-»kleine« anderer Menschen zu amüsieren, auch Vittorio und
Gina konnten sich das Lachen nicht verbeißen. Dafür sorgte schon
der beim Boogie-Woogie besonders heftig wippende Paradiesvogel.

Inzwischen hatte man die Fotografen losgelassen. Sie stürzten sich
wie die Löwen auf die reichlich vorhandene Prominenz. Blitzlichtge-
witter an allen Ecken. Es klickte, klackte, schnurrte, rasselte. Dabei
machte ich eine interessante Beobachtung: Dort, wo die Blitze am
heftigsten flammten, wo also die prominenteste Prominenz saß,
tauchte auch die Dame in Rot auf. Sie lächelte mit O. W. Fischer,
strahlte mit Maria Schell, grinste spitzbübisch mit Lilo Pulver, blickte
bedeutungsvoll mit Dieter Borsche, kicherte mit Martine Carol.

Nun ist es ein alter Trick aller Möchte-gern-Sternchen, sich in die
Nähe der Arrivierten zu drängeln, um mit ihnen gemeinsam abge-
lichtet zu werden. Sie kalkulieren dabei so: Wenn der Bildredakteur
das Foto veröffentlicht, wird er den Fotografen fragen: »Wie heißt'n
die da?« So kann es zu Bildunterschriften kommen vom Typ: »Curd
Jürgens amüsierte sich mit Simone Signoret auf dem Berliner Filmball offensichtlich glänzend. Im Hintergrund links Tanja Ypsilon, ein
vielversprechendes Talent.«

Die Dame in Rot allerdings schien eine »Meisterdränglerin« zu sein. Ich hatte den Eindruck, daß sie an diesem Abend auf sämtlichen Fotos drauf war, die überhaupt geschossen wurden. Schließlich tauchte sie auch an unserem Tisch auf. Selbstverständlich zusammen mit den Fotografen. Sie wechselte sogar ein paar Worte mit de Sica. Auf italienisch. Der Lollo versuchte sie die Hand zu geben. Gina schaute durch sie hindurch. Da konnte ja jede kommen.

»Eine Landsmännin?« fragte ich Vittorio.

»Si, si. Una Napolitana. Sie stammt aus Neapel und hat schon ein paar kleine Rollen gehabt.« Er lächelte. »Wenn sie so viel kann, wie sie Ehrgeiz hat, wird sie mal ganz groß. ›Ich will Weltstar werden‹, hat sie zu mir gesagt, ›und ich werde ein Weltstar!‹«

»Wie heißt sie denn?« fragte ich nun doch etwas interessiert.

»Scicolone (gesprochen Tschikkolone), Sophia Scicolone. Jetzt nennt sie sich allerdings Loren.«

Wie oft habe ich später geseufzt, wenn ich die zauberhaften Fotos von Sophia Loren sah: »Ach, hätte ich doch bloß auf Kirk Douglas gehört . . .«

Aus einem häßlichen Entlein war ein schöner Schwan geworden, aus einem unbekannten Starlet ein Weltstar. Das Beispiel Sophia Loren beweist, daß jede Frau die Möglichkeit hat, etwas aus sich zu machen. Das ist das Herrliche an unserer vielgescholtenen Zeit: es gibt keine häßlichen Frauen oder Mädchen mehr, kann sie gar nicht geben, weil die so unwahrscheinlich variable Mode jeden Typ zu seinem (schönen) Recht kommen läßt. Friseure und Kosmetiker wirken wahre Wunder. Selbst eine Brille kann sexy sein, wenn sie die richtige Form hat. Und wem seine Nase nicht paßt, der macht es wie die Knef: Er läßt sich eine neue anpassen.

»Pappi, störe ich?« Die Tür wird aufgerissen, und Sammy kommt herein. Er trägt ein Transistorgerät am Handgelenk. Er hat es auf volle Lautstärke gestellt.

»Wie oft muß ich dir sagen, du sollst anklopfen.« Ich versuche, seine Musik zu überschreien.

Er brüllt zurück: »Klopf, klopf!« und pocht sich mit dem Handknöchel gegen den Kopf. Er stellt den Apparat auf Zimmerlautstärke, aber nur um mir möglichst deutlich mitzuteilen, daß er noch 25 Mark kriegt. Er hat neulich die erste Filmrolle seines Lebens gespielt. Als Waisenkind in meinem Film »Sie sind frei, Dr. Korczak«. 1 Drehtag = 25,– DM war seine Gage.

Ein Reporter hatte ihn draußen am Görlitzer Bahnhof, wo ein Teil der Außenaufnahmen stattfand, gefragt: »Na, willst du auch mal Schauspieler werden?«

Sammy hatte geantwortet: »Nööö, das ist doof, da muß man ja immer so lange warten. Und immer dasselbe machen.«

Vorläufig hat er genug von der Filmerei. Seine Mutter ist einverstanden damit. Sie möchte ja ohnehin nicht, daß eines ihrer vier Kinder einmal »die Filmstarlaufbahn einschlägt«. Sie ist zu oft damit konfrontiert worden, wie erbarmungslos hart dieser Beruf ist. Sie hat die gnadenlose Jagd nach den Rollen erlebt, die Verzweiflung, ohne Engagement zu sein, die Bitternis, schlechte Kritiken zu kriegen, die verzehrende Eifersucht auf die erfolgreichen Kollegen – diese ganze Scheinwelt, in der man liebt und haßt, schmeichelt und belügt, und in der alle, alle davon überzeugt sind, daß sie, nur sie allein die Größten sind.

»Der Beruf des Schriftstellers ist eine Berufung zum Unglücklichsein«, hat Ernest Hemingway einmal gesagt.

Ich weiß nicht, wie weit das stimmt, aber was die Schauspielerei betrifft, so ist dieses Wort nicht ganz falsch. Zufriedenheit gibt es hier jedenfalls nicht. »Was ist Erfolg?« meinte Frank Sinatra einmal zu mir. »Ich will es dir sagen, weil ich da meine Erfahrungen habe. Erfolg ist wie ein bunter Luftballon unter Kindern mit spitzen Nadeln.«

Aber alle Warnungen von berufener Seite haben nie etwas genützt. Die Schauspielschulen in Deutschland sind nach wie vor überfüllt. Vor allem junge Mädchen klopfen Jahr für Jahr karrierelüstern an ihre Pforten. Sie bestreiten zwei Drittel der Schülerschaft. Was ein Irrwitz ist, wenn man bedenkt, daß die meisten Rollen bei Film und Fernsehen für Männer geschrieben werden. Allein in München gibt es, so habe ich mir sagen lassen, über dreitausend registrierte Darsteller, die beschäftigungslos sind. Und arrivierte Schauspielerinnen wie Eva-Ingeburg Scholz, Eva Pflug, Hanne Wieder, Ingrid van Bergen bekennen freimütig, daß sie zwischen ihren Engagements stempeln gehen müssen.

Das beweist nur, wie gefährdet man in diesem Beruf auch dann ist, wenn man glaubt, sich endlich durchgesetzt zu haben. Wie überhaupt die Karriere eines Filmschauspielers nie stur geradeaus verläuft, sondern in einem Auf und Ab. Um diese Berg- und Talfahrt durchhalten zu können, auf dem Gipfel nicht schwindlig zu werden und auf der Talsohle nicht schwermütig, dazu bedarf es großer Vitalität und eiserner Nerven.

Ein Musterbeispiel für eine Karriere mit all ihren Höhen und Tiefen ist für mich immer die von Sonja Ziemann. Die liebe Sonny, die ich sehr gern gehabt, mit der ich viele Filme gemacht habe, die mich dann so tief enttäuschen sollte . . .

1946 war es, als ich ihr zum erstenmal begegnete: im Metropol-Theater im Berliner Norden. Dort wurden Revuen und Operetten gespielt. Bei einer meiner Talent-Suchexpeditionen landete ich eines Abends dort und sah mir die von der Presse vielgelobte Aufführung von Friedrich Schröders »Hochzeitsnacht im Paradies« an. Die Aufführung war tatsächlich nicht schlecht, aber noch besser war ein junges Mädchen, das eine hübsche Stimme hatte, ein reizvolles Gesicht und eine Menge Temperament.

In der Pause drang ich in die Garderobe des Fräulein Ziemann ein. Ihren Namen hatte ich inzwischen aus dem Programmheft erfahren. Ich präsentierte mich stolz als jüngster Filmproduzent Deutschlands, und Sonja Ziemann meinte schlagfertig: »Dann sind Sie hier genau richtig.« Als Schülerin von Tatjana Gsovsky hatte sie mit 15 Jahren ihr Bühnendebüt gehabt und später ein paar kleine Filmrollen übernommen.

Sie spielte dann in dem ersten westdeutschen Nachkriegsfilm »Sag die Wahrheit«. Die Rolle, die sie darin verkörperte, war nicht umwerfend groß, aber der Streifen war ein geschäftlicher Erfolg, und so hatte sie einen guten Start. »Sag die Wahrheit« war, wie Sie sich erinnern werden, auch mein erster Film, das heißt, ich hatte mich mit Hilfe des Pelzes meiner Schwiegermutter an den Produktionskosten beteiligt.

Wir verpflichteten Sonja Ziemann auch für mein nächstes Projekt: »Herzkönig«. Wieder kam sie beim Publikum gut an. Bald wurde sie von allen nur »Sonny« genannt. Selten war ein Spitzname so treffend gewählt: Sie hatte tatsächlich etwas Strahlendes, die kleine Berlinerin, etwas Sonniges, und war meist glänzender Laune.

Voller Stolz zeigte sie mir einmal während einer Drehpause in den Tempelhofer Ateliers das Poesiealbum aus ihrer Backfischzeit. Als sie als Balletteuse über die Bühne der »Plaza« hoppelte, war eines Tages Paul Lincke zu ihr in die Garderobe gekommen. »Haste wat zu schreiben da, Meechen?« hatte der Operettenkönig gefragt. Sie hatte ihm, feuerrot vor Eifer, ihr Poesiealbum gereicht, und Lincke hatte ihr den schönen Vers hineingeschrieben:

»Ick wünsche Dir (und tu es jern),
daß Du mal wirst een jrosser Stern.
Und glücklich-froh und hochberiehmt,
wie sich das für 'ne Ziemann ziemt.«

Sonny hatte sich *ziemlich* beeilt, diesen Wunsch Wirklichkeit werden zu lassen. Schon 1950 hatte sie den »Bambi«, eine Art Westentaschen-»Oscar«, auf dem Spind stehen. Mit dem »Schwarzwaldmädel« und »Grün ist die Heide« wurde sie zum Idol eines Publikums, das vor den Erinnerungen an die Schrecken des Krieges in die Idylle geflüchtet war. Das heißt, die Leute wollten sich im Kino ein paar schöne Stunden machen und nicht wieder mit neuen Problemen konfrontiert werden. Das gefiel zwar den Kritikern gar nicht, und auf der Suche nach den Ursachen für diese »Geschmacksverwirrung« schoben sie den Filmproduzenten die Schuld in die Schuhe. Aber an den Tatsachen änderte das nichts: die Menschen waren nun mal so.

Selbst Ilse Kubaschewski, meine alte Freundin, war bereit zuzugeben, daß sie »Grün ist die Heide« zehnmal gesehen habe und zehnmal dabei weinen mußte. Woraufhin ihr böse Zungen nachsagten, daß es sich dabei um Freudentränen gehandelt haben müsse, denn die »Heide« spielte x-Millionen ein und die Ilse hatte sie im Verleih. Jedenfalls haben sie alle ein gutes Stück Geld verdient an Sonja Ziemann. Mich eingeschlossen. Auch Sonny konnte sich einiges auf die hohe Kante legen. Für »Schwarzwaldmädel« kassierte sie 15 000 DM.

Das waren 1950 noch sehr harte D-Mark, wenn diese Gage auch in keiner Relation zum Einspielergebnis stand.

Bei mir spielte sie dann die »Privatsekretärin«, »Meine Schwester und ich«, »Der Zarewitsch«, »Das Bad auf der Tenne«. Bei den Aufnahmen zu diesem Film hatte ich den ersten Zusammenstoß mit Sonja, präziser ausgedrückt, mit ihrem Manager.

Da gab es eine Szene, in der das Bauernmädchen Antje (Sonja Ziemann) in einen Badezuber zu steigen hatte. Da man im allgemeinen ohne Kleider zu baden pflegt, hatte der Drehbuchautor vorgeschrieben: »293. Scheunentenne. Antje steigt vorsichtig in den Zuber. Man sieht dabei ihren nackten Rücken und einen kleinen Teil ihres verlängerten Rückens.«

Vorsichtshalber hatte ich angeordnet, diese Szene mit einem Double zu drehen. Der Rücken, den das Publikum zu sehen bekommen würde, war also gar nicht Sonnys Rücken. Als die Szene geprobt wurde, erschien plötzlich Harry Heidemann. Harry war nicht nur Sonnys Manager, sondern auch der Mann, mit dem sie nach der Scheidung von dem Strumpffabrikanten Hambach zusammenlebte. Harry nun sagte: »Das kann ich nicht gestatten, daß Frau Ziemanns nackter Rücken im Film erscheint.«

Ich wandte ein, daß es gar nicht Frau Ziemanns Rücken sei, sondern der einer Schauspielerin, die ihren Rücken Frau Ziemann für die Szene pumpe.

»Die Leute im Kino«, meinte Herr Heidemann nicht ohne Logik, »müssen aber annehmen, daß es Frau Ziemanns Rücken ist. Sie können ja nicht wissen, daß es der Rücken einer anderen Schauspielerin ist.«

Na, was soll ich sagen, es war ein Streit um den Rücken, ich glaube es ging drei, vier Tage hin und her, und was so was kostet, wissen Sie inzwischen. Jedenfalls war es der teuerste Rücken meines Lebens, und es ist kein Wunder, daß Filmproduzenten die höchste Sterblichkeitsquote aufweisen. Selbstverständlich haben wir es mit dem Rücken so gemacht, wie wir es wollten. Das ging ja nicht, daß einer daherkommt und uns verbietet, einen fremden Rücken zu nehmen.

Im Grunde eine rührende Geschichte, wenn man daran denkt, was uns heute so auf der Leinwand geboten wird, an Hinter-Rücken und Vorder-Rücken.

Die Welle der Heimatfilme lief, wie alle Wellen, eines Tages aus. Sonja selbst war nicht böse darüber. Sie hatte diese Art von Filmen längst satt. Immer häufiger kam sie zu mir und sagte: »Artur, ich will endlich mal etwas Seriöseres spielen, eine Charakterrolle, eine Rolle, in der ich zeigen kann, daß ich mehr bin als nur das Schwarzwaldmädel-Trallala.«

Ich versprach es ihr und hatte bald Gelegenheit, mein Versprechen einzulösen. Der polnische Regisseur Aleksander Ford besuchte mich und schlug mir eine deutsch-polnische Coproduktion vor. Er hatte auch gleich einen Stoff dabei: »Der achte Wochentag«, die bittersüße Geschichte eines jungen Paares, das ein Zimmer sucht, um zum erstenmal miteinander schlafen zu können, und schließlich in der Bettenabteilung eines nächtlichen Warenhauses landet. Ford, ein international renommierter Regisseur, fragte mich: »Für die weibliche Hauptrolle hätte ich gern eine deutsche Schauspielerin. Können Sie mir jemand vorschlagen?«

»Ja«, sagte ich spontan, »das kann ich: Sonja Ziemann!«

»Ziemann, Ziemann«, meinte Ford, »die hat doch immer nur in euren Heimatfilmen gespielt. Die kann doch so was nicht. Das ist schließlich ein ernsthafter, dramatischer Stoff.«

»Frau Ziemann kann das«, sagte ich fest. »Verlassen Sie sich darauf.« Ford machte Probeaufnahmen von der Sonny. Als ihm die Aufnahmen vorgeführt wurden, meinte er: »Ich glaube, Sie haben recht, Herr Brauner.«

Wir machten Vertrag. Sonny bekam 50 000 DM und 12,5 Prozent Beteiligung am Einspielergebnis. Ein guter Vertrag. Ihr Manager bestand außerdem darauf, daß der Film bei einem großen deutschen Verleih zum Beginn der Kinosaison, am 1. September, herauszukommen habe. Sollte ich diesen Termin nicht einhalten, wären 50 000 DM Konventionalstrafe fällig. »Einverstanden«, meinte ich und dachte mir nichts Böses dabei. Sonja ging nach Warschau und Breslau und begann mit den sich über vier Monate hinziehenden Dreharbeiten. Sie lernte dabei den Autor der Novelle »Der achte Wochentag« kennen, Marek Hlasko.

Und jetzt geschieht etwas, was in Deutschland wie eine Bombe einschlägt: Sonja Ziemann und Marek Hlasko verlieben sich unsterblich ineinander. Sonja und Marek, ein ungleicheres Paar läßt sich nicht denken: das behütete, sonnige, strahlende Kind aus dem Wirtschaftswunderland und der düstere, zornige Dichter, ein Mann, der aus dem Elend kam, Sprecher einer verratenen Generation, Hoffnung der jungen polnischen Schriftstellergarde. Hinzu kommt: sie spricht nur Deutsch und Englisch, *er* spricht nur Polnisch und Russisch.

Aber dem kleinen Gott namens Amor waren solche Dinge schon immer höchst schnuppe, wenn es galt, zwei Menschen in Liebe entflammen zu lassen, und Sonja gestand mir bei einem Besuch in Warschau: »Ich habe nie gewußt, wie wenig die Sprache bedeutet, wenn man verliebt ist!«

Wenn Sonja in den Drehpausen nach Berlin kam, dann verging kein Tag, an dem nicht ein, zwei Briefe von Marek eintrafen. Sie kam dann zu uns hinaus in den Grunewald und sagte zu meiner Frau: »Maria, bitte, übersetze.« Meine Frau übersetzte die Briefe, und Sonja diktierte ihr die Antworten, die dann auch übersetzt werden mußten. Maria war damals Deutschlands meistbeschäftigte Liebesdolmetscherin.

Der Film war inzwischen fertig geworden. Aleksander Ford war von der Sonny so begeistert, daß er mir immer wieder versicherte: »Ein Glück, daß ich damals auf Sie gehört habe. Das ist ja eine ganz große dramatische Schauspielerin, diese Ziemann.«

Genau diese Meinung vertrat auch die internationale Kritik, als der Film 1958 auf der Biennale in Venedig herauskam. Mit dieser glänzenden Publicity im Hintergrund starteten wir den Film in den ersten Septembertagen in Deutschland. Die bittersten, enttäuschendsten Erfahrungen meines Lebens sollten beginnen . . .

Sonja Ziemann verklagt mich
Grethe Weiser will mehr Geld
und Hans Moser spielt Eisenbahn

Von der Fassade des Festspielkinos in Venedig strahlte der Name Sonja Ziemann. In Leuchtschrift. Mit riesigen Lettern. Dem internationalen Publikum, das an diesem Abend in die Festspielpremiere strömte, sagte der Name wenig.

»Ziemann? Nie gehört«, war die einhellige Reaktion bei den Ausländern.

Am nächsten Tag war ihr Name in aller Munde – und die Biennale hatte ihre Sensation.

»Der achte Wochentag« war bei den verwöhnten Kritikern aus einem paar Dutzend Ländern glänzend angekommen. Über die Hauptdarstellerin schrieb die römische Tageszeitung »Messagero«: »Dieses junge deutsche Mädchen war, wie man erfuhr, bisher nur in Heimatfilmen und belanglosen Lustspielen tätig gewesen, um so verblüffender deshalb, mit welcher Meisterschaft sie den schwierigen Part der Studentin Agnieszka zu gestalten wußte. Zu registrieren blieb der Durchbruch eines starken dramatischen Talents!«

Für Sonja Ziemann bedeutete das Jahr 1958 den Start in eine neue große Karriere. Sie spielte von Stund an nur noch in anspruchsvollen Filmen wie »Hunde, wollt ihr ewig leben«, »Menschen im Hotel«, »Nacht über Gotenhafen«, »Strafbataillon 999«. Hollywoodstar Richard Widmark wurde auf sie aufmerksam und setzte sie in einem Film ein, bei dem er selbst Regie führte (»Geheime Wege«). Aus dem liebreizenden Schwarzwaldmädel entwickelte sich eine Charakterschauspielerin.

In Deutschland fand »Der achte Wochentag« ein erwartungsvolles Publikum. Um die guten Biennale-Kritiken für die Propaganda ausnützen zu können, brachten wir ihn um den 3., 4. September herum heraus. Ich freute mich schon auf das nächste Zusammentreffen mit Sonny. Sie gehörte längst zu den engsten Freunden unseres Hauses.

59

In »Frühstück im Doppelbett« liebt Lilo Pulver zwei gegensätzliche Männer: den Muskelmann Lex Barker (59) und den Intellektuellen O. W. Fischer (60).

60

61 »Mädchen hinter Gittern«, ein Stoff, der mir so gut gefiel, daß ich ihn gleich zweimal verfilmte: 1948 mit Petra Peters (61), 1965 mit Heidelinde Weis und Harald Leipnitz (62).

62

63

»Die Frühreifen«
(hier eine Szene mit
Heidi Brühl und
Christian Doermer)
. . .

. . . und »Am Tag als
der Regen kam« (mit
Elke Sommer in ih-
rer ersten Filmrolle
und Corny Collins),
zwei Filme, die von
den Problemen un-
serer Halbstarken
handelten.

64

65

Drei Filme für die Kasse, nach Stoffen von drei berühmten Autoren: Barbara Noack, Edgar Wallace, Thea von Harbou. »Italienreise — Liebe inbegriffen« mit Paul Hubschmid und Susanne Cramer (65) . . .

. . . »Der Fluch der gelben Schlange« mit Joachim Fuchsberger und Claus Holm (66) . . .

66

. . . und »Die 1000 Augen des Dr. Mabuse« mit Peter van Eyck, Dawn Addams und David Camerone (67).

67

68

Hardy Krüger (68), heute einer der wenigen deutschen Stars mit Weltruf, und Elisabeth Müller (69: in einer Szene mit Ernst Sattler), die einen kurzen Hollywoodfrühling erlebte, in »Gestehen Sie, Dr. Corda!«

69

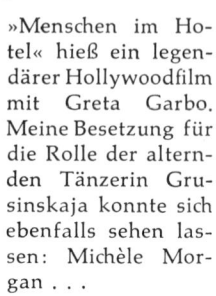

70

»Menschen im Hotel« hieß ein legendärer Hollywoodfilm mit Greta Garbo. Meine Besetzung für die Rolle der alternden Tänzerin Grusinskaja konnte sich ebenfalls sehen lassen: Michèle Morgan . . .

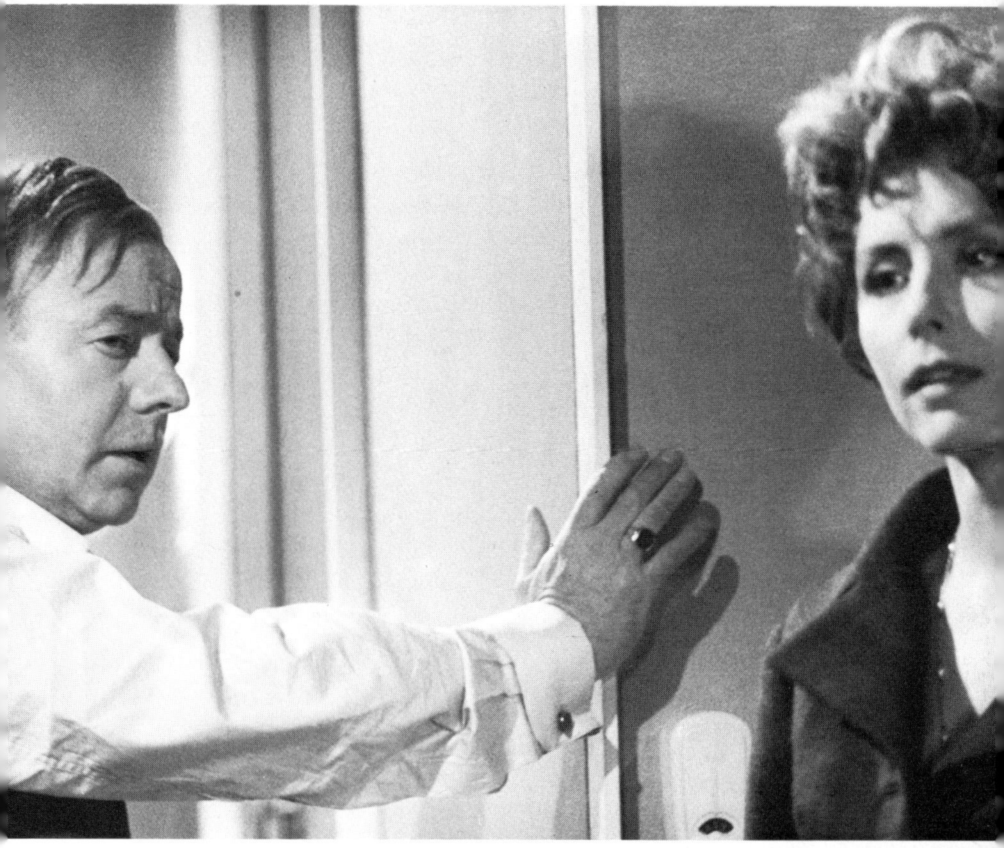

71

. . . Auch die anderen Stars
dieses Films waren mir gut
und teuer: Heinz Rühmann,
Sonja Ziemann (71) und
Gert Fröbe (72).

72

73
Die Hauptrolle in meinem großen Abenteurerfilm »Zurück aus dem Weltall« spielte Carl Möhner.

».. . und das am Montagmorgen« ist die Geschichte eines Bankbeamten, der kein Bankbeamter mehr sein will. Spielzeugeisenbahnen findet er viel lustiger als Addiermaschinen (O. W. Fischer und Vera Tschechowa).

74

Wenn sie uns besuchte, dann war jetzt selbstverständlich immer Marek Hlasko mit dabei.

Nun aber geschieht Ungeheuerliches: statt einer glückstrahlenden Sonja Ziemann, die ich in den Tagen nach der gelungenen deutschen Premiere erwarte, erscheint der Postbote mit einem Einschreibebrief. Vom Amtsgericht. Der Brief enthält eine Klageschrift. Ich werde verklagt zur Zahlung von 50 000 DM Konventionalstrafe. Laut Vertrag hätte der Film »zu Saisonbeginn, am 1. September« herauskommen müssen. Das sei aber nicht geschehen. Unter der Rubrik »Kläger« stand vermerkt »ZFP – – – Ziemann-Film-Produktion«.

Ich gucke einmal, zweimal, ein Irrtum war nicht möglich. Ich rief Sonja an. »Das ist ein Witz, Sonny, wenn auch ein schlechter. Sag mir, daß das ein Witz ist.«

»Du, Artur, besprich das bitte alles mit dem Harry. Er ist schließlich mein Manager.«

Harry Heidemann ist ihr Manager, weiß ich, aber schließlich hätte er nicht ohne ihr Einverständnis klagen können. Ich sage es ihr. Ich füge hinzu: »Wenn dein Harry solche Sachen macht, dann bremse ihn, du bist schließlich kein unmündiges Kind.«

Sie bremst ihn nicht. Die Klage nimmt ihren Lauf. Der Prozeßtermin wird anberaumt. In dieser Zeit, es waren vier Monate, habe ich keine Nacht mehr richtig schlafen können. Wenn man eine Freundschaft zerstampfen kann aus rein materiellen Gründen, aus Gründen, die noch dazu total unberechtigt sind, dann gibt es keine Freundschaft. Und außerdem: Hatte sie vergessen, wem sie den Start zu ihrer neuen Karriere verdankte? Ich war enttäuscht, verbittert, glaubte an nichts mehr. Wie der Prozeß dann ausging, hat mich im Grunde gar nicht mehr interessiert. Frau Ziemann verlor ihn mit Pauken und Trompeten . . .

Wir haben trotz dieser leidigen Geschichte später noch gelegentlich miteinander gefilmt. Aber das altvertraute Verhältnis stellte sich nicht wieder ein. Ich konnte einfach nicht vergessen.

Im Sommer 1973 flog ich nach Tel Aviv, zu den Dreharbeiten meines Korczak-Films. Auf dem Flugplatz in Frankfurt traf ich Sonja Ziemann. Sie hatte dasselbe Reiseziel wie ich. Wie zufällig setzten wir uns im Flugzeug nebeneinander. Das Gespräch kam auf die alten Zeiten. Und lange bevor die Küste Israels in Sicht kam, waren wir wieder versöhnt. Warum soll man ewig nachtragen! Noch dazu einer Frau, die soviel hatte durchmachen müssen wie Sonja.

Ihre Ehe mit dem Strumpffabrikanten Hambach ging in die Brüche. Sie verlor Harry Heidemann, ihren Manager und Freund, durch einen Flugzeugunfall. Marek Hlasko, die große Liebe ihres Lebens, er wurde eines Morgens tot in seinem Zimmer aufgefunden. Krank vor Sehnsucht nach seiner Heimat Polen, zerrissen von Haß und Liebe, zerrüttet durch Trunk und Tabletten, war er ein Mann, dem auf Erden nicht zu helfen war. Wenige Monate später starb Sonjas Sohn Pierre, mit dem sie besonders innig verbunden war. Es geschah kurz vor seinem 17. Geburtstag, und die Todesnachricht wurde der Mutter übermittelt, als sie nach einer Theatervorstellung in ihre Garderobe zurückkehrte.

Wenn Sonja Ziemann in Berlin ist, führt sie ihr Weg zuerst zum Friedhof. Sie schmückt das Grab ihres Sohnes. Ich glaube, daß sie einen erheblichen Teil ihrer Theatergagen für diesen Blumenschmuck ausgibt. Manchmal besucht sie uns nachher. Dann dreht sich unsere Unterhaltung nur um einen Themenkreis: Gibt es ein Wiedersehen nach dem Tode? Kann man mit den Toten in Verbindung treten? Sonja glaubt daran. Und dieser Glaube ist es nicht zuletzt, der ihr dieses Leben noch als lebenswert erscheinen läßt.

Wissen Sie, was ich mache, wenn ich einmal ganz deprimiert bin? So richtig down, mißmutig, an mir selbst und an der Welt verzweifelnd? Dann gehe ich ins Kino. Und zwar in mein eigenes. Es liegt ja unter meinem Arbeitszimmer. Ich habe es also nicht weit. Außerdem habe ich stets ein dankbares Publikum um mich herum: meine Kinder und deren Freunde. Die wittern es förmlich, wenn da unten ein Film läuft, und schon schwirren sie herbei wie die Wespen angesichts eines Streuselkuchens. Meine Filme sind für meine Kinder immer noch schöner als das schönste Fernsehen – Gott sei Dank.

Grethe Weiser gehört dabei zu unseren Favoriten. Über die können wir uns heute noch scheckig lachen. Sie war eine der ganz wenigen Schauspielerinnen, die so komisch waren, daß das Kinopublikum bereits bei der Nennung ihres Namens zu lachen anfing. Und ich habe nie wieder so viele Menschen weinen sehen, als man sie auf dem Zehlendorfer Waldfriedhof zu Grabe trug.

»Braunerchen«, hat sie einmal zu mir gesagt, »ick liebe mein Publikum, und zwar ehrlich, nich' nur so aus Berechnung wie so viele andere. Und glauben Sie mir, das merken die Leute, die sind ja nich' doof.«

Sie fühlte sich als Berlinerin, die Grethe. Obwohl sie gar keine echte war, sondern nur »eine jelernte«. Sie war »an der Leine aufgewachsen«, in Hannover, wie sie gern kalauerte, und in Dresden groß geworden. Ihr größtes Glück war es, wenn die Berliner sie auf der Straße ansprachen, um ihr den neuesten Witz zu erzählen. Den bekam ich dann immer lebendfrisch serviert.

»Braunerchen, kennen Sie den? Hab' ich grade von einem Taxichauffeur. Also passen Sie auf: Kommt ein Westdeutscher nach Berlin, kauft sich bei einem Wurstmaxen am Kudamm 'ne Bockwurst, beißt rein, schreit ›Aua!!‹ Was ist los? Er hat auf 'ne Schraube gebissen. In stummer Anklage hält er dem Wurstmaxen die Schraube hin. Sagt der nach einem kurzen Blick . . ., also er sagt . . .« Kurz vor der Pointe fing die Grethe meist fürchterlich an zu lachen und konnte nicht weitersprechen. »Also der sagt: ›Ja, mein Herr, da könn' Se ma' wieder sehn, wie die Maschine überall det Pferd vadrängt.‹«

Selbst wenn der Witz auf ihre eigenen Kosten ging, pflegte sie ihn weiterzuerzählen. Einmal kam sie nach Spandau zu spät ins Atelier. Sie hatte Ärger gehabt mit ihrem Wagen. Wollte in eine Nebenstraße einbiegen, obwohl gar keine da war. Dabei hatte sie einem anderen Auto eine Beule beigebracht.

»Wissen Sie, was der mir nachgerufen hat, Braunerchen?« Sie war noch etwas blaß von dem kleinen Zwischenfall, fing aber gleich wieder an zu kichern. »›Si ham wohl 'n Sprung im Triesel, Fräulein!‹ Hat er gerufen.«

So lustig sie privat sein konnte, so unnachgiebig war sie, wenn es um »die Mäuse« ging, wie sie das Geld nannte. Manchmal habe ich gestöhnt und gesagt: »Grethe, 60 000, ein stolzer Preis! Dabei ist es doch nur eine Nebenrolle, höchstens acht bis zehn Drehtage. Was soll denn da der Hauptdarsteller kriegen?«

»Das ist Ihr Bier, Herr Brauner. Was mein Bier betrifft, so weiß ich, was ich kann. Ich bin gut, ich leiste was, ich bringe die Leute ins Kino. Das wissen Sie genausogut wie ich.«

Natürlich wußte ich es. Wie alle anderen Produzenten auch. Wer die Grethe für einen Lustspielfilm nicht bekommen konnte, wartete solange, bis sie frei war. Denn ohne sie mußte man mit fünfundzwanzig bis dreißig Prozent weniger Zuschauern rechnen. Auf diese Weise spielte sie in manchem Jahr sechs, sieben, acht Filme hintereinander. Die Rollen wurden ihr auf den Leib geschrieben. Sie ging dann das fertige Drehbuch mit uns durch und machte Verbesserungsvorschläge, die wir todernst nahmen. Sie hatte nämlich ein untrügliches Gefühl für das, was ankam.

»Nee«, sagte sie in solchen Fällen, »das hier gibt im Leben keinen Lacher. Und wenn ihr die Leute vorher kitzelt. Ich kenn' doch mein Publikum, die sind von mir verwöhnt.«

Und schon wurde die Passage umgeschrieben. Kritischer wurde es, wenn sie mit anderen Komikern zu spielen hatte. Mit Georg Thomalla zum Beispiel oder Ruth Stephan. Da versuchte sie, die besten Szenen für sich zu reservieren. Aber das war ganz natürlich. Jeder Schauspieler wird immer bemüht sein, sich die dicksten Rosinen aus dem Kuchen herauszupicken. Ich erwähnte das bereits im Zusammenhang mit unseren großen Liebespaaren Schell/Fischer, Leuwerik/Borsche, Ziemann/Prack. So was gehört einfach zum Selbsterhaltungstrieb. Bei Komikern ist er besonders stark entwickelt. Wenn bei sogenannten ernsten Darstellern die Leute schweigen, dann kann das Erschütterung sein. Wenn sie bei Komikern schweigen, sind sie bestimmt nicht erschüttert. Eher gelangweilt. Und deshalb sind die Spaßmacher so sehr angewiesen auf ihre diversen »Lacher«.

Grethe Weiser war auch im Leben eine lustige Person. Hans Moser überhaupt nicht. Er war eher melancholisch, raunzte viel, wie auf wienerisch das Wort »meckern« heißt, und manchmal konnte es ihm auch gar keiner recht machen. Eines jedoch hatte er mit der Weiser gemeinsam: er war, sagen wir mal, ein bißchen knickrig.

Es gibt Schauspieler, die in ihren fetten Jahren genauso fett leben und für die hohe Kante nur einen verächtlichen Blick übrig haben. So war Gretl Theimer, umschwärmter Ufa-Star, die ihre letzten Lebensjahre als Bonbonverkäuferin fristete. An weiteren Beispielen mangelt es nicht. Dann gibt es Schauspieler, die an etwas leiden, was der Psychiater »Verarmungsangst« nennt. Sie leben ständig in Erwartung irgendwelcher Katastrophen und tragen Groschen auf Groschen in ihren Bau wie der Hamster die Weizenkörner. Unsere Zeit hat ihnen, leider, oft recht gegeben . . .

Dabei hatte der Moser gar nichts zu fürchten. Denn er hatte Blanca. Blanca hieß seine Frau, und sie war, wie 4711, immer dabei. Bei Vertragsabschlüssen, bei Vorschußzahlungen, bei Drehbeginn und bei Drehschluß. Ich möchte schwören, daß sie jetzt im Himmel neben ihm auf einer Wolke sitzt und ihm die Harfe stimmt. Selbstverständlich hat sie die Gage vorher mit dem Herrgott ausgehandelt.

1953 war es mir gelungen, Hans Moser für den Film »Der Onkel aus Amerika« zu engagieren, und es war mir von vornherein klar, daß ich auch Frau Mosers Spesen übernehmen mußte. Ein Moser ohne Blanca war ein halber Moser, und das konnte für niemanden gut sein. Etwas erstaunter war ich, als er mich kurz nach seiner Ankunft in Berlin fragte: »Und was ist mit meiner Eisenbahn?« Er bemerkte mein verblüfftes Gesicht, fuchtelte mit seinen kurzen Armen und nuschelte: »Die Bahn, ich will eine Eisenbahn haben, eine elektrische, das wissen Sie doch, oder wollen Sie behaupten, daß Sie . . .«

»Herr Moser, also . . .«, stammelte ich verwirrt.

»Wenn ich die Bahn nicht, äh, kriege, dann . . ., äh, gibt's keinen Film, nicht wahr?«

»Herr Moser, ich bin selbstverständlich bereit, Ihnen eine Eisenbahn zu kaufen.«

»Na, dann ist ja gut, ist es ja dann.« Er war sofort besänftigt, rief mir aber noch nach: »Aber nicht die billigste, bittschön, keinen Murks, es soll schon was taugen, und mit Akkumulatorentriebwagen, bittschön, Kreuzungsweichen, Drehscheiben, Vorsignalbalken und . . ., und Flügelschienen natürlich auch.«

Ich ging in das teuerste Spielwarengeschäft am Kurfürstendamm, kaufte für 3500 DM eine elektrische Eisenbahnanlage und ließ sie Hans Moser ins Hotel schicken. Als ich am anderen Morgen ins Atelier kam, traute ich meinen Augen nicht: Moser saß auf dem Fußboden seiner Garderobe, trug die Mütze eines Fahrdienstleiters und baute sein Bähnle auf.

Heiliger Strohsack! dachte ich, will er hier tatsächlich Eisenbahn spielen? Schließlich ist er schon 73.

Er wollte, hatte es schon immer gewollt, nur sein Geiz hatte ihn bis dato daran gehindert, sich selbst eine Huschbahn zu kaufen. Die Schienen begannen den Raum zu überwuchern wie Efeu. Wir mußten eine zweite Garderobe zur Verfügung stellen. In jeder drehfreien Stunde ließ er seine Züge fahren, bediente Stellwerke, Signalanlagen und rechnete die Anschlüsse aus. Wenn der Regisseur ihn brauchte, pflegte der Aufnahmeleiter nach einem Besuch in Mosers Garderobe zu melden: »Sie möchten noch einen Moment warten, der D 112 ist gleich durch, und Kohle gebunkert ist auch schon.«

Eines Tages erschien Frau Blanca Moser bei mir im Büro. Sie war völlig aufgelöst und sagte: »Herr Brauner, Sie sind schuld daran, wenn unsere Ehe kaputt geht. Sie haben ihm die verflixte Eisenbahn geschenkt, und jetzt kennt er nur noch seine Loks und seine Waggons, und mich hat er völlig vergessen und . . .« Sie fing an zu schluchzen. »Neulich ist er sogar sonntags raus in seine Garderobe. Zum Spielen, Herr Brauner, zum Spielen! Nehmen Sie ihm die Eisenbahn wieder weg, oder ich zerschlage sie.«

Hier war guter Rat teuer. Wenn ich ihm die Bahn wegnahm, würde er den Film abbrechen. So viel stand fest. Wir berieten hin und her, und schließlich kam uns ein genialer Einfall. Der Henry, mein Ältester, damals sechs oder sieben Jahre alt, hatte öfters mit dem Onkel Moser zusammen gespielt (als Schrankenwärter), und so gingen wir also hin und Blanca sagte: »Du, Hansl, der kleine Brauner möcht' so gern die Eisenbahn haben. Willst du sie ihm nicht schenken? Es sind doch eh nur noch ein paar Drehtage. Und mitnehmen können wir sie ja doch nicht.«

Moser sah sie mit einem unaussprechlichen Blick an. Er strich mit der Hand zärtlich über einen Kühlwagen. Er rang mit sich. In diesem Moment ließen wir Henry herein.

»Onkel Moser, ich habe gehört, du schenkst mir die Eisenbahn«, jubelte er.

»Ja, also, wenn du . . . äh, wenn du sie willst, mein Bub, dann, nun ja . . .« Er streichelte meinem Sohn die Wangen, dann wandte er sich mit einem Ruck um und zischte mir zu: »Aber Sie, Sie schenken mir dafür eine Uhr, eine goldene, mit Datum und . . ., und Automatik, bittschön.«

Und seitdem steht in unserem Keller eine große elektrische Eisenbahn, die wir die »Moserbahn« nennen . . .

Ich habe es oft erlebt, daß nicht die Gage allein darüber entschied, ob man von einem Topstar die Vertragsunterschrift bekam oder nicht. Die wirklich großen Leute beim Film verdienten soviel Geld, bekamen solche astronomischen Angebote, daß es dann letztlich irgendwelche scheinbaren Nebensächlichkeiten waren, die über ihre Zusage entschieden.

Die Partnerfrage zum Beispiel spielte eine Rolle. Mit wem spiele ich? Es gibt in der Branche klassisch verkrachte Schauspieler, die einfach nicht miteinander können. Sie verabscheuen sich gründlich, und wenn X hört, daß Y mitspielt, schlägt er (oder sie) drei Kreuze und sagt: »Niemals!« Da hilft dann auch kein Hinweis darauf, wie fabelhaft der Regisseur ist, wie glänzend das Drehbuch und wie immens teuer der Film.

Bei anderen war es die Höhe der Tagesdiäten. Männer wie Omar Sharif, Orson Welles, James Mason, Stephen Boyd, die alle bei mir gespielt haben, waren an 1000 Dollar pro Woche gewöhnt. Sie wollten leben wie Herrgott in Frankreich. Auf meine Kosten. Und auf Kosten der Steuer – denn Spesen mußten ja nicht versteuert werden. Das waren damals 4200 DM pro Woche, 600 DM pro Tag, und Ende der fünfziger, Anfang der sechziger Jahre mußte man sich noch ganz schön anstrengen, um so viel Geld nur für Wohnen, Essen, Vergnügen auszugeben.

Der Drehort war auch wichtig für das Ja oder Nein zum Vertrag. Selbstverständlich drehten sie alle lieber in Hongkong oder Rio als in Przemysl oder Bitterfeld. Sie arbeiteten aber auch sehr gern in Berlin! Unsere Stadt, in der man bekanntlich Haare auf den Zähnen haben muß, um sich über Wasser zu halten, übte zu dieser Zeit eine starke Anziehungskraft aus. Bei vielen galt sie als der interessanteste Platz der Welt mit einer einmaligen Atmosphäre.

Neulich war ich in Rom zu Verhandlungen über eine Coproduktion. Auf der Piazza Navona lief ich Omar Sharif in die Arme. Er verschleppte mich in eine Bar und fing an, von Berlin zu schwärmen. Ich war richtig gerührt, weil ich spürte, daß hier nicht das übliche Schauspieler-Blabla gedroschen wurde.

»Eine Million zahlen die mir jetzt für einen Film«, sagte er. »Ich kann mir praktisch alles kaufen. Was ich mir aber nicht kaufen kann, das sind die Abende, die wir zusammen in Berlin verbracht haben. Himmel, diese Berliner und deine Leute, Artur, Menschen waren das, richtige Menschen.«

»Rom«, wandte ich ein, »ist ja auch nicht so übel.«

Er winkte mit einer Handbewegung ab. »Hier laden sie dich entweder zum Essen ein, die Küche ist gut, aber verdammt einseitig, und sie hängt dir bald bis hierher, oder du gehst zu irgend 'ner Party, und da bist du eins-zwei-drei mitten drin in 'ner Orgie. Nein, nichts für mich!«

Und er fragte mich, ob es die »Troika« noch gibt in Berlin, die »Mazurka«, und die wundervolle russische Sängerin und diesen göttlichen Zimbalspieler und das kesse Blumenmädchen und den Garderobier mit seinen duften Witzen. Zum Schluß hatte er richtig feuchte Augen vor lauter Heimweh nach 'n Kurfürstendamm.

»Weißt du noch, wie wir mit James Mason in der ›Troika‹ waren, und die Frau Mason, die doch so ganz auf steif machte, englische Lady, upper class, vornehm-vornehm, wie die plötzlich auf die Pauke haute. Dabei hatte sie gar nichts getrunken. Die war einfach von der Luft besoffen. Wie wir alle.«

Einen Schauspieler gibt es allerdings, der an Berlin weniger gute Erinnerungen hat. Dabei war er auch zu einer Party bei mir eingeladen. Er heißt Cary Grant . . .

Der hatte eines Tages aus Los Angeles bei mir angerufen und gesagt: »Ich komme zur Berlinale, Mr. Brauner, und würde Sie gern sehen.«

Ich sagte, er sei selbstverständlich mein Ehrengast, und bereitete eine Party für ihn vor. Schließlich weiß man, was man Hollywoods »grand old man« schuldig ist. In Berlin wimmelte es gerade von Prominenz, und so war es nicht schwer, eine illustre Gesellschaft zusammenzukriegen. De Sica war dabei, Kirk Douglas, Harald Lloyd, Lilli Palmer,

Gustav Knuth, Peter van Eyck, Ruth Leuwerik, Dany Robin, der Präsident der amerikanischen Produzentenvereinigung, ein Mr. Johnson, und noch einige andere interessante Leute.

Gegen acht Uhr waren sie alle bei uns eingetrudelt. Wer nicht kam, war Mr. Grant. Ich telefonierte mit seinem Hotel, mit dem Flugplatz – keine Nachricht. Schließlich gingen wir zu Tisch. Zwischen Hummer à la américaine und Fasan klingelte das Telefon.

»Mr. Brauner? Hier ist Grant. Ich bin in Paris steckengeblieben. Die streiken hier. Was nun?«

Ich telefonierte mit dem US-Hauptquartier in Berlin und bat um Hilfe.

»Sagen Sie ihm, er soll die Postmaschine der Airforce um zwanzig Uhr nehmen. Wir informieren unsere Leute in Le Bourget.« Die Amis waren die Hilfsbereitschaft selbst.

Ich rief wieder in Paris an und ließ mir meinen Ehrengast geben. »Wir kriegen Sie als Eilpaket«, sagte ich und informierte ihn über die Lage.

»Fein«, meinte Grant, »aber laßt noch was vom Kaviar übrig. Hier streikt nämlich auch das Restaurant. Habe einen Mordshunger.«

Es wurde zehn, halbelf, elf, schließlich schlug es Mitternacht. Die Telefondrähte glühten. Die Postmaschine war in Paris gestartet, wieder gelandet, noch einmal gestartet, aber anscheinend nirgendwo angekommen. Zumindest nicht in Berlin-Tempelhof. Gegen ein Uhr gingen meine Gäste. Dieser Grant, der kam ja doch nicht, weiß der Teufel, wo der sich rumtrieb.

Ich fuhr mit in die City, wo wir alle noch zu einem Nightcup in der »Troika« landeten.

Am anderen Morgen kam Hedwig zu mir, unsere Perle aus dem schönen Oberschlesien. Sie führte den Haushalt, war treu wie Gold und jederzeit bereit, sich für uns zerreißen zu lassen. In ihrem zu Herzen gehenden Dialekt sagte sie zu mir: »Is jestern gekomm' und waren Sie jerade wech, noch so ein Mänsch, der wo hat reingewollt, hab' ihm aber nicht gelassen. Da hat er geprillt, ich bin der Herr Gant oder Kant, und daß er wird erwartet.«

Mir blieb die Frühstückssemmel im Halse stecken. »Weiter«, sagte ich heiser, »erzählen Sie weiter.«

»Und wenn Sie der Kaiser von China sind, hab' ich zurückgeprillt, Se komm' hier nicht mehr rein und sind meine Herrschaften auch gar nicht anwesend. Da hat er gemeint, ich soll ihm wenigstens etwas näher kommen lassen, durch dem Garten, damit daß ich sehe, wer er ist und so.«

»Haben Sie ihn – näherkommen lassen, Hedwig?« fragte ich matt.

»Hab' ich nich, hab' ich gesagt: ›Se wollen mir bloß verjewaltijen, die Sperenzchen kenn' ich von frieher. Da war auch mal so einer in meine Heimat in Kattowitz, Franzek hieß er, der wollte partout . . .‹«

Ich raste ins »Hilton« und ließ mich bei Cary Grant melden. Ich stammelte Entschuldigungen. Er schnitt mir gleich das Wort ab. »Was, Mr. Brauner, hat es doch gestern bei Ihnen gegeben?«

»Kaviar, Fasan, Hummer, weiße Trüffel, Lachs, Rentierschinken«, sagte ich wahrheitsgemäß.

Er reichte mir den Telefonhörer. »Bitte bestellen Sie. Ich habe zwar schon gefrühstückt, aber ein paar solche Kleinigkeiten schaff' ich schon noch.«

Beim Dessert meinte er dann: »Ihre Hedwig, ich glaube, das ist die einzige Frau auf der ganzen Welt, auf die Cary Grant keinen Eindruck gemacht hat . . .«

Und er goß sich noch was Champagner nach, Veuve Cliquot, Jahrgang 49, brut. Auf meine Kosten . . .

Fritz Lang kehrt zurück und Brigitte Bardot trägt dick auf

Wie gern würde ich heute einem Schauspieler von der Größenordnung eines Cary Grant Champagner spendieren. Doch momentan sieht es damit schlecht aus in Berlin. Es werden nur noch sehr wenig Filme produziert. Auch in meinen »heiligen Hallen« herrscht Ruhe. Auf der Berlinale ist ausländische Prominenz Mangelware. Die Filmbörse ist verwaist. Nichts geht mehr so recht.

Berlin war in den zwanziger Jahren die große Filmmetropole, von der die ganze Welt profitierte. Leute wie Ernst Lubitsch, Billy Wilder, Robert Siodmak, Joe May, Erich Pommer, Fritz Lang, um nur einige zu nennen, sie alle haben ihr Handwerk an der Spree gelernt. Was wäre aus Hollywood geworden ohne diese »Berliner«?

Nach 1945 haben wir versucht, an diese Tradition wieder anzuknüpfen. Das war unendlich schwer. Die Ateliers lagen in Trümmern. Die Großen, die Berlin freiwillig oder unfreiwillig verließen, hatten verständlicherweise keine Lust, sofort wieder zurückzukommen. Millionen Deutsche waren gestorben. Wieviele ›kommende‹ Regisseure mögen darunter gewesen sein? Wieviele Schauspieler, die zu Großem berufen waren? Wieviele Produzenten, Kameramänner, Kostümbildner, Filmarchitekten, die eine große Karriere vor sich gehabt hätten? Auch das muß man sich einmal überlegen.

Es war uns trotzdem gelungen, die Filmindustrie wieder auf die Beine zu bringen. Gewiß, an die Weltgeltung, die der deutsche Film einst hatte, konnten wir nicht mehr anknüpfen. Aber es entstanden doch eine große Anzahl guter Unterhaltungsfilme, bei denen das Publikum lachen konnte oder weinen oder beides abwechselnd. Eine stattliche Anzahl von ihnen trug das Firmenzeichen CCC: »Anastasia« (Lilli Palmer), »Die Privatsekretärin« (Sonja Ziemann, Rudolf Prack), »Die Ratten« (Maria Schell, Curd Jürgens), »Menschen im Hotel« (O. W. Fischer, Heinz Rühmann, Gert Fröbe, Michèle Morgan, Sonja

Ziemann), »Vor Sonnenuntergang« (Hans Albers, Martin Held), »Teufel in Seide« (Curd Jürgens, Lilli Palmer), »Der brave Soldat Schwejk« (Heinz Rühmann), »Es muß nicht immer Kaviar sein«, (O. W. Fischer, Senta Berger), »Old Shatterhand« (Lex Barker, Pierre Brice), »Es geschah am hellichten Tag« (Heinz Rühmann, Gert Fröbe), »Mädchen in Uniform« (Lilli Palmer, Romy Schneider).

1960 produzierte ich dreizehn Filme, die zusammen 18 Millionen DM kosteten. 1961 waren es fünfzehn mit 20 Millionen Mark Herstellungskosten. 1962 sank diese Zahl auf weniger als die Hälfte: das Fernsehen hatte seinen Siegeszug angetreten. Der unscheinbare Kasten mit seinem kleinen Bild, oft verlacht, viel bespöttelt, hatte sich stärker erwiesen als die breiteste Leinwand. Es war ja so herrlich bequem, dieses Heimkino, bei dem man die Pantoffeln anbehalten konnte, das Flaschenbier immer griffbereit stand, die Crackers, die Salzstangen, auch rauchen durfte man, und ganz laut schimpfen, wenn einem was nicht gefiel.

Das große Sterben setzte ein. In den einstmals so geliebten Kintöppen machten sich Supermärkte breit oder Bowlingbahnen oder, noch schlimmer, Banken und Sparkassen. Die Zahl der »Lichtspieltheater«, wie sie offiziell heißen, schmolz dahin wie Butter unter der Sonne. 1959 waren es über 7000, zehn Jahre später existierten nur noch 3700. Von 119 Produktionsfirmen, die sich nach dem Krieg in Berlin auftaten, blieb noch eine Firma übrig: die Central Cinema Company, genannt CCC, mein Laden!

Ich weiß, manche Leute, darunter viele Filmkritiker, geben nicht so sehr dem Fernsehen die Schuld am Untergang des deutschen Films, sondern uns, den Produzenten.

»Die Filmproduzenten«, so sagen sie, »waren es, die in den fetten Jahren nicht an die Zukunft gedacht haben. Sie haben ihr Geld in Hochhäuser und Schiffe gesteckt, anstatt in neue Projekte.«

Dazu möchte ich sagen: »Gott sei gelobt, daß ich das getan habe, denn wenn ich es nicht getan hätte, wäre ich heute so schlecht situiert wie ein Kritiker und müßte vielleicht selbst Kritiken schreiben, um ein Ventil zu finden.«

Doch Zynismus beiseite, der liegt mir ohnehin nicht. Schließlich sind Kritiker auch Menschen (allerdings solche, die mir manches Leid zugefügt haben). Nur soviel zu dem Vorwurf: Die Summen, die ich abgezweigt, sozusagen zweckentfremdet habe, für Immobilien etcetera (jetzt komme ich mir beinahe vor wie ein Defraudant, dabei handelt es sich doch um mein eigenes sauer verdientes Geld!), diese Summe haben meinen Filmen nie gefehlt, jedenfalls wären diese nicht besser geworden, wenn ich sie doppelt so teuer gemacht hätte.

Als Fachmann weiß man, daß es Projekte gibt, bei denen es absolut keinen Sinn hat, auch nur eine müde Mark mehr zu investieren. Bei Heimatfilmen zum Beispiel steht ziemlich genau fest, wieviel Geld sie maximal einspielen, weil man das Publikum kennt, die ungefähre Zahl derer, die in solche Filme gehen. Wenn man also, sagen wir, statt 900000 DM Eigenanteil 1,2 Millionen investiert, so kann man die Zulage getrost in den Schornstein schreiben: mit den dreimal Hunderttausend lockt man auch nicht einen Zuschauer mehr weg vom warmen Fernsehapparat.

Und was die aufwendigen Filme betrifft, die ich produziert habe, so finde ich im nachhinein, daß sie viel *zu* aufwendig waren. Filme wie »Old Shatterhand«, »Menschen im Hotel«, »Mädchen in Uniform«, die ihre zwei, drei, vier Millionen gekostet haben, hätte man getrost in kleinerem Rahmen herstellen sollen, an ihrem Erfolg oder Nicht-Erfolg hätte das wenig geändert. Oder nehmen Sie die »Nibelungen« mit 5,5 Millionen Produktionskosten oder »Kampf um Rom« mit runden 8 Millionen: das ist doch ein Wahnsinn, ich hätte lieber die Hälfte dafür ausgeben sollen, dann wäre ich erstens nicht beinahe daran kaputt gegangen (worüber noch zu reden sein wird und woran Maria, die beste Ehefrau der Welt, »schuld« war), und zweitens wären auch nicht weniger Zuschauer gekommen. Aber nein, damals mußten es eben 6000 Pferde sein, mit denen die Statisten herumtrabten und den Staub aufwirbelten, und nicht 3000. Als wenn ein paar tausend Gäule mehr oder weniger einen Unterschied gemacht hätten, will sagen, am Geld allein liegt es nicht, ob ein Film die Kassen klingeln läßt oder nicht.

Aber woran liegt es dann? Es liegt an den erstklassigen Regisseuren und an den Autoren von Rang. Beides hatten wir nicht (und haben wir noch immer nicht). Wir hatten keinen Billy Wilder, keinen John Ford, keinen Hitchcock, keine Rossellini, Visconti, Fellini, Antonioni,

Pasolini und auch keinen Louis Malle, keinen Chabrol, keinen Truffaut, keinen Godard, keinen Lelouch, keinen Bergman, keinen Buñuel. Von den Namen der Drehbuchschreiber ganz zu schweigen. Bei einem kinematographisch so begabten Volk wie dem deutschen ist das eigentlich mehr als erstaunlich, aber letztlich erklärlich durch die »herrlichen Zeiten«, die alles andere waren als herrlich. Die Epoche zwischen 1933 und 1945 war nicht dazu angetan, einer Begabung zum Blühen zu verhelfen. Ein Talent braucht Befruchtung von außen, die Zollfreiheit der Gedanken, den internationalen Markt des Geistes. Alles das war, aus den bekannten Gründen, »tausend« Jahre lang nicht möglich, und dieses staatlich verordnete kulturelle Vakuum war es letzlich, an dem wir nach 1945 noch krankten. Von dem großen Aderlaß des Jahres 1933 sprachen wir schon und von den Kriegsverlusten ebenfalls. Die große Epoche des deutschen Films, die Zwanziger Jahre, von der die ganze Welt gezehrt hatte, war nur noch Vergangenheit. Sie ließ sich nicht künstlich wiederbeleben. Dazu fehlten uns einfach die Persönlichkeiten, und ein Wolfgang Staudte, ein Helmut Käutner, ein Erich Engel machten noch keinen Frühling.

Man konnte natürlich die Geister von einst beschwören, die Männer wieder zurückholen, die Deutschland in jenen Tagen freiwillig oder unfreiwillig hatten verlassen müssen. Ich habe diesen Weg einmal beschritten, als es mir gelang, Fritz Lang für einige CCC-Filme zu gewinnen.

Lang hatte zu jenen Filmleuten gehört, die nicht gegangen wurden, sondern aus Protest und Abscheu selbst gegangen waren. Goebbels hatte sogar versucht, ihn zurückzuhalten, indem er ihm ein phantastisches Angebot machte: Lang sollte Chef der gesamten deutschen Filmproduktion werden. Eine Art Reichsfilm-Intendant. Daß der Fritz nicht lupenrein »arisch« war, darüber wollte man in diesem besonders gelagerten Fall (»Wer Jude ist, bestimme ich«) großzügig hinwegsehen. Fritz Lang jedoch erschien nicht, wie vorgesehen, am nächsten Tag im Propagandaministerium, um sein Jawort zu geben, sondern am Schalter des Bahnhofs Friedrichstraße und buchte ein Schlafwagenabteil nach Paris. Goebbels, der Schrumpfgermane, der die Langschen Übergermanen, die »Nibelungen«, so bewundert hatte, tobte, aber bis nach Frankreich reichte sein Arm (noch) nicht.

Fritz Lang erschien an einem Sommertag des Jahres 1957 in Berlin, um die Vorbereitungen für den »Tiger von Eschnapur« zu treffen. Es ging dabei um ein sogenanntes Remake, etwas, das es schon einmal gegeben hatte und das nun noch einmal gemacht werden sollte, weil es so erfolgreich gewesen war. Ich fuhr nach Tempelhof zum Flugplatz, um den berühmten Mann gebührend zu empfangen. Das Herz klopfte mir bis zum Hals, und ich war aufgeregt wie ein Primaner vor dem ersten Tanzstundenball. Für einen Filmproduzenten, der seinen Regisseur erwartet, eine etwas ungewöhnliche Reaktion, doch an diesem Tag sollte sich für mich ein Jugendtraum erfüllen, eigentlich schon beinahe ein Trauma . . .

Während ich zum Flugplatz fuhr, lief Lodz über die Leinwand meiner Erinnerung. In Lodz – das durch einen Schlager zu später Popularität gelangte, weil irgendjemand mit einem gewissen Theeeee-oooo dorthin fahren will – verbrachte ich die Abende meiner Jugendtage fast ausschließlich im Kino. Ich befand mich in einem wahren Flimmerrausch, der mich bei Einbruch der Dunkelheit vor Erregung frösteln ließ. Mit Hilfe immer abenteuerlicher werdender Ausreden, manchmal auch mit Hilfe einer aus Mutters Wäscheleine gebastelten Strickleiter, gelang es mir, von zu Hause wegzukommen.

Bald darauf saß ich, eingehüllt in jenen wohligen Mief, in dieser anheimelnden Dunkelheit, die einem nur der gute alte Kintopp vermitteln konnte, und knisterte erwartungsvoll mit meinem Bonbonpapier. Während der Vorstellung schritt gelegentlich der Besitzer, ein würdiger Herr mit Vollbart, durch die Reihen und sprühte aus einer Art Flitspritze Veilchendüfte in die Finsternis. Zwecks Verbesserung der Luft. Was jedesmal ein wohliges »Aaaaahhhh« zur Folge hatte und laute Rufe wie »Hier auch mal!«

»Casino«, »Corso«, »Amore«, »Grand Palast«, »Luna« (wo nur deutsche Filme gespielt wurden) hießen meine Kinos. Meine Stars waren die Westernhelden Gary Cooper und Tom Mix, Johnny Weissmüller mit dem markerschütternden Tarzanschrei und, merkwürdigerweise, Willy Fritsch, denn normalerweise sahen wir Jungens verächtlich auf alle Leute herab, die Frauen mit schönen Worten erobern wollten, statt mit dem rauchenden Colt.

Viele Filme sah ich mir zwei-, dreimal an, einige ein halbes dutzendmal. Von »Rasputin« (mit Carl Ludwig Diehl und Conrad Veidt) konnte ich den Dialog vom Anfang bis zum Ende auswendig aufsagen, was ich zum Entsetzen meiner Familie häufig tat, und »Schmutziges Geld« (mit Heinrich George und Anna May Wong), noch stumm, war mir so geläufig, daß ich jede Szene nachspielen konnte, einschließlich der damals berühmten Messerwerfer-Szene.

Einen Film gab es jedoch, den ich mir genau dreiundzwanzigmal angesehen habe, er hieß »Dr. Mabuse, der Spieler« und hatte zwei Teile. Es war der erste wirkliche Gangsterfilm, garniert mit jenen Delikatessen, die seitdem für jeden Streifen dieses Genres typisch sind: dem Rattern der Maschinenwaffen, den Autos als Mordwerkzeugen, den durch die Nacht jagenden D-Zügen, den Zeugen, die auf geheimnisvolle Art sterben, und so fort. Heute eine Selbstverständlichkeit, damals eine ungeheuerliche, ja geradezu polizeiwidrige Sensation, und wer von den Familienvätern in Lodz etwas auf sich hielt, pflegte seine Söhne während der Laufzeit des Filmes einzusperren, um sie vor der Welt des Supergangsters, des Überverbrechers Mabuse mit den tausend Gesichtern, zu bewahren. Aber ich hatte ja meine Strickleiter!

Der Mann, der diesen Film geschaffen hatte, war Fritz Lang. Einmal erwischte ich eine Filmzeitschrift, in der er abgebildet war: Ich sah einen Herrn mit scharf geschnittenem Gesicht, schwarzer Fliege, Frack, dem blitzenden Monokel im linken Auge, genauso hätte Mabuse persönlich aussehen können. Ich schnitt ihn aus und hängte ihn über mein Bett, direkt zwischen Tarzan und Buffalo Bill, was ein absoluter Ehrenplatz war.

Und so kam es, daß ich in meinen Wachträumen entweder als Sheriff Viehräubern nachjagte, mich als Affenmensch von Baum zu Baum schwang oder als Producer meinem Regisseur Fritz Lang eine Brasil anbot und dabei maulfaul murmelte: »Übrigens, Fritz, was halten Sie von einer engeren Zusammenarbeit.«

Mit genau diesem Satz auf den Lippen stürzte ich in die Ankunftshalle des Flughafens, der große Moment, in dem sich ein Jugendtraum verwirklichen sollte, stand kurz bevor – leider wurde ich meinen Satz nicht los. Die Maschine aus New York, ursprünglich mit zwei Stunden Verspätung angekündigt, war doch pünktlich gelandet,

75

Spandau, mein geliebtes Spandau,
schön warst du nie, aber sehr er-
tragreich.

76

»Herr Brauner, wir danken Ihnen
für das Gespräch.« Am 20. 11. 1957
war ich Titelheld des Nachrichten-
magazins »Der Spiegel«.

77

Der Produzent als Mädchen für
alles. Hier mit Walter Wischnewski im Schneideraum.

78

John F. Kennedy, Konrad Adenauer und Atze Brauner. Ein Bild, das einen Witzbold zu der Unterschrift »Die großen Drei« animierte.

»Mein Gott, Grethe . . .«

79

80

Georg Thomalla und die verzauberte Produzentenfrau.

Mario Adorf zeigt in einer Drehpause, was er als Ballermann gelernt hat (mit im Bild Teresa Lorca und Alessandra Panaro, Starlets in »Der Schatz der Azteken«).

81

82

Sophia Loren in einem ihrer ersten Filme. Können Sie jetzt verstehen, warum ich diese Riesendame übersah?

Mario Lanza, der Unersättliche, gierig nach Ruhm, Geld und gutem Essen: Mit seiner Frau Betty bei seiner Lieblingsbeschäftigung.

83

und so fand ich lediglich einen Zettel vor, auf dem der Meister mitteilte, er habe sich bereits in sein Quartier begeben.

Dort traf ich ihn dann am Abend. Er sah übernächtig aus, trug ein zerknautschtes Jackett, kein Monokel, dafür aber einen dicken Verband an der linken Hand. Er hatte sie sich gerade an einem schadhaften Wasserhahn verletzt und begrüßte mich mit den düsteren Worten: »Eure Hotels sind eine Tragödie.«

Beim Abendessen wurde er etwas heiterer. »Eigentlich«, so meinte er, »bin ich ganz froh, daß wir uns verpaßt haben. Sonst hätte ich nämlich diesen Taxichauffeur nicht erlebt . . .«

Lang hatte den Chauffeur gebeten, auf dem Weg vom Airport zum Hotel hier und da einen Umweg zu machen, um gleich einen Eindruck von Berlin zu bekommen. Er war durch den Alten Westen gefahren, ein ehemals elegantes Wohnviertel, das damals noch in Trümmern lag, und auch sonst ragten noch viele Ruinen in den Berliner Himmel. Lang war, von Erinnerungen bedrängt, immer stiller geworden, bis er endlich – eine Ampel stand gerade auf Rot – mit belegter Stimme leise sagte: »Seit Dreiunddreißig war ich nicht mehr hier.«

Und der Taxichauffeur antwortete, indem er den ersten Gang einlegte: »Also, wenn Se mir fragen: Ville ham Se nich vasäumt.«

Lang sagte: »Ich wußte nicht, ob ich weinen oder lachen sollte. Eine ganze Epoche in einem Satz unterbringen – Hitler, Nazis, Krieg, Bomben, Russen, Blockade –, ich glaube, so was bringt nur ein Berliner fertig.« Er lachte kopfschüttelnd in sich hinein und wiederholte: »Ville ham Se nich vasäumt.«

Fritz Lang hat dann für mich »Die 1000 Augen des Dr. Mabuse« inszeniert und anschließend »Der Tiger von Eschnapur« und »Das indische Grabmal«. Drei Filme, die ihm, und mir gutes Geld einbrachten. Und schlechte Kritiken. Umgekehrt wäre es mir weniger lieb gewesen, denn außer schlechtem Geld und schlechten Kritiken fürchtet ein Produzent nichts so sehr wie gute Kritiken und schlechtes Geld. »Mit meinem Geld machen Sie keinen künstlerischen Film«, soll ich einmal zu einem jungen avantgarde-geladenen Künstler gesagt haben. Das ist so witzig wie erfunden, aber etwas ist schon daran, wenn man die Situation des Mannes betrachtet, der mit jedem Film einen Teil seines eigenen Vermögens riskiert.

»Hier liegt Fritz Lang, einst Schöpfer so gewichtiger Filme wie ›Metropolis‹ und ›M‹. Das ›Indische Grabmal‹ ist sein eigenes.« Diesen Nachruf schrieb die Zeitung »Die Welt« anstelle einer Kritik, und auch die anderen Blätter schwankten zwischen Ratlosigkeit angesichts einer »künstlerischen Katastrophe« und Mitleid mit einem »einstigen Heroen deutscher Filmkultur«.

Mir selbst war es damals gerade gelungen, mich über Kritiken, die ich für ungerecht hielt, nicht mehr aufzuregen – und schon hatte ich einen Rückfall. Ich regte mich für Fritz Lang auf. Er war zutiefst getroffen. Nicht, weil man ihn kritisiert hatte, sondern *wie* man es getan, nämlich mit Anlegen einer falschen Elle. An einen Film, der bewußt als Konsumfilm gemacht worden war, hatte man den Maßstab hoher Kunst angelegt. Das scheint eine besondere Eigenschaft deutscher Rezensenten zu sein, die auch auf anderen Gebieten durchschlägt. Einen Simmel beurteilen sie grundsätzlich so, als handele es sich um Thomas Mann, in das Ohnsorgtheater gehen sie in der Erwartung, eine Klassikeraufführung zu erleben, und bei einem Schlagertext denken sie insgeheim an Kästner oder Jacques Prévert. Wie oft habe ich es erleben müssen, daß man nach solch hochgestochenen Maßstäben Filme beurteilte, die wir selbst Trallala-Filme nannten wie »Liebe, Jazz und Übermut« mit Peter Alexander und Bibi Johns, »Scala – total verrückt« mit Germaine Damar, Violetta Ferrari und Claus Biederstaedt, »Der keusche Lebemann« mit Georg Thomalla und Grethe Weiser oder »Was eine Frau im Frühling träumt« mit Rudolf Prack und Winnie Markus.

Der Fritz Lang des deutschen Nachkriegsfilms wurde ein Opfer dieser Kritiker-Borniertheit. Als wir einmal in einer echten Berliner Kneipe eine hausgemachte Erbsensuppe aßen, meinte er: »Ein deutscher Kritiker würde jetzt sagen: ›Das Cordon bleu neulich im Pariser Maxim war viel besser.‹« Und damit traf er den Nagel auf den Kopf: Man darf eben von einem Ochsen kein Kalbfleisch verlangen.

Sein »Indisches Grabmal« und » Der Tiger von Eschnapur« erwiesen sich als Exportschlager. Nach der Premiere in Paris war ich gespannt, wie ihn die als besonders anspruchsvoll verschrienen Cineasten in ihren Zeitschriften beurteilen würden. Ich war im »George V« abgestiegen und fischte mir aus dem Wust von Zeitungen als erstes die

»Cahiers du Cinema«, ein intellektuelles Blatt, aus dessen Redaktion Leute hervorgegangen waren wie François Truffaut, Jean-Luc Godard und Claude Chabrol.

Ich las und las, und mein Gesicht muß vor Erstaunen immer länger geworden sein: »Fritz Lang hatte mit dem wichtigen deutschen Produzenten Artur Brauner einen Vertrag über drei Filme abgeschlossen«, stand da. »Die zwei ersten waren ›Der Tiger von Eschnapur‹ und ›Das indische Grabmal‹. Schließlich akzeptierte Brauner noch einen Stoff, den Lang vorgeschlagen hatte, weil er ihm am Herzen lag: Es handelt sich dabei um ein Originaldrehbuch von Lang ›Die 1000 Augen des Dr. Mabuse‹.« Und jetzt kam es: »Alle jene, die den ›Tiger von Eschnapur‹ für den wichtigsten Film halten, den Fritz Lang jemals gedreht hat, erwarten die ›1000 Augen des Dr. Mabuse‹ mit immenser Ungeduld.«

In Deutschland eine »künstlerische Katastrophe«, in Frankreich der »wichtigste Film« des Regisseurs überhaupt – wissen Sie jetzt, warum es mir immer schwerer fiel, Kritiken zu lesen?

Ein zweites Beispiel: »Der brave Soldat Schwejk«, mein Rühmann-Film nach der genialen Satire auf Militarismus und Bürokratie von Jaroslav Hašek. Die intellektuelle Kritik qualifizierte ihn ab als »dümmlichen Militärschwank«, der seiner Vorlage in keiner Weise gerecht würde. Die amerikanischen Kritiker zeichneten den »Schwejk« als besten Auslandsfilm des Jahres 1961 mit dem »Golden Globe« aus, und das ist ja bekanntlich die höchste Trophäe, die ein nichtamerikanischer Film in den USA gewinnen kann.

Jahrelang habe ich darunter gelitten, daß ich meinen Kritikern nicht öffentlich antworten konnte. Einem Produzenten stehen nun einmal die Spalten einer Zeitung nicht zur Verfügung. Aber auf den Seiten dieses Buches kann ich es.

Um es gleich vorwegzunehmen: Was ich bei den Kritikern am meisten vermißte, war die Liebe zum Metier. Ich hatte selten das Gefühl, daß die Leute, die da über den Film schrieben, den Film auch liebten. Nun kann man der Meinung sein, daß Zuneigung der Objektivität nur im Wege steht, schön, dann aber müßte wenigstens die Sachkenntnis aus jeder Zeile springen. Und das, halten zu Gnaden, ist nur selten der Fall.

Die meisten unter den älteren deutschen Kritikern haben sich ihre Kenntnisse nicht erarbeitet in den Ateliers, den Schneideräumen, in den Büros der Dramaturgen und Produzenten, sie haben sie sich lediglich ersessen in Kinos und Cinematheken. Schwielen am Hintern aber genügen nicht als Rüstzeug, und feuilletonistische Brillanz auch nicht. Das zu besprechende Produkt ist bei vielen lediglich Anlaß, dem eigenen Affen Zucker zu geben und schweißtriefend witzig zu sein. Es kommt ihnen nicht darauf an, den Leser zu informieren, sondern ihm durch Bonmots zu imponieren. Im Ton des Oberlehrers verteilen sie Zensuren, tadeln kopfschüttelnd, und wenn sie loben, klopfen sie einem gönnerhaft auf die Schulter. Sie sind permanent erhaben und merken nicht, wie klein der Schritt von der Erhabenheit zur Lächerlichkeit ist.

Nie werde ich die Begründung vergessen, mit der einmal der »Preis der deutschen Filmkritik« vergeben wurde. Über den Preisträger, den französischen Kameramann Raoul Coutard, hieß es da: »Seiner Kamera verdanken zwei exemplarische Filme ihre Seelenachse.« Da konnte man nur froh sein, daß Monsieur Coutard kein Deutsch verstand, und hoffentlich hat ihm auch keiner diesen Bombast übersetzt.

Die Wirkung von Filmkritiken auf den Filmbesuch ist übrigens, wie man wissenschaftlich festgestellt hat, ziemlich gering. Jedenfalls ist ein Verriß einer Produktion viel weniger abträglich, als wenn sie einen Kritikerpreis bekäme.

Einmal in meinem Leben habe ich einem Kritiker den Regiesessel eingeräumt. Einmal. Und das kam so: Aleksander Ford sollte für mich »Mensch und Bestie« machen, die Geschichte zweier Brüder, von denen der eine ein KZ-Insasse ist und der andere ein KZ-Lagerführer. Beim Herannahen der Alliierten soll das Lager liquidiert werden, der SS-Mann warnt seinen Bruder, dem es daraufhin gelingt, mit einigen seiner Kameraden zu flüchten. Das Komplott fliegt auf, und dem Lagerleiter wird es zur Auflage gemacht, seinen Bruder zu verfolgen und zu töten.

Ford konnte diesen hochdramatischen Stoff nicht verwirklichen, da kurz vor Drehbeginn sein Kind lebensgefährlich erkrankte. Ich mußte mich nach einem anderen Regisseur umsehen, und da sagte ich mir: »Warum nicht mal einen Kritiker 'ranlassen, einen jener Leute, die immer genau wissen, wie ein Film sein oder nicht sein soll.« Ich holte mir einen prominenten Rezensenten aus Österreich, Zbonek heißt er, Edwin Zbonek, und er verfügte bereits über einige Regieerfahrung. Ich habe ihm jede Unabhängigkeit in allen künstlerischen Fragen zugesichert und ihm auch den Schnitt allein überlassen. Sein Film, mit Götz George in der Hauptrolle, wurde auf der Berlinale 1963 vorgestellt. Das Ergebnis: die Kritik lehnte ihn ab und das Publikum wollte ihn nicht sehen . . .

Immer wieder habe ich mich bemüht, neben Fritz Lang auch andere international renommierte Regisseure in meiner Firma zu Wort kommen zu lassen, beziehungsweise »zu Bild«. Robert Siodmak, der Meisterwerke geschaffen hat wie »Menschen am Sonntag« und »Die Wendeltreppe«, machte für mich »Die Ratten« und »Kampf um Rom«. Gottfried Reinhardt verfilmte »Vor Sonnenuntergang« und »Menschen im Hotel«. Aleksander Ford brachte den »Achten Wochentag« auf die Leinwand und Solschenizyns »Der erste Kreis der Hölle«. Hollywoodroutinier Henry Levine drehte »Dschingis Khan« mit einer Besetzung von Weltformat.

In diesen Filmen wirkten mit: Stephen Boyd, James Mason, Sean Connery, Omar Sharif, Orson Welles, Rik Battaglia, John Huston, Michèle Morgan, Michèle Mercier, Honor Blackman, Dany Robin, Telly Savalas, Louis Armstrong, Brigitte Bardot.

Apropos Brischitt! Sie ist für mich das beste Beispiel dafür, wie man es fertigbringt, der eigenen Karriere zu schaden. Eine Karriere, wie sie in den letzten zwanzig Jahren nicht wieder vorgekommen ist. Denn es gibt nur eine Bardot, ich bin sicher, daß man über sie noch nach einem halben Jahrhundert reden wird, und in der Filmgeschichte kommt ohnehin niemand mehr um sie herum. Dieses Geschöpf, gemixt aus Raffinement und Naivität, aus Frivolität und Unschuld, dieses Vollweib mit der Kinderseele muß der Herrgott in einem Anfall puren Leichtsinns geschaffen haben. Jedenfalls hat sie den Mann von heute mehr verwirrt als Eva den Adam seinerzeit im Paradies, und wenn ich Paris gewesen wäre (das war der, der damals die Schönheitskonkurrenz zwischen den Göttinnen Aphrodite, Hera und Athene entschied, Sie erinnern sich), ich hätte den goldenen Apfel des Triumphes selbstverständlich der Bardot gereicht.

Ich täte es auch heute noch, wenn die Bardot nicht mit derartigem Nachdruck darauf bestehen würde, daß sie noch einundzwanzig sei. Und nicht einundvierzig. Bei den Dreharbeiten zu »Shalako« (mit Sean Connery und Peter van Eyck) pflegte sie nach der morgendlichen Schminkprozedur in den Spiegel zu schauen, lange, lange, nannte dann den Schminkmeister einen »Idioten« und schminkte sich noch einmal. Das Ergebnis war vernichtend. Schon bei den Mustern merkte ich es: Sie hatte so dick aufgetragen, sich derart zugeschminkt, daß von ihrem Gesicht nichts mehr ausging. Es wirkte maskenhaft, starr, unfähig, eine seelische Regung widerzuspiegeln.

Als ich nach der Münchner Premiere des Films mit ihr zusammen dinierte, wagte ich es sehr behutsam dieses Thema anzuschneiden. Sie gefror im selben Moment, und der eisige Hauch, der von ihr ausging, verwandelte den Champagner in meinem Glas zu einem Eiswürfel. Schade, dachte ich, sie könnte noch heute »die Größte« sein, wenn sie den Mut hätte, sich zu ihrem Alter zu bekennen. Und das ist etwas, was ich nach dem nunmehr abgelaufenen »Jahr der Frau« nicht nur meinen Ex-Stars ins Stammbuch schreiben möchte.

Doch zurück zu meinen eigenen damaligen Problemen: Mit dem Engagement von Weltstars und berühmten Regisseuren erhoffte ich mir vor allem größere Exportchancen. Abgesehen davon, daß bewährte Regisseure, erfahrene Drehbuchautoren und weltweit bekannte Schauspieler einem Projekt nie schaden können.

Doch anscheinend mußte ich wieder etwas falsch gemacht haben. Dieselben Kritiker, die immer wieder lautstark den Ruf nach mehr internationalem Appeal der deutschen Produktionen erhoben hatten und mich jetzt hätten feiern müssen, wiesen wieder mit dem Daumen nach unten. Sie hatten an mir auszusetzen, daß ich einen »riesigen internationalen Zirkus« aufzöge »mit möglichst vielen ausländischen Stars und Regisseuren, ohne danach zu fragen, ob sie Talent hätten oder nicht«. Ein beliebter Vorwurf bestand darin, daß ich dem Nachwuchs nie eine Chance geboten hätte. Denn der Film jedes Landes sei so gut wie sein Nachwuchs. (Eine Feststellung, die von mir sein könnte.) In Frankreich sprössen die Talente aus dem Boden wie die bekannten Pilze nach einem warmen Regen. Der amerikanische Film ernte jetzt, was er in langen Jahren sorgfältig gesät habe, und junge Leute machten aufsehenerregende Filme wie Coppola den »Paten II«, Bogdanovich »Papermoon«, Friedkin den »Exorzist«, Spielberg das »Duell« und den »Weißen Hai«. Und auch die Engländer und Italiener hätten vielversprechenden Nachwuchs aufzuweisen.

Dazu möchte ich eine kleine Geschichte erzählen. Auf einem der Berliner Filmfestivals besuchte mich draußen in Grunewald Billy Wilder. Er hatte einen jungen Mann in seiner Begleitung, der mir als ein »Mr. Diamond« vorgestellt wurde.

»Jacques Diamond, der berühmte Drehbuchautor?« fragte ich interessiert.

»Ich kann es nicht leugnen«, meinte der junge Mann grinsend.

Ich wußte selbstverständlich, daß Diamond die Bücher zu »Das Appartement«, »Manche mögen's heiß«, »Das verflixte siebte Jahr« geschrieben hatte. Filme, die künstlerisch *und* geschäftlich Erfolge waren, und das ist so rar wie riesig. »Woher kriegst du solche Leute, Billy?« fragte ich Wilder seufzend und blickte neidisch auf Diamond, der tatsächlich ein *Diamant* war.

Wilder meinte lachend: »Den habe ich mir irgendwann mal direkt von der Schulbank geholt. Habt ihr so was nicht auch?«

So was haben wir auch, so was wie Filmhochschulen. Bei uns in Berlin nennt man sie sogar »Akademie«. Während man jedoch auf den ausländischen Hochschulen das Handwerkliche vermittelt bekommt, debattiert man bei uns endlos über ideologische Grundsatzfragen. Während im Ausland Männer der Praxis unterrichten, stehen bei uns Leute auf dem Katheder, die mit ihren eigenen Filmen bewiesen haben, daß sie keine machen können. Anstatt ernsthaft zu arbeiten, verbraucht man den größten Teil der Zeit, um auf Papas Kino zu schimpfen. Auf diese Weise werden keine Talente ausgebrütet, sondern am Ausschlüpfen gehindert.

Ich muß in diesem Zusammenhang immer an einen Spruch denken, den sich ein bekannter Berliner Theatermann, bei dem die Talente ein- und ausgehen, deutlich sichtbar über seinen Schreibtisch gehängt hat. Er stammt von Theodor Fontane, dem »märkischen

Goethe«, und heißt: »Gaben, wer hätte sie nicht? Talente – Spielzeug für Kinder. Erst der Ernst macht den Mann, erst der Fleiß das Genie.«

Fleißig sein aber will niemand bei uns. Man ist lieber gleich genial und hat nicht viel dafür übrig, den langen, harten Weg der Praxis zu gehen. Filme machen muß man aber lernen, so wie man lernen muß, ein guter Schreiner zu werden oder ein guter Buchbinder. Und die Lehrzeit ist mit der Absolvierung einer Fachschule nicht beendet. Man muß noch ein paar Jahre bei einem Meister in die Lehre gehen. Wer drei, vier Jahre einem de Sica assistiert hat, einem Zinnemann oder Louis Malle, der wird ein guter Regisseur werden, wenn er nicht total auf den Kopf gefallen ist. An solchen Meistern aber mangelte es uns, und vom Himmel gefallen sind sie inzwischen auch nicht.

»Sag mir, wo die Talente sind, wo sind sie geblieben?« möchte ich mit Marlene Dietrich singen, wenn ich von den Regisseuren zu den Autoren komme. Ich jedenfalls habe nicht nur davon geredet, sondern versucht sie aufzuspüren. Im Laufe von fünfzehn Jahren habe ich insgesamt 16000 Exposés, Treatments und Drehbuchentwürfe geprüft – und nicht einmal zehn davon für gut befunden. Die entstandenen Kosten beliefen sich auf etwa 600000 DM. Ich würde noch heute jedem um den Hals fallen, der mir einen Mann bringt, der so begabt ist wie beispielsweise der erwähnte Diamond.

Und, da ich gerade beim großen Aufwasch bin, auch noch den Vorwurf Numero 3. Mit schöner Regelmäßigkeit wurde er erhoben und lautete: »Herr Brauner hat das Wort ›Geschäft‹ immer ganz groß geschrieben und das Wort ›Kunst‹ immer ganz klein.«

Nun, wenn ich heute die Akten durchblättere, in denen fein säuberlich die rund 200 Filme verzeichnet sind, die ich in den vergangenen Jahren produziert habe, so sehe ich natürlich schon an den Titeln, daß darunter etliche Durchschnittsware ist. Kommerzielle Sachen eben, die man gemacht hat um des Kommerzes willen. Und wenn es vielleicht ein paar zuviel von dieser Sorte sind, dann möge man bedenken, daß ich einen Atelierbetrieb hatte mit sieben Hallen und fünfhundert Mann Belegschaft. Diese Hallen wollten gefüllt sein und meine Leute beschäftigt.

Ich mußte also auf Sicherheit bedacht sein. Denn was nützte meinen Leuten das Lob der Presse, wenn ich hätte zumachen müssen. Deshalb hat die Qualität nicht immer die erste Geige gespielt, sondern auch die Quantität. Sonst hätte ich ja nicht durchhalten können. Darum habe ich nicht die Spur eines schlechten Gewissens hinsichtlich der Konsumware, die wir hergestellt haben. Ich habe über viele Jahre hinaus dafür gesorgt, daß in Berlin Filme gedreht werden konnten, auch wenn sie nicht »Oscar«-verdächtig waren. Und wenn man von Berlin als von einer »Filmstadt« sprach, so war ich daran nicht ganz unschuldig.

Das Resultat hat mir letztlich recht gegeben. Ich habe mich so gut etabliert, daß ich heute, da mich der Betrieb nicht mehr drückt, die Stoffe verwirklichen kann, die mir gefallen. »Sie sind frei, Dr. Korczak« gehört zum Beispiel dazu, ein Film, von dem ich mir von vornherein kein Geschäft versprach, den ich aber trotzdem machte, weil er mir – wie seinerzeit »Morituri« – auf den Nägeln brannte.

Zu der Zeit, als es den Kinos noch ganz gut ging, das Fernsehen aber bereits begonnen hatte, an ihrem Stammpublikum zu nagen, da erschienen Propheten im Land und verkündeten, daß bald alles anders und alles besser werde. Es waren die Jungfilmer. Einige hatten bereits schütteres Haar, eisgraue Schläfen und einen sanften Embonpoint, aber Jugend ist schließlich keine Altersfrage.

Sie erklärten uns, die Opas, für tot, proklamierten ein Manifest und erhoben den Anspruch, den »neuen deutschen Spielfilm zu schaffen«, einen Filmtyp, der kein Leinwandopus mehr sein sollte, sondern ein »Dokument«, ein »soziologischer Beitrag«, ein »Politikum«, eine »Reflexion« und eine »Analyse«.

Trotz dieser furchterregenden Ankündigung konnten sich ihre ersten Produkte sehen lassen. Die Schamonis, Volker Schlöndorff, Alexander Kluge, Johannes Schaaf drehten so respektable Filme wie »Es«, »Der junge Törless«, »Abschied von gestern«, »Tätowierung«. Sie überzeugten die Kritik und zum Teil auch das anspruchsvolle Publikum. Luchino Visconti, der italienische Altmeister, ließ aus Rom verlauten: »Die jungen Deutschen sind auf dem besten Weg, ihrem Land wieder jene Weltgeltung zu verschaffen, die es einst in der Filmbranche hatte.«

Ich habe diese Anfänge mit Sympathie und Hoffnung verfolgt. Sollten sie uns doch Opas nennen, bitte, ich bin ja nicht empfindlich, und unsere Branche war nie ein Feld für Pastorentöchter. Mir ist es immer nur um den Film gegangen, meine einzige große Leidenschaft, und was ihm diente, war gut, und was ihm nicht diente, war schlecht. Diese Burschen schienen in der Tat frischen Wind in die Kulissen zu bringen. Sie waren hochbegabt, von sprühendem Ehrgeiz und ehrlichem Wollen. Ihre Substanz war unverbraucht, und das, was sie nun endlich sagen konnten, was sich in ihnen angestaut hatte, kam ihnen aus tiefster Seele. So waren ihre Erstlinge mehr oder weniger Bekenntnisse, ja Geständnisse, sie kurbelten sozusagen ihre eigene Seele herunter.

Wenn einer der Männer der Neuen Welle einmal gesagt hat – war es Chabrol, war es Truffaut? –, jeder Mensch sei imstande, einen Film zu machen, vorausgesetzt, er habe alle fünf Sinne beisammen, so ist das zwar überspitzt formuliert, stimmt aber im Grunde. Die Betonung müßte aber auf *einen* liegen. Dieser eine Film wird von dem leben, was sein Schöpfer erlebt, erlitten hat, die glücklichen Stunden und die bitteren, Erfahrungen, Erkenntnisse, alles das wird im wahren Sinn des Wortes *abgebildet*. Es ist also etwas rein Autobiographisches, was sich hier ein Ventil sucht.

Und genau an dieser Stelle begann es, bei den Jungfilmern problematisch zu werden. Ihre seelische Vorratskammer war allzu rasch leer. Sie reichte bei den meisten noch nicht einmal dazu aus, auch beim zweitenmal volle Schüsseln zu bieten. Ihre zweiten, dritten, vierten Filme berührten kaum jemand mehr. Und Kasse machten sie schon gar nicht.

Sie lernten auch nichts aus ihren Niederlagen. Weil sie es nicht als Niederlage empfanden, wenn niemand ihre Filme sehen wollte. Es genügte ihnen, auf irgendwelchen Festspielen irgendwelche Kritikerpreise einzuheimsen und sich von den Feuilletons feiern zu lassen. Sie blieben uneinsichtig, hochmütig, lehnten es angewidert ab, mit uns Opas zusammenzuarbeiten. Und so produzierten sie konsequent am Publikum vorbei und vertrieben die Leute aus den Kinos, und zwar mit einer Gründlichkeit, die in der Filmgeschichte einmalig ist.

Die Probleme, die sie abhandelten, waren weder die Probleme der Leute von nebenan noch die der aus den Chefetagen. Es wurde überhaupt keine spezielle Gesellschaftsschicht mehr angesprochen. Ihre Figuren waren untypisch und schienen einer Welt entsprungen, die auf dem Mond liegt. Und das Groteske: auch sie kamen nicht ohne ein uraltes Motiv aus, das die Amerikaner »Boy meets girl« nennen, also die gute alte Liebe. Das hatten wir aber alles schon einmal besser, und es wurde dadurch nicht origineller, daß die Jungfilmer auf ein Happy-End verzichteten, um, wie sie vorgaben, »den Zuschauer zum Mit- und Nachdenken anzuregen«. Die aber dachten weder mit noch nach, sondern starrten ratlos vor sich hin, während sie an der Garderobe auf ihre Mäntel warteten.

Die Bilanz, die nach zehn Jahren Jungfilmerei zu ziehen wäre, fällt absolut negativ aus. Denn Kunst ist gut und Kasse ist gut, und am besten ist Kunst und Kasse, aber keine Kunst und keine Kasse, das ist gar nicht gut. Heute ist »Bubis Kino« längst tot. Einige der Jungen verschwanden für immer, andere verbanden sich mit den Etablierten vom Fernsehen, die sie einst erbittert bekämpft hatten, wieder andere wurden vom Konsumfilm geschluckt, von den verachteten Opas also. Das alles war und ist für mich kein billiger Triumph, und nichts wäre mir lieber gewesen, als nicht recht behalten zu haben. Schließlich liebe ich meinen Beruf, und ich habe nicht die Absicht, von ihm zu lassen – trotz aller Rückschläge. Ich werde immer weiter Filme machen, auch wenn das für manche meiner Todfreunde wie eine Drohung klingen mag.

In letzter Zeit allerdings zeigten sich im deutschen Film Silberstreifen am Horizont. Hervorgerufen von jungen Regisseuren, die nachdrücklich bewiesen, daß man ein Artist sein kann *und* ein Entertainer. Werner Herzog gehört zu diesen »Silberstreifen« (vor allem mit seinem Kaspar-Hauser-Film »Jeder für sich und Gott gegen alle«), wieder Volker Schlöndorff (besonders, nachdem er »Die verlorene Ehre der Katharina Blum« gemacht hat), Vojtech Jasny (»Ansichten eines Clowns«) und Alf Brustellin/Bernhard Sinkel mit ihrem »Berlinger«. »Lina Braake«, ebenfalls von dem hochbegabten Herrn Sinkel, ist für mich geradezu das Schulbeispiel dafür, wie ein Film aus Deutschland aussehen sollte.

Vier, fünf gute Regisseure mit fünf, sechs sehr guten Filmen machen natürlich noch keinen Frühling, aber sie heißen uns hoffen. Hoffen auf einen Sommer, in dem die Früchte reifen . . .

Ich bin oft gefragt worden, warum wir, wenn schon das Niveau der besten amerikanischen Produktionen nicht erreicht wird, nicht wenigstens so gute Filme machen wie die Franzosen und, zum Teil, auch die Italiener. Ja, warum können die es besser? Ich will es mit einem Satz beantworten: Weil ihre Regierungen sich mehr um sie kümmern. Mit anderen Worten, man unterstützt sie finanziell, sie bekommen Subventionen. Ihre Regierungen sind nämlich der Meinung, daß ein gut florierender Filmexport die Außenhandelsbilanz positiv beeinflußt und Filme noch immer die beste Visitenkarte eines Volkes sind.

Allein was der französische Staat für Geld aufwendet, um Ausfallbürgschaften zu übernehmen, Auslandspropaganda zu treiben, Filmtheater zu modernisieren, die Technik weiterzuentwickeln, junge Talente zu fördern, das geht in die -zig Millionen. Auch bei uns hat man versucht, auf Prämienbasis zu helfen, und versucht es noch. Aber es waren immer nur Tropfen auf den heißen Stein und keine wirkliche kontinuierliche Hilfe. Ich möchte niemand langweilen mit den Vor- und Nachteilen des Filmförderungsgesetzes, deshalb nur soviel: Anstatt zu klotzen, wird immer nur gekleckert, wobei ich gerne zugebe, daß sich in der letzten Zeit eine positive Entwicklung anbahnt.

Unter Konrad Adenauer habe ich mich über das mangelnde Verständnis der Regierung nicht gewundert. Zumindest dann nicht mehr, nachdem ich ihn einmal persönlich erlebt hatte. Das war 1960 in Hannover, anläßlich der Premiere des Films »Das Riesenrad«. Ich wartete mit meinen Stars Maria Schell und O. W. Fischer im Hotel auf den Wagen, der uns in das Uraufführungskino bringen sollte. Draußen standen die Menschen Kopf an Kopf. Ich lief zu Fischers Zimmer hinauf und sagte: »Kannst beruhigt deine Milli trinken, Otto. Das wird ein Bombenerfolg. Zieh mal die Vorhänge zurück und guck dir an, wie unsere Presseabteilung gearbeitet hat. Die ganze Innenstadt ist schwarz vor Menschen.«

Otto linste hinaus und sagte: »Nun ja.«

Daß seinetwegen die Innenstadt schwarz vor Menschen war, wun-

derte ihn nicht. Er hat nie gelitten an irgendwelchen Minderwertig-
keitskomplexen. Mich dagegen wunderte es schon. Denn Schell-
Fisch, wie die beiden als Filmpaar genannt wurden, waren schon seit
x-Jahren nicht mehr zusammen auf der Flimmerwand erschienen,
und auch sonst war ihr Ruhm nicht mehr taufrisch. Ich hatte also mit
dem »Riesenrad« ein Risiko auf mich genommen. Niemand konnte
wissen, ob das Paar noch ankam. Denn nichts ist launischer, ist
schwerer berechenbar als das deutsche Kinopublikum.
Wir gingen zusammen mit Mariele, wie O. W. die Schell nannte,
hinunter in die Halle. Das Auto war anscheinend in den Menschenmassen steckengeblieben. Wir saßen und warteten. Plötzlich erblickte
ich eine ganze Reihe von Herren in dunklen Anzügen. Irgendwie ei-
genartig gekleidet kamen sie mir vor. Wie Raben. Ihnen voraus ging
ein Mann, der aussah wie ein Indianerhäuptling, das Gesicht ganz
rot, die Züge wie gemeißelt, starr – es war Adenauer. Ganz leicht-
gewichtig, beinah schwebend, kam er die Treppe herunter, ein Bild,
das ich nie in meinem Leben vergessen werde. Ich hatte bis dahin nie
recht begriffen, warum ihn alle Welt einen großen Mann nannte,
aber jetzt . . ., jetzt spürte ich es geradezu körperlich. Aura konnte
man es nennen, Fluidum, Dunstkreis, Nimbus, jedenfalls war ich
fasziniert.
Adenauer wohnte im selben Hotel wie wir und sollte am Abend irgendwo in der Stadt eine Rede halten. Er vernahm das Stimmenge-
wirr draußen auf der Straße, trat ans Fenster und sagte in seinem
rheinischen Dialekt: »Dat is' 'ne janz schöne Auftrieb. Freu' isch
misch drüber, meine Herren.«
Als ich das hörte, nahm ich meinen ganzen Mut zusammen, denn irgendwie war das mir sonst ganz unbekannte Gefühl der Schüchtern-
heit über mich gekommen, und meinte: »Diese Menschen, Herr
Bundeskanzler, die sind wegen Maria Schell und O. W. Fischer
hier.«
Er schaute mich prüfend an, warf einen Blick auf den Otto und das
Mariele, fragte dann sichtlich interessiert: »Ach, das sind wohl die
beiden Herrschaften da drüben?«
Meine Stars konnten überhaupt nicht darüber lachen, als ich ihnen
die Geschichte nach der Premiere erzählte . . .

»Erst ein Haus, dann einen Sohn«, sagt die beste Ehefrau der Welt

»Weißt du eigentlich«, fragte mich Maria, die beste Ehefrau der Welt, neulich beim Frühstück, »weißt du eigentlich, was heute für ein Tag ist?«

»Ein schöner Tag«, sagte ich seufzend und vertiefte mich in den Börsenteil des »Tagesspiegels«. Die Kurse waren wieder einmal auf Talfahrt. Man kam aus der Aufregung nicht heraus. Ich warf einen raschen Blick auf den Kalender. »28. März.« Nein, da war nichts, woran ich mich erinnern müßte.

»Heute vor vierzehn Jahren haben wir dieses Haus bezogen«, sagte sie schlicht. Und fügte hinzu: »Kein Wunder, daß du dich nicht erinnerst. Du hattest ja auch mit der ganzen Sache nichts zu tun.«

Also, das mit unserem Haus war so. Wir hatten ein Kind, den Henry, und das war mir zu wenig. Ich hatte so an drei oder vier gedacht. Ich äußerte diesen Wunsch bei passender Gelegenheit und bekam zur Antwort: »Dazu braucht man Kinderzimmer . . .«

Wir wohnten damals noch am Hohenzollerndamm, Numero 87. In dreieinhalb Zimmern. Ich hatte mich da immer sehr wohl gefühlt. Und unsere Gäste auch: Curd Jürgens, Ruth Leuwerik, Maria Schell, Lilo Pulver, O. W. Fischer, Peter Alexander, Caterina Valente. Meist fuhren sie mit ihren Straßenkreuzern vor und parkten sie neben einem uralten Opel. Der Opel gehörte mir. Er trug mich sicher dorthin, wohin ich wollte, und damit hat ein Auto bei mir seine Funktion erfüllt. Erst viel später bin ich auf einen größeren Wagen umgestiegen. In der Branche wurde nämlich damals von Leuten, deren Auftreten in keinem Verhältnis zu ihrem Können stand, das Gerücht kolportiert: »Der Brauner ist so ziemlich pleite. Deshalb kann er sich nur einen Kleinwagen leisten.«

Ich mache mir nicht viel aus dem, was man eine »luxuriöse Lebensführung« nennt. Superhotels, Schlemmerrestaurants, 200-pferdige

Autos, überdachte Swimmingpools, solche Sachen überlasse ich gern anderen. Auch die Wannseevillen (»24 Zimmer, 11 Bäder, Tennisplatz, Sauna, Pförtnerhaus, Gästeappartement«), die mir immer wieder angeboten wurden, reizten mich nicht. Auch dann nicht, als ich bereits zwanzig Filme pro Jahr produzierte, von denen jeder durchschnittlich eine Million kostete.

Aber das mit den Kinderzimmern gab mir dann doch zu denken. Ich tat deshalb den inhaltsschweren Ausspruch: »Frau, gehe hin und baue ein Haus. Aber, bitte, sag mir erst Bescheid, wenn der Möbelwagen kommt . . .«

Ein Jahr darauf teilte mir meine Frau en passant mit, daß ich an diesem Tag nach Büroschluß doch, bitteschön, zum Grunewald in die Königsallee Numero 18 kommen möchte.

»Mach ich«, gab ich zerstreut zur Antwort und fuhr am Abend prompt zum Hohenzollerndamm. Dort stand ich vor einer total leeren Wohnung.

»Einbrecher?« fragte ich entgeistert die Portiersfrau.

»Nee, Umzug«, sagte die und sah mich an, als habe ich nicht alle Tassen im Schrank.

Ich raste Richtung Grunewald und hielt kurz darauf vor einem schmiedeeisernen Gitter, das die Initialen trug: »AMB. Artur – Maria – Brauner.« Maria nahm meine Hand, führte mich durch ein Haus, das mir so schön und so gemütlich vorkam, wie ich es in meinen geheimsten Träumen nicht erwartet hätte, und fragte schlicht: »Gefällt's dir?«

»Es gefällt mir«, sagte ich, ging in mein nagelneues Arbeitszimmer mit dem großen Panoramafenster und – da klingelte das Telefon. Johannes Heesters war am Apparat. Er fragte, ob es bei unserer Verabredung morgen in meinem Spandauer Büro bliebe.

»Spandau, Spandau?« fragte ich zurück. »Wo liegt denn das? Mein Büro ist seit einer halben Stunde im Grunewald, Königsallee, lieber Joopie.« Ich fühlte mich so wohl in meiner neuen Bleibe, daß ich sie umgehend zu meinem Hauptquartier ernannte.

An manchen Tagen bot sich dem arglosen Gast in diesem Hauptquartier folgendes Bild: In einer Ecke der großen Halle saßen vier Männer bei einer Regiebesprechung. In der anderen Ecke stritt man sich über die Besetzung des nächsten Films. In der dritten saß ein einsamer Mensch mit Watte in den Ohren und starrte in ein Drehbuch. In Ecke Numero vier hämmerte Inge Laeppché auf die Schreibmaschine ein. Das Telefon schrillte. Die Haustür klingelte. Am Flügel saß ein Komponist, klimperte, trällerte und fragte zwischendurch: »Und wie gefällt Ihnen das?«

Wo war Maria? In einem der Kinderzimmer selbstverständlich. Sie war dort abendfüllend beschäftigt, hatte sie doch ihren Teil unseres Vertrags treulich erfüllt: Ich hatte ihr das Haus geschenkt, und sie mir Kinder. Fela erblickte sieben Monate nach dem Einzug das Licht des Grunewalds. Vier Jahre später folgte Sammy. Alice, das entzückende Geschöpf, kam 1966. Unsere Familie umfaßte also jetzt sechs Köpfe.

Maria – meine Gedanken schweifen zurück nach Stettin, das heute Szczecin heißt. Dort habe ich sie vor dreißig Jahren kennengelernt. Inmitten eines Chaos von unvorstellbarem Ausmaß. Die Stadt war keine Stadt mehr, sondern eine Trümmerwüste, aus der die rauchgeschwärzten Ruinen und die wenigen unbeschädigten Häuser in gespenstischer Sinnlosigkeit herausragten. In der Altstadt stand kein Stein mehr auf dem anderen, der Hafen war vernichtet, die Industrieviertel niedergebrannt. Ich hatte mich mit meinem Bruder Wolf aus einem Konzentrationslager in Polen bis hierher durchgeschlagen. Zwischen den vormarschierenden Russen und den zurückflutenden Deutschen hatten wir uns bewegt. Das war ein Himmelfahrtsgelände, aber wir waren noch einmal davongekommen und hatten in der einstigen Hauptstadt Pommerns Station gemacht auf unserem Marsch nach dem Westen.

Unsere Unterkunft lag im Keller einer Ruine unweit des Holzmarkts. Dort verbrachten wir die Nächte. Tagsüber waren wir in der Stadt unterwegs auf der Suche nach etwas Brauchbarem. Es war inzwischen Juni geworden, der Juni 1945. Es war heiß, ein trockener Wind wehte den Staub aus den Trümmern, Brennesseln wucherten überall. Wir saßen auf den Stufen eines Hauses, von dem es nur noch diese Stufen gab, und aßen Birnen aus einem Einweckglas, das wir in einer verschütteten Speisekammer gefunden hatten.

84

Heinz Rühmann, Rudolf Rhomberg, Max Strassberg

»Der brave Soldat Schwejk«, ein Roman der Weltliteratur, dessen Verfilmungsrechte ich Hollywood vor der Nase wegschnappte. Mit Heinz Rühmann hatte ich den idealen Hauptdarsteller.

Senta Berger als Gretl in ihrer ersten Filmrolle

85

Szene mit Heinz Rühmann

86

87

Nie war sie besser, meine geliebte Lilli Palmer: In »Teufel in Seide« konnte
sie die ganze Skala ihrer Schauspielkunst entfalten.

88

»Teufel in Seide«: Curd Jürgens und Lilli Palmer, ein tragisches Liebes- 89
paar, das nicht miteinander, aber auch nicht ohne einander leben konnte.

90

»Das Riesenrad«, die Geschichte einer Wiener Familie in den Stürmen des Jahrhunderts. O. W. Fischer und Maria Schell waren nach langen Jahren als Filmpaar wieder vereint (rechts im Bild Margitta Scherr).

»Via mala«, ein Buch, das Generationen von Lesern verschlangen, ein Film, der Millionen in seinen Bann schlug. Gert Fröbe war die Bombenrolle des Jonas Lauretz auf den Leib geschrieben.

Ich kann mich noch an das Gespräch erinnern, das wir dabei führten. Mein Bruder sagte, daß er nach New York wolle, um in der Fifth Avenue ein Juweliergeschäft zu eröffnen, ich dagegen wollte nach Hollywood und als Produzent in die Filmbranche einsteigen.

Wolf meinte, daß Steine was Sicheres seien, weil ewig wertbeständig, Film dagegen eine höchst unsichere Sache, im Grunde was für Spinner.

»Nicht, wenn du die richtigen Themen hast«, sagte ich.

»Und die hast du?«

»Die habe ich. Ich brauche nur das zu filmen, was wir erlebt haben.« Ich dachte natürlich schon an »Morituri«.

»Das will keiner sehen, so was«, sagte Wolf und fing wieder an mit seinem Juwelenladen, und daß Juwelen immer gekauft werden, zumal in der Fifth Avenue, das sei eine sehr gute Lage und . . .

»Ist da nicht der berühmte Laden von Tiffany?« überlegte ich. »Und da willst *du* dich niederlassen?«

Es war eine Unterhaltung von abenteuerlicher Groteskheit. In dieser Umgebung und in unserer Situation an Hollywood und Tiffany zu denken, dazu gehörte ein gewisser Optimismus. Aber wir waren von einem bergeversetzenden Glauben an unsere Zukunft erfüllt. Weil wir jung waren, hungrig nach allem, was uns der Krieg versagt hatte, und voller Idealismus, trotz allem. Wir waren bereit, etwas ganz Neues aufzubauen, die Welt aus den Angeln zu heben. Wenn man uns nur ließ.

Wir redeten noch eine ganze Weile, stritten über unsere gegensätzlichen Standpunkte und hätten uns beinahe in die Haare gekriegt, wenn mich nicht Wolf in die Seite gestoßen hätte. »Guck mal, die da drüben.«

Die da drüben waren zwei junge Mädchen mit auffallend schönem Blondhaar. Sie trugen trotz der Hitze wattierte Mäntel und schleppten schwere Rucksäcke, die sie immer wieder absetzen mußten. Wir stiegen über die Trümmer und fragten, ob wir ihnen helfen könnten. Sie schauten uns ängstlich an, waren aber so erschöpft, daß sie uns wortlos in unser Quartier folgten. Wir gaben ihnen zu essen und zu trinken und fragten, woher sie kämen.

»Aus Hannover. Wir haben da in einem Werk gearbeitet«, sagte die

Jüngere, sie hieß Maria, »und jetzt wollen wir zurück nach Warschau. Die Mutter suchen.«

Die Ältere, es war ihre Schwester und wurde von ihr Julia genannt, fügte hinzu: »Wir haben uns in einen russischen Transportzug geschmuggelt. Erst während der Fahrt haben wir gehört, daß er bis zur Sowjetgrenze durchfährt, und da sind wir hier abgesprungen. Nach Rußland wollten wir ja nicht direkt.«

Maria sagte nach einer Weile: »Wir sind Jüdinnen. Aus Lemberg.«

Jüdinnen, die in Deutschland nicht im KZ gewesen waren, sondern in einem Werk gearbeitet hatten, die überlebt hatten und nun zurück nach Polen fuhren – das klang nicht sehr glaubwürdig, und als ich merkte, daß sie beide ein Kreuz um den Hals trugen, so wie Katholikinnen es tun, da war mir klar, daß sie nicht die Wahrheit sprachen. Ich sagte es ihnen auf den Kopf zu, und beide Mädchen brachen in Tränen aus. Und dann erzählten sie. Ich schäme mich noch heute, wenn ich an meinen finsteren Verdacht denke . . .

Maria und Julia stammten aus Lemberg. Ihr Vater war dort Direktor des jüdischen Theaters. 1939, nach dem deutschen Überfall auf Polen, besetzten die Russen die Stadt. Zwei Jahre später kamen die Deutschen. Die Alberts, wie der Nachname der beiden Mädchen lautete, waren von jeher deutschfreundlich gewesen. In ihrem Haus sprach man Deutsch, las man deutsche Dichter, spielte man die Musik deutscher Komponisten. Es war eine weitverzweigte Familie mit zahlreichen Mitgliedern. Als die Deutschen die Stadt räumten, war keiner der jüdischen Einwohner mehr am Leben. Maria hatte ihren Vater verloren, ihren Bruder und alle ihre Verwandten. Sie selbst hatte überlebt, weil sie mit Mutter und Schwester nach Warschau geflohen war. Freunde versteckten sie dort, färbten ihnen die Haare blond, verschafften ihnen »arische« Papiere als katholische Polinnen.

Nach dem Ausbruch des Ghettoaufstands gelangten sie nach Deutschland. Maria drehte im Reichsbahnausbesserungswerk Hannover Lokomotivkolben. Sie machte ihre Arbeit gut. Zu gut. Kolben waren kriegswichtig, und die polnische Widerstandsbewegung im Werk hatte etwas gegen Qualitätsarbeit. Man drohte ihr, sie nach dem Krieg umzubringen. Pfuscharbeit aber galt bei den Deutschen als Sabotage und wurde ebenfalls mit dem Tod bestraft. Die Sechzehnjährige, von beiden Seiten unter Druck gesetzt, wußte keinen Ausweg mehr. In ihrer Verzweiflung steckte sie eines Tages ihre rechte Hand in die laufende Maschine.

Es war eine furchtbare Verletzung, die sie sich zuzog, aber sie hatte ihr Ziel erreicht. Sie brauchte keine Kolben mehr zu drehen, man übertrug ihr sogar eine Sonderaufgabe: die Einrichtung einer Krankenstube. Ein Arzt kam und sagte: »Die haben hier alle Furunkel. Wegen der Unterernährung. Die müssen aufgeschnitten werden. Ich zeige dir, wie man das macht, Mädchen, und schon kannst du es.«

Sie konnte es tatsächlich. Mußte es können. Weil der Arzt sich nur sehr selten sehen ließ. Sie schnitt Furunkel auf (das Messer, das sie dazu benutzte, besitzt sie heute noch), sie schiente Arm- und Beinbrüche, zog Stahlsplitter heraus. Eines Tages schleppte sich eine Russin zu ihr, schreiend, wimmernd. Sie war schwanger, und die Wehen hatten eingesetzt. Maria brachte das Baby zur Welt, schnitt die Nabelschnur durch. Es blieb nicht das einzige Baby. Es gab viele schwangere Frauen unter den Fremdarbeiterinnen.

»Es waren alles Bombenkinder«, erzählte sie. »Bei einem Bombenangriff mußten die Fremdarbeiter nämlich in einen Wald. Bunker gab es für sie ja nicht. Franzosen, Russen, Tschechen, Polen, Männer und Frauen, na ja, und dabei passierte es dann . . .«

Maria gefiel mir vom ersten Moment an (auch wenn sie mir heute noch vorwirft, daß ich ziemlich stark nach ihrer Schwester Julia geschielt hätte), und ich bat sie, ihre Fahrt nach Warschau zu verschieben. Ich hatte Angst, daß ihr etwas zustoßen könnte. Die Lage war noch viel zu verworren. Russen und Polen vertrugen sich nicht so, wie man es von Siegern erwartet hätte. Die polnische Miliz legte sich mit den Soldaten der Roten Armee an, polnische Zivilisten wurden in die Sowjetunion deportiert.

Die beiden Mädchen waren von ihrem Entschluß nicht abzubringen. »Wir müssen wissen, was mit Mutter ist«, sagten sie, und das klang unwiderruflich.

Wir brachten sie zum Bahnhof und halfen ihnen, einen Platz in einem der Viehwaggons zu finden. Ich gab Maria einen Zettel und sagte: »Wir gehen nach Berlin. Hier ist eine Adresse. Wir wollen nach Amerika auswandern.« Ich machte eine Pause. »Wir dachten, daß ihr vielleicht mitkommt und . . .« Die Lokomotive pfiff. Ich lief neben dem Zug her. »Also dann in Berlin . . .«

Wir konnten beide nicht an ein Wiedersehen glauben. Maria fuhr nach Warschau, um in einer total zerstörten Stadt ihre Mutter zu suchen. Das war eine Reise, die zu einer Fahrt ohne Wiederkehr werden konnte. Auch meine Zukunft lag im dunkeln. Ich wußte noch nicht einmal, ob ich bis Berlin kommen würde.

Am 28. Februar 1947 stieg ein junges Paar vor dem Standesamt Berlin-Zehlendorf aus einem Auto vom Typ Adler. Um präzise zu ein: hundertfünfzig Meter vor dem Standesamt. Genau an dieser Stelle hatte der Adler, der heute auf jeder Oldtimer-Auktion Höchstpreise erzielen würde, energisch »nein« gesagt. Er wollte nicht mehr fahren, sondern geschoben werden. Das junge Paar tat ihm den Gefallen. Und des jungen Mannes Schwiegermutter half dabei. Eine halbe Stunde später waren die beiden Mann und Frau, und ihr grenzenloses Vertrauen in die Menschen und in die Dinge zeigte sich sogleich, als sie sich demselben Auto wieder anvertrauten. Und tatsächlich: der »Adler« schien Jungvermählte gern zu mögen, denn er regte seine Schwingen und flog knatternd mit Artur und Maria Brauner davon.

Die Schwestern hatten ihre Mutter tatsächlich in Warschau gefunden. Wenn auch krank, elend und ohne Hoffnung. Sie hatten sie hochgepäppelt und waren nach Berlin aufgebrochen, das sie schließlich unter Umständen erreichten, die die Seiten eines zweiten Buches füllen würden. Als Maria an der Tür meines winzigen Untermieterzimmers im Bezirk Zehlendorf klopfte, sagte sie, als wäre sie gerade vom Einholen gekommen: »So, da bin ich wieder.«

Ich sagte: »Es wäre schön, wenn Sie blieben.« Das war ein Heiratsantrag vom Typ Liebe 46, und Marias Leitung war kurz genug, um, wie unsere neuen Landsleute so was nannten, »die Nachtijall trapsen zu hören«. Ihre eigene Liebeserklärung war ähnlich ungewöhnlich.

Um mich häufiger sehen zu können, schaffte sie sich ein Fahrrad an, stellte aber mit schmerzhafter Überraschung fest, daß die Fähigkeit, Fahrrad zu fahren, nicht angeboren ist, sondern erworben werden mußte. Sie übte in finsteren Nebenstraßen still vor sich hin, und eines Tages gelang es ihr, per Rad bis nach Zehlendorf vorzustoßen.

Als sie abstieg, sah ich, daß ihre Knie vollkommen zerschunden waren. Und ich dachte mir, daß das für eine gute Ehe eigentlich reichen müßte.

Wir waren getraut, aber richtig verheiratet fühlten wir uns trotzdem nicht. Was uns fehlte, war, und das klingt jetzt schrecklich altmodisch, der Segen meines Vaters und meiner Mutter. Sie saßen in einem Lager bei Heidenheim und warteten auf ihre Papiere für die Auswanderung nach Amerika. Heidenheim liegt an der Brenz und soll ein liebliches Städtchen sein, wurde mir erzählt, aber es lag jenseits der Zonengrenze, und das war für uns so gut wie auf dem Mond. Zum Passieren dieser Grenze brauchte man einen Interzonenpaß, und den bekam man, wenn überhaupt, erst nach einer gewissen Wartezeit.

Als ich die neunundsechzig Fragen eines Antragsformulars beantwortet hatte und es im Rathaus Zehlendorf abgab, fragte ich den Beamten, ob ich *ihm* jetzt mal eine Frage stellen dürfe. Ich durfte.

»Wann bekomme ich den Paß?« fragte ich.

»Stellen Sie Ihre Frage in acht Wochen noch einmal«, antwortete er.

In acht Wochen würden meine Eltern längst in Amerika sein. Dann lernten sie meine Frau nie kennen! Für mich ein unvorstellbarer Gedanke, denn ich hing sehr an der Familie. Ich sagte zu Maria: »Wir fahren ohne Paß. Irgendwie werden wir schon durchkommen.« Und in tiefstem Gottvertrauen fügte ich hinzu: »Schick ein Telegramm, daß wir heute abend da sind.« Maria schickte, wenn auch kopfschüttelnd. Als einziger Mensch hat sie mich immer ernst genommen.

Wir machen den Adler startklar und fahren los. Schwiegermutter rechts neben mir, meine Frau hinter mir. Wir brauchen acht Stunden bis Eisenach, fahren dann in Richtung Berka, Obersuhl auf die Grenze zu. Ich biege von der Hauptstraße ab. Wir holpern über Feldwege, sind plötzlich auf einer Waldschneise. Ich wende, suche, Nebel fällt ein, die Sicht wird immer geringer, ein Radargerät müßte man haben, plötzlich rauscht Wasser.

»Ist das nicht die Werra?« fragt Schwiegermutter neugierig, als hätten wir ein U-Boot.

Über die Werra wollte ich eigentlich auf einer Brücke. Der Fluß soll ja tief sein. Ich stoße zurück. Der Adler gewinnt wieder festen Boden.

Vorsichtig tasten wir uns einen Uferweg entlang. Eine Behelfsbrücke taucht auf aus dem Nebel, von einer Wachbaracke flankiert. Die Brückenbohlen rumpeln. Die Baracke ist anscheinend unbesetzt. Kein Posten ist zu sehen. Als wir fast auf der anderen Seite sind, ertönen Schreie, Rufe, dann rattert eine Maschinenpistole, aber wer will bei dem Nebel was treffen.

Wir fahren noch einige Kilometer, bis wir glauben, in der amerikanischen Zone zu sein. Ein Wegweiser taucht auf. »Bad Hersfeld – 5 km« steht auf einem seiner Arme. Das kann nichts anderes bedeuten, als daß wir es geschafft haben, daß wir »drüben« sind. Wir springen aus dem Wagen und tanzen um den Wegweiser herum, als seien wir ein bißchen meschugge.

Da taucht aus dem Dunst ein Militärwagen auf. Russen? Mir bleibt das Herz stehen. Es schlägt gleich wieder weiter. Amis. Sie tragen weiße Helme. Military police. Na, was werden sie uns schon tun.

»Passports, Mister«, sagt einer zu mir, ein riesiger Neger.

Wir haben keine Interzonenpässe. Ich setze zu einer Erklärung an, der Neger sagt: »Tell the captain . . . – Erzähl' das mal dem Captain«, und zwängt sich in unseren Wagen.

Maria hat ihren Koffer geöffnet, reißt ihr Brautkleid heraus, schwenkt es wie eine Fahne und sagt: »Er mein Mann. Wir Hochzeit. Du verstehen?« Sie wiederholt es etwa elfmal. Die Militärpolizisten schauen ihr entgeistert zu, wie sie mit dem Selbstgeschneiderten im Gelände herumwirbelt. Einer tippt sich an die Stirn.

Eine halbe Stunde später sind wir hinter Gittern. Im Arrestraum der amerikanischen Kommandantur von Bad Hersfeld. Ich war schon häufiger eingesperrt im Laufe meines damals 28jährigen Lebens, und amerikanische Gitter sind mal was Neues, aber wozu soll ich mich aufregen. Ich komme auch gar nicht dazu. In unserer Zelle sitzen noch zwei andere illegale Grenzgänger. Es sind Berliner, und ihre Unterhaltung besteht im wesentlichen aus der Einleitungsfloskel: »Du, da fällt ma eine herrliche Jeschichte ein . . .« Die ist dann auch herrlich. So herrlich, daß wir trotz unserer Misere aus dem Lachen nicht herauskommen. Vielleicht haben die beiden in meinem Unterbewußtsein den Keim gelegt zu dem Entschluß, aus dieser Stadt nie wegzugehen – komme, was da wolle.

»Wenn ick den Ami da sehe, fällt ma eine herrliche Jeschichte ein . . .« Im Augenblick ist gerade Olle Willy am Zuge. Der »Ami da«, einer unserer Bewacher, trägt auf der linken Wange ein Pflaster, und Willy erzählt: »Jeht 'n amerikanischer Besatzungssoldat zu'n Berliner Frisör, sagt ›Shaving, please‹, also det heißt ›rasiern‹, und der Frisör rasiert und schneidt ihm dreimal. Det tut so weh, daß dem Ami die dicken Tränen über de Backen lofen, da beugt sich der Frisör über ihm und sacht: ›Heimweh, wa?‹«

Als meine beiden Frauen immer unruhiger werden, sagt Orje: »Hier muß eener 'ne Ruhe ham, denn allet is relativ. In de Plötze (dem großen Gefängnis in Berlin-Plötzensee), da war'n Lebenslänglicher, und wie 'n Kumpel von ihm einjeliefert wird, da frachta: ›Wat bringst 'n mit, Hanne?‹ Und Hanne sacht: ›Acht Jahre.‹ Sacht der Lebenslange mit seiner Ruhe: ›Na, denn jehste ja bald wieda.‹«

Wie Olle Willy von seinem Verhör wiederkommt, fragen wir ihn begierig, was der Captain gesagt hat, und Willy meint, indem er sich auf seine Pritsche haut: »Ville jesacht hatta nich, aber watta jesacht hat, war Keese.«

Am anderen Morgen fängt erst Schwiegermutter an zu weinen, dann weint auch Maria. Sie haben gehört, wie in der Nebenzelle einer erzählt hat: »Das ist nun schon der elfte Mord an der Grenze.« Die Zonengrenze war damals gefährlicher als der Central Park in New York heute. Es kam immer wieder zu Überfällen auf Grenzgänger: Sie wurden ausgeplündert, betrogen, zusammengeschlagen, ermordet.

»Deine Eltern«, sagte Maria, »müssen ja denken, daß uns was passiert ist.«

Wir hämmern mit den blechernen Trinkbechern gegen die Gitter, bis einer der Bewacher aufkreuzt. Ich verlange den Captain. Der Captain ist nicht zu sprechen. Meine Frau weint. Die Schwiegermutter weint. Plötzlich ist der Captain doch zu sprechen: Wir werden zum Verhör befohlen.

Meine Frau sagt: »Moment!«, öffnet den Pappkoffer, holt das Hochzeitskleid heraus und zieht es sich an, Brautschleier um, Brautkranz aufs Haar, Myrthenstrauß in die Hand.

Der Captain kriegt gerade noch ein krächzendes »Hääällou« heraus, als er sie so sieht. Dann schweigt er betroffen. Wir sprechen kein Englisch, der Captain kein Polnisch, und vom Deutschen kennt er nur die Worte »Bier« und »Fräulein«, was in unserem Fall nicht ausreicht. Was heißt »Hochzeit« auf englisch? Gott im Himmel, wie wichtig manchmal ein einziges Wort sein kann.

»Taaa – taaa – ta – ta«, mache ich, »di – daaa – da – da.« Das soll der Anfang des Hochzeitsmarsches aus »Lohengrin« sein, und den muß er kennen.

Er kennt ihn, versteht aber wohl Bahnhof, denn er schüttelt energisch den Kopf. »Nix taaa-taaa-ta-ta«, sagt er, zeigt auf uns beide, dann mit dem Zeigefinger auf seine Brust, murmelt irgend etwas von »no priest«, daß er kein Priester sei. Himmel, der denkt, daß wir uns von ihm trauen lassen wollen. Ein Mann wird geholt, der angibt, daß er gut Deutsch und Englisch kann. Er kann beides schlecht, aber es genügt, um dem Captain unsere Geschichte zu übermitteln.

Er glaubt sie uns nicht. Niemand glaubt einem die Wahrheit. Er hält uns, wie wir später erfahren, für Agenten, die zwecks Tarnung als Hochzeitspaar reisen. Wir werden in die Zelle zurückgebracht. Zermürbendes Warten den ganzen Tag über. Um fünf Uhr wird die Zellentür aufgeschlossen. Der Ami mit dem Pflaster kommt, grinst, sagt: »Bye, bye and have a nice time.«

Warum wir plötzlich gehen durften, erfuhren wir erst in Heidenheim, wo wir um Mitternacht eintrafen. Gegen Abend waren im Lager der Auswanderer zwei Militärpolizisten aufgetaucht und hatten gefragt, ob jemand auf ein junges Paar warte, das hier seine Hochzeit feiern wolle. Meine Eltern hatten sich gemeldet und erbleichend »ja« gestammelt. Woraufhin sich die Polizisten grußlos entfernten. Nach einer Weile waren sie wiedergekommen und hatten gemeldet: »Mr. und Mrs. Brauner und Mrs. Albert werden gegen Abend hier eintreffen.« Sie hatten inzwischen mit Bad Hersfeld telefoniert und dem mißtrauischen Captain unsere Geschichte bestätigt.

Die Hochzeitsfeier dauerte bis acht Uhr morgens, und das Hochzeitsgeschenk der beiden Militarypolicemen bestand aus zwei Stangen Chesterfield. Was ein Vermögen war, denn die »Aktiven«, wie die nicht gedrehten Zigaretten genannt wurden, kosteten das Stück acht Mark fünfzig. Die Policemen bestellten uns auch einen Gruß des

Hersfelder Captains, und wir sollten uns mit der Hochzeit ein bißchen beeilen. Wir wußten genau, was er meinte, und Maria errötete schicklich: unser Henry war nämlich, deutlich sichtbar, auf dem Weg zu seinem irdischen Dasein . . .

Seit damals sind nun dreißig Jahre vergangen, und wenn uns heute Leute besuchen, die lange Jahre nicht bei uns waren, dann lese ich in ihren Augen das Staunen: »Na, immer noch mit derselben Frau verheiratet?« Ich weiß, daß das heutzutage befremdend wirkt, und bei einem Filmproduzenten geradezu pervers. Schließlich ist sein Bett das erste, durch das ein Starlet zu gehen hat, wenn es Karriere machen will. So stellt sich Fritzchen ja den Produzenten vor, und manchmal hat Fritzchen vielleicht sogar recht. Aber nur sehr manchmal. Wobei ich nicht ganz sicher bin, ob dasselbe nicht auch für andere Branchen gilt: für Krankenhäuser zum Beispiel, für große Betriebe, für Rundfunkanstalten, für das Bundeshaus. Will sagen: Chefärzte, Personalchefs, Abteilungsleiter, Politiker sind mehr Anfechtungen ausgesetzt als wir vom Film. Denn Krankenschwestern, Sekretärinnen, Cutterinnen, Stenotypistinnen sind ja heute genauso hübsch wie Starlets. Und nicht nur hübsch . . .
Meine Frau ist einmal von einem phantasievollen Reporter gefragt worden, wie sie mit den »außerehelichen Sex-Problemen fertig wird, die die Tätigkeit eines Filmproduzenten mit sich bringt«. Obwohl sie solche Fragen nicht sehr mag, denn sie ist in dieser Beziehung so altmodisch wie ich, hat sie doch darauf geantwortet. Sie sagte: »Für mich waren das nie Probleme. Und wenn es welche gewesen wären, müßte ich annehmen, nicht mit dem richtigen Mann verheiratet zu sein. Männer, die fremdgehen, sind im allgemeinen krasse Egoisten. Sie wollen alles haben: die glückliche Ehefrau, das kindergesegnete traute Heim *und* die Geliebte. Man kann aber nicht alles haben im Leben . . .«
Zu unserer Silberhochzeit sind wir beide ins »Hilton« gefahren. Ganz allein. Wir wollten niemand um uns haben. Selbst unsere Kinder nicht. Wir haben gut gegessen und uns anschließend auf den Dachgarten gesetzt. Unter uns flimmerten die Lichter der Stadt, die unsere zweite Heimat geworden ist, die wir lieben gelernt haben, und

der wir treu waren über all die Jahre. Nicht nur mit schönen Worten, sondern einfach damit, daß wir in ihren Mauern geblieben sind.

Wir haben damals Bilanz gezogen und uns gefragt: Würden wir diese fünfundzwanzig Jahre noch einmal so leben wollen, wie wir sie gelebt haben? Ich glaube, das ist eine Frage, die sich unsere Generation oft gestellt hat. Denn welcher Nation man auch angehört hat in dieser Zeit, ganz einfach war es nicht, zu überleben.

Der Milchmann Tevje in dem Musical »Anatevka« hat mir immer aus dem Herzen gesprochen, wenn er gelegentlich mit seinem Gott haderte. Auch ich habe manchmal meinen Blick zum Himmel gerichtet und gesagt: »Lieber Gott, ich seh' ja ein, daß es nicht gut ist, wenn man es allzu leicht hat. Aber mußtest du es einem gleich soooo schwer machen?«

Maria und ich waren uns damals einig, daß unser Leben, so wie es gewesen war, gut war. Wir haben ein reiches, buntes, volles Leben geführt. Es war nicht selten gefährdet, aber vielleicht war es deshalb so glücklich. Wir sind nämlich immer glücklich gewesen. Und wenn wir es auch heute noch sind, so nicht zuletzt deswegen, weil wir keine Ressentiments kennen. Das ist etwas eminent Wichtiges: daß man niemand etwas nachträgt, daß man sich nicht ständig vergangener Kränkungen erinnert. So etwas führt zu seelischer Vergiftung, zu einem ewigen Blick zurück im Zorn.

Ich spüre keinen Haß in mir. Gegen niemanden. Selbst den bösesten Erfahrungen kann man immer etwas Gutes abgewinnen. Als Maria in Warschau mit falschen Papieren lebte, arbeitete sie bei einer deutschen Besatzungsbehörde als Buchhalterin. Eines Tages wurde sie von den eigenen Landsleuten angezeigt, daß sie Jüdin sei. Eine Denunziation, die einem Todesurteil gleichkam.

Sie ist damals zu ihrem Vorgesetzten gegangen, einem Oberingenieur namens Kornhas, hat ihren »echt arischen« Paß gezeigt und gesagt: »Sie sehen doch, ich bin katholische Polin.«

Kornhas sagte: »Sie wissen so gut wie ich, Fräulein Albert, daß man sich solche Papiere kaufen kann.« Er machte eine Pause: »Wenn Sie auf Ihrem Posten als Buchhalterin bleiben, wird man Sie in das Vernichtungslager abtransportieren. Also müssen Sie da weg.« Am anderen Morgen saß Maria als Dolmetscherin im Vorzimmer des Oberingenieurs. Das bedeutete ihre Rettung.

Ähnliches habe auch ich erlebt. Nicht einmal, sondern mehrere Mal. Wie auch sonst wäre man lebend herausgekommen aus der Hölle? Und diese Erfahrung, daß es selbst unter den unmenschlichsten Umständen Leute gab, die ihre Menschlichkeit bewahrten, hat mir den Glauben an meine Mitmenschen bewahrt. Ein einziger Korczak, jener Arzt, der mit den Kindern seines Waisenhauses freiwillig in die Gaskammern ging, um sie beim Sterben nicht allein zu lassen, ein solcher Mann legt ein Konto an, von dem Millionen zehren können.

Ob es ein Geheimrezept gibt für die Führung einer guten Ehe, ich weiß es nicht, jedenfalls habe ich keines. Ich weiß nur, daß diese oft gescholtene Einrichtung der Zweisamkeit unter dem Motto steht: »Oft kopiert, doch nie erreicht.« Und für mich gibt es kein schöneres Wort als das, welches der König Salomo einmal darüber gesagt hat: »Es sind besser zwei denn eins, denn sie genießen doch ihrer Arbeit wohl. Fällt ihrer einer, so hilft ihm sein Gesell wieder auf. Wehe dem, der allein ist. Wenn er fällt, so ist kein anderer, der ihm wieder aufhelfe. Und wenn zwei beieinander liegen, so wärmen sie sich. Wie kann ein einzelner warm werden? Einer mag überwältigt werden, aber zween widerstehen.«

Nadja Tiller, der verhinderte Weltstar und der bestohlene Ungar

In meinem Arbeitszimmer gibt es einen Wandsafe. Zu diesem Safe hat nur ein einziger Mensch einen Schlüssel, und das bin ich. Das klingt spannend, ist es aber nicht. Ich warne jeden Einbrecher: Wer den Safe knackt, wird keine Zehnkaräter finden, keine Banknoten und keine Goldbarren, sondern lediglich einen Stoß Alben. In diese Alben habe ich einen Bruchteil jener nach Tausenden zählenden Fotos eingeklebt, die in den letzten dreißig Jahren gemacht worden sind: von meinen Stars, meinen Filmen, meinen Freunden, von rauschhaften Festen, großen Premieren, lustigen Parties.

Nachts, wenn ich wach liege, und mit zunehmendem Alter brauche ich immer weniger Schlaf, kann es vorkommen, daß ich leise den Safe öffne und mir meine Alben ansehe. Ich unternehme eine Reise in die Vergangenheit. Jedes Bild erweckt in mir bestimmte Erinnerungen. Häufig sind es wehmütige Erinnerungen: denn ich bin von Toten umgeben. Es ist deprimierend, wieviele Schauspieler in den letzten Jahrzehnten in jenes Land gegangen sind, von dem es keine Wiederkehr gibt.

Ich sehe Grethe Weiser. Sie steht neben ihrem Mann, dem Produzenten Hermann Schwerin, und lacht über irgend etwas, was ihr Thomalla gerade erzählt. Wahrscheinlich ist es der neueste Berliner Witz. Über die Leute von der Spree konnte sie sich ja immer wieder ausschütten vor Lachen. An ihrem 67. Geburtstag, wenige Monate vor ihrem entsetzlichen Tod, waren wir noch zusammen. Sie wohnte ja gleich um die Ecke bei mir im Grunewald in der Herthastraße. Sie war bester Stimmung, wenn auch ein bißchen wehmütig, und schwelgte in Erinnerungen an einstige große Erfolge.

»Wissen Sie noch, Braunerchen, wie wir damals...«, war ihr zweites Wort. Und sie dachte daran, wie ihr die Verehrer den Hut vom Kopf rissen, um ihn in einzelne »Souvenirs« zu zerstückeln, und an die nach Tausenden zählenden Fanbriefe und den hartnäckigen Verehrer mit dem täglichen Rosenstrauß. »Wir hatten eine so schöne Zeit.« Sie setzte nachdenklich hinzu: »Wie schön sie war, das weiß ich erst heute.«

Einen Film gab es, an den sie sich weniger gern erinnerte. Und gerade darin hat sie eine echte Hauptrolle gespielt und nicht, wie sonst häufig, die beste Nebenrolle. Er hieß »Die Kaiserin von China«. Die Rolle bot ihr alle Voraussetzungen, umwerfend komisch zu sein. Aber bei der Uraufführung verließ das Publikum ziemlich enttäucht das Theater. Grethe hat nie erfahren, warum das so war.

Es war die Liebe. Die Liebe eines Regisseurs zu . . ., nein, nicht zu Grethe Weiser, zu Nadja Tiller, die ebenfalls mit von der Partie war. Steve Szekely hieß der Mann, und er war ein ungarischer Vollblüter. Der Blitz hatte ihn sofort bei Drehbeginn getroffen und für den Rest der (Dreh-)Tage schwer gezeichnet. Kam er morgens ins Atelier, stammelte er ununterbrochen »Nadja-Nadjenka« vor sich hin. Wenn sie aufkreuzte, bekam sein Blick etwas Idiotisches. Er stand dann da wie das bekannte Männlein im Walde, so ergreifend still und stumm. Und wenn Drehpause war, stürmte er jagenden Atems in die erste Etage, wo sich Nadjas kuschelige Garderobe befand.

Stand Grethe Weiser vor der Kamera, war er merkwürdig zerstreut, entwickelte aber ein ungewöhnliches Tempo, war mit jeder Einstellung in nullkommanix fertig, und wenn er die Szene im Kasten hatte, ging ihm das Wort »gestorben« hurtig von der Zunge. Jreten lobte er ständig über den grünen Klee, vermutlich, um eventuell bei ihr aufkommende finstere Verdächte im Keim zu ersticken. Hatte er Nadja in der Dekoration, arbeitete er mit der zähen Pedanterie eines Uhrmachers, ließ alles ein halbes Dutzendmal wiederholen und ebensooft kopieren. Was *mein* Geld kostete! Das Ergebnis: Nadja Tiller war in der »Kaiserin von China« die wahre Herrscherin, Grethe Weiser aber . . . siehe oben.

Mein Gott, Nadja, seufze ich erinnerungsschwer. Ich kenne einige große Produzenten in Europa und Amerika, die ihr eine internationale Karriere allerersten Ranges prophezeiten, Experten, die sie, aufgrund ihrer Begabung, ihres Aussehens, ihres gewissen Etwas, selbst über Romy Schneider stellten. Warum sie diese Karriere nie gemacht hat? Für mich ist die Antwort auf diese Frage klar: Sie hatte zuviel Glück. Zuviel Glück in ihrer Ehe. Mit ihrem Mann Walter Giller, ihren Kindern, ihrem Heim. Und vielleicht war sie auch zu wenig ehrgeizig. Aber was soll der Ehrgeiz, wenn einem alle (privaten) Blütenträume erfüllt werden.

Doch zurück zu Grethe Weiser. Ihren Hermann hat sie über alles geliebt, wenn er ihr auch einmal großen Kummer bereitete. Er hatte sich in ein bildhübsches Sternchen verliebt. Es war ein Verhältnis, das über zwei Jahre dauerte. Die Grethe litt so sehr darunter, daß sie sichtlich alterte. Sie fragte mich immer wieder verzweifelt, ungläubig: »Natürlich ist sie jünger, hat mehr Busen, mehr Po . . . Genügt denn das, um fast fünfundzwanzig Jahre auszulöschen, ein Vierteljahrhundert zwischen einem Mann und einer Frau? Beantworten Sie mir die Frage, bitte, bitte . . .« Sie weinte fassunglos.

Wie es zu dem grauenhaften Autounfall an jenem Oktobertag des Jahres 1970 in der Nähe von Bad Tölz kam, werden wir nie genau wissen. Grethes Mann war ein guter Autofahrer, die Fahrbahn trokken, die Sicht klar. Daß er, an der Kreuzung vorschriftsmäßig haltend, den vorfahrtberechtigten Lastwagen nicht sah, ist unwahrscheinlich. Man nimmt deshalb an, daß ihm plötzlich unwohl wurde, er auf das Lenkrad sackte, sein Fuß von der Kupplung glitt, und – da der Gang eingelegt war – der Wagen nach vorn sprang.

Seit damals warte ich nie mehr mit eingelegtem Gang und durchgetretener Kupplung an einer Kreuzung, wie es die meisten Autofahrer tun.

Da ist Leonard Steckel, bei dem ich immer an die aus dem Orient stammende Geschichte von dem reichen Mann denken muß, zu dem der Tod kommt, und der reiche Mann nimmt sein schnellstes Pferd und flieht nach Bagdad, und als er das Stadttor passiert, steht der Tod dort und sagt: »Hier habe ich dich erwartet.« Steckel reiste nämlich nicht gern mit dem Flugzeug. Wie so viele Menschen, die sich durch die Katastrophenmeldungen von den Abstürzen schockieren lassen. Er fuhr lieber mit der Eisenbahn, und genau dort wartete der Tod auf ihn: in einen TEE-Zug von München nach Zürich. Der Zug entgleiste bei hoher Geschwindigkeit in einer Kurve.

Peter van Eyck steht neben seiner Frau Inge im schneeweißen Smoking, das Glas in der Hand und die unvermeidliche Zigarette. Er hat uns gelegentlich einigen Ärger gemacht, wenn er auf Parties den Whiskyimport nach Deutschland allzu stark erhöhte. Er wurde dann aggressiv und sagte jedem die Wahrheit. (Fatalerweise war es oft tatsächlich die Wahrheit, aber wer will sie schon hören!) Am anderen Morgen steigerte er dann regelmäßig die Umsätze des Berliner Blumenhandels mit dem Kauf zahlreicher »Verzeihen-Sie-bitte-ich-habe-das-nicht-so-gemeint-Sträuße«.

Peter war bereits vom Tod gezeichnet, als er mich im Frühjahr 1969 von seinem Schweizer Domizil aus – er hatte Schloß Bergsteig bei St. Gallen erworben – anrief. Wir wollten einen neuen Film zusammen machen, »Agenten funken nach Moskau«, in dem Peter neben James Mason die zweite Hauptrolle spielen sollte. Seine rauchige Stimme, die die Frauen schwach werden ließ, klingt mir noch in den Ohren; er versicherte mir immer wieder: »Du, Artur, ich bin jetzt wieder völlig okay. Hundertprozentig. Kannst es mir glauben. Freu' mich schon auf die Dreharbeiten. Und nach der Premiere machen wir ein Faß auf. Wie in alten Zeiten.«

Seine Wiedergenesung war nur eine Atempause vor dem Ende. Er litt, so vermuteten seine Ärzte, an einer noch unbekannten Viruserkrankung, die er sich bei den Außenaufnahmen zu »Shalako« in Spanien zugezogen hatte. Mit aller Energie hatte ich als Coproduzent mich dafür eingesetzt, daß Peter die Rolle bekam. Später habe ich mir dann oft gesagt: »Wärst du bloß weniger energisch gewesen.«

Peter van Eyck, der eigentlich Götz Eick hieß und aus Steinwehr in Pommern stammte – das »van«, das Ypsilon und auch das silberweiße Haar hat man ihm in Hollywood verpaßt –, Eyck war ein leidenschaftlicher Reiter und hat das Leben geliebt wie kein zweiter. Zu meiner Frau hat er einmal gesagt: »Ich will Hundert werden, Maria. Mit Hundert werde ich bei einem Geländeritt vom Pferd fallen und mir das Genick brechen – ex, aus, schmerzloser Abgang.«

Sein Abgang war nicht schmerzlos, sondern unvorstellbar qualvoll. Seine Frau Inge, eine geborene de Foris et Foris Valois, hat mir davon erzählt: »Ich saß die Tage und die halben Nächte an seinem Bett. Er hatte eine wahnsinnige Angst vor dem Sterben. Beim Aufschütteln des Bettes sah er eines Morgens, daß seine Füße ganz schwarz geworden waren. Er schien zu ahnen, daß es nicht mehr lange dauern konnte.

›Du tust mir leid, Mädchen‹, sagte er. Er wußte, daß ich wußte, daß er sterben mußte. Aber er tat so, als wüßte er es nicht. Und genauso hielt ich es.

Das Sterben ist eine alberne Komödie. Alle lügen und belügen sich. Die Ärzte, die Schwestern, die Angehörigen, der Sterbende selbst. In seinem Schreibtisch fand ich dann einen Zettel. Er hatte darauf einen Vers notiert, den er sich als Grabspruch wünschte. Es waren zwei Zeilen aus einem Gedicht von William Faulkner. Sie lauteten: ›Though I be dead, this soil shall hold me breathe.‹ – Zwar bin ich tot, doch diese Erde wird mich atmen lassen.«

Frau van Eyck gab den Ärzten die Erlaubnis, den Körper ihres Mannes zu öffnen, um die Todesursache zu ergründen. Vielleicht, so meinte sie, könne sie damit einmal anderen Patienten helfen. Tief verborgen in der Lunge fand man eine Geschwulst, die vorher bei keinem Test, keiner Röntgenaufnahme entdeckt worden war. Es war eine Krebsgeschwulst.

Paul Klinger schaut mich an aus einem Bild. Er brach tot zusammen während einer Rede, in der er sich für die Belange seiner Kollegen mit der ihm eigenen Selbstlosigkeit einsetzte. Ein anderes Foto: Robert Graf unterhält sich mit einem Beleuchter am letzten Drehtag seines Films »Und das am Montagmorgen«. Robert Graf, ein Mann, ein Mensch, bei dem ich mich manchmal frage, welch einen Sinn ein solcher Tod haben kann: ein noch junger, hochbegabter Schauspieler, beliebt bei allen, erfolgreich, mit einer großen Zukunft, ein glücklicher Ehemann, ein zärtlicher Familienvater, er wird von heute auf morgen hinweggerafft. »Wen die Götter lieben, der stirbt jung«, sollen die alten Griechen gesagt haben. Ein schwacher Trost . . .

Ich sehe Susanne Cramer, blühend, strahlend, gut gelaunt, keine große Schauspielerin, weiß Gott nicht, aber ein liebenswerter Kumpel – eines Tages fand man sie tot in einem Hotel in Hollywood. Todesursache: Schlafmittelvergiftung. Selbstmord, Unfall – es ist nie ergründet worden. Wie so oft in solchen Fällen. Renate Ewert, ihre beste Freundin, starb kurz vorher unter ähnlichen Begleitumständen in München.

»Es muß nicht im-
mer Kaviar sein«
von Johannes Mario
Simmel wurde für
mich zum Exempel,
daß erfolgreiche Li-
teratur sich genauso
erfolgreich filmisch
umsetzen läßt. Kein
Wunder, wenn man
einen O. W. Fischer,
eine Senta Berger
(92) und eine Gene-
viève Cluny (93) hat.

93

94

Sbigniew Cybulski,
Sonja Ziemann,
Aleksander Ford (v.
l. n. r.).

»Der achte Wochen-
tag« wurde von
Aleksander Ford
nach einer Novelle
des genialischen pol-
nischen Schriftstel-
lers Marek Hlasko
gedreht. Sonja Zie-
mann gelang mit
diesem Film der
Durchbruch ins Cha-
rakterfach.

Das Liebespaar die-
ses Films: Sonja Zie-
mann/Sbigniew Cy-
bulski.

95

96

Axel Munthe, den Arzt von San Michele, zu spielen, war ein alter Wunschtraum von O. W. Fischer. 1962 konnte ich ihn verwirklichen.

O. W. Fischer mit der blutjungen Renate Ewert, einem Starlet, das einen tragischen Tod fand.

97

98 »Frauenarzt Dr. Sibelius«: Lex Barker und Senta Berger in einem der immer wieder zugkräftigen »Weißkittelfilme«.
Ladislao Vajda drehte mit Barbara Rütting und Hansjörg Felmy »Die Schatten werden länger«. Felmy, der TV-Kommissar von heute, spielte da-
99 mals einen Häftling.

Beide waren sie Starlets, Sternchen, die noch nicht zu leuchten begonnen hatten, sondern nur so ein bißchen flimmerten. Starlets gehören zu den Gefährdeten in unserem Geschäft. Viele von ihnen glauben sich bereits nach zwei, drei Filmen ganz oben auf der Leiter und merken nicht, daß sie gerade erst ein paar Sprossen erklommen haben. Der kleinste Erfolg steigt ihnen zu Kopf, läßt sie utopische Gagen fordern und sich aufführen, als hätten sie's erfunden. Auf Parties erscheinen sie mit großem Gefolge, stelzen herum wie Flamingos, sprechen mit unnatürlicher Stimme und lachen glockenhell. Sie wissen nicht, daß zu ihrem Beruf eiserne, zähe, disziplinierte Arbeit gehört, und lassen es sich auch von niemandem sagen. Das Erwachen kommt rasch, und der Morgen danach ist trostlos.

Sie müssen feststellen, daß ihre neuen Freunde keine waren, sondern nur Kostgänger, daß die Kollegen etwas knapper grüßen (oder gar nicht mehr), der Produzent immer häufiger sagt: »Kindchen, ich hab' heut' wirklich keine Zeit«, der Manager sich gelegentlich am Telefon verleugnen läßt, die Rollenangebote weniger werden. Da Berufliches sich mit Privatem eng verwickelt hat, geht auch die Liaison in die Brüche, die sie mit irgend jemanden »vom Film« eingegangen waren. Manche fangen an zu trinken, andere nehmen starke Beruhigungsmittel. Und alle bekommen sie die Telefonitis: Sie führen mit allen möglichen Leuten endlose Gespräche, in denen sich Selbstmitleid mit bitterer Anklage paaren – aber auch nackte Verzweiflung.

Ich habe viele solcher Anrufe erhalten. Meist kamen sie nachts. Zwischen zwei und drei Uhr. Ich bin dann vorsichtig aus dem Bett gestiegen, um meine Frau nicht zu wecken, und hinunter ins Arbeitszimmer geschlichen. Was sich dann abspielte, kann man nur mit der Telefonseelsorge vergleichen: Der Produzent als Beichtvater oder als seelischer Mülleimer.

Selbstmorddrohungen sind bei solchen Gesprächen üblich. Und das Vertrackte ist: du weißt nie, wie ernst sie gemeint sind. Du kannst dir hundertmal sagen: das ist nichts als Hysterie. Die hat eben ein bißchen zuviel getrunken, will dich nur wegen einer Rolle erpressen – passiert dann wirklich etwas, machst du dir dein Leben lang Vorwürfe. In »Teufel in Seide«, einem meiner besten Filme, spielt Lilli Palmer eine Frau, die mit Hilfe erpresserischer Selbstmordversuche das erreicht, was sie auf keinem anderen Weg bekommen kann. Die Versuche sind zeitlich und von der Tablettendosis her so genau berechnet, daß die Retter nicht zu spät kommen können. Selbstmordkandidaten dieses Typus kommen besonders häufig unter Frauen vor. Die Gefahr ist groß, daß eines Tages die Rechnung, rechtzeitig gerettet zu werden, nicht aufgeht.

Ich habe deshalb solche Anrufe nie auf die leichte Schulter genommen. Ich habe mit Engelszungen geredet, geflucht, gebettelt. Fünfeinhalb Stunden dauerte einmal ein solches Gespräch. Es kam aus Rom und muß eine Unsumme an Gebühren verschlungen haben. Mehrmals habe ich über einen zweiten Apparat die dortige Polizei alarmiert, die Adresse durchgegeben, so lange gesprochen, bis ich die Türklingel am anderen Ende der Leitung hörte. Ich habe mich manchmal ins Auto gesetzt, bin losgerast und habe unterwegs gebetet, daß ich nicht zu spät kommen möge. Ein andermal bin ich mit der letzten Maschine noch nach Hamburg oder München geflogen.

Ich glaube, daß ich einigen Schauspielerinnen auf diese Weise das Leben retten konnte. Um wen es sich dabei handelte, hat nie jemand von mir erfahren. Selbst meine eigene Frau nicht. Ich werde diese Namen nicht nennen. Auch wenn es – schlechte – Sitte geworden ist bei den Memoirenschreibern, »rücksichtslos auszupacken und keine Tabus zu scheuen«. Mir wird, ehrlich gesagt, flau in der Magengegend, wenn ich einen Schauspieler auf dem Fernsehschirm erlebe, der gelassen ankündigt, er werde nicht nur seine Bettgespielinnen nennen, sondern auch den Geschlechtsverkehr mit ihnen bis ins Detail schildern.

Filmstars ähneln großen ungezogenen Kindern. Manche wieder sind eher mit Patienten zu vergleichen. Ihre Launen, ihre »Zicken«, wie der Berliner sagt, ihre Eigenheiten, ihre Sympathien und Antipathien, ihre Wünsche bilden ein unerschöpfliches Repertoire, und manchmal wundere ich mich, was mich davor bewahrt hat, zum Frührentner zu werden. Jeder fühlt sich als der Größte, will das beste Hotel, braucht sofort einen Wagen, an allem und jedem muß er herummeckern. Da geht eine Jalousie in seinem Zimmer nicht ganz zu, oder die Air-Condition funktioniert nicht, oder nebenan ist ein Liebespaar, das ihn stört in seiner Nachtruhe, oder er will in den Ostsektor, aber sein Chauffeur ist Westberliner und darf das nicht.

Mit ausländischen Stars sind die Gagenverhandlungen am schwierigsten. Diese Leute kommen ja nur, weil ihr persönlicher Kurs daheim ins bodenlose gesunken ist. Sie haben ein paar »Flops« hinter sich, wie man geschäftlich erfolglose Filme nennt, aber sie fühlen sich noch als die ganz Großen, und ihnen klarzumachen, daß sie das nicht mehr sind (denn jeder ist nur so gut wie seine letzten Filme), ohne sie bis ins Mark zu treffen, das ist eine Aufgabe, die nur mit der Delikatesse eines Psychiaters zu lösen ist. Am wirksamsten erweisen sich immer noch Komplimente.

Ich lasse mir vorher ihre alten Sachen schicken, führe sie mir in meinem Keller vor, und wenn die Helden oder Heldinnen bei mir sind, lobe ich sie in den siebten Himmel. Man kann dabei gar nicht dick genug auftragen. Schauspieler schlucken jede Schmeichelei, und wenn sie noch so schamlos ist. Sie sind geborene Egozentriker, kreisen nur um sich selbst, reden nur von sich, schauen ständig in alle Spiegel, und es soll unter ihnen welche geben, die sich sofort verbeugen, wenn sie eine Dusche hören, weil sie das Geräusch für Beifall halten. Diese Egozentrik ist auch der Grund, warum es für Nichtschauspieler so schwer ist, mit einem von ihnen verheiratet zu sein. Sie brauchen keinen Partner, sondern ein Ein-Mann-Publikum. Und wenn sie beide von der Branche sind, dann wehe, wenn einer von ihnen mehr Erfolg hat. Das klingt jetzt sehr negativ, ist es aber nicht. Denn Schauspieler müssen so sein, sonst wären sie keine guten Schauspieler. Man muß sie lieben, wie sie sind, und ich liebe sie. Ich bin selbst mit denen noch befreundet, die mich einmal schwer gekränkt haben.

Gottfried Reinhardt erzählte mir von einem jugendlichen Helden, der einst auf einer der Bühnen seines Vaters den Ferdinand gespielt hatte. Den aus Schillers »Kabale und Liebe«. Man schrieb das Jahr 1915, und eines Tages wurde auch der Bühnenheld an der Front gebraucht. Als er sich, bereits in Uniform, von seinem Direktor verabschiedete, sagte er seufzend: »Mein Gott, was soll aus dieser Welt bloß werden, wenn ich den Ferdinand nicht mehr spiele.« Daß so ganz nebenbei ein halber Erdball in Flammen stand, interessierte ihn nur am Rande.

Diese Launen, diese Spleens und Schrullen, das alles könnte sehr lustig sein, ist es aber nicht für einen Produzenten, denn jeder Spleen kann ihn eine Menge Geld kosten. So ging es mir bei der »Privatsekretärin«. Der Film sollte, logischerweise, in meinen Spandauer Ateliers entstehen. Alles lief prächtig. Wir hatten die Ziemann, Paul Hörbiger, den Regisseur Paul Martin . . . und Rudolf Prack! Damals der Traum aller Frauen von siebzehn bis siebzig. Kurz vor Drehbeginn sagte der Rudi in seiner sanften wienerischen Art: »Du, Artur, i moch' den Füm, aber net in Berlin, waaßt.«
»Bist du jetzt wahnsinnig geworden? Es ist doch schon alles vorbereitet. Der Stab steht, die Termine stehen, und da kommst du, und . . .«
Ich redete wie ein Bananenverkäufer. Stereotyp kam sein »Aber net in Berlin, waaßt«. Die Sonny versuchte ihr Glück. Paul Martin nahm ihn sich vor. Alles umsonst. Was kann er bloß für einen Grund haben, in Berlin nicht zu drehen? Schön, die politische Situation war nicht rosig, aber wann war sie das in Berlin, und bisher hatte das keinen seiner Kollegen vom Geldverdienen abgehalten. Also was war es? Er sagte es nicht. Das Ungeheuerliche wurde zum Ereignis: Obwohl meine eigenen Studios leerstanden, mußten wir nach Hamburg gehen.
Summe der Mehrkosten: 150000 DM!
Erst viel später habe ich den Grund erfahren. Cherchez la femme, ich hätte es mir gleich denken können. Da gab es eine Frau in Berlin, die den Rudi auf Schritt und Tritt verfolgt hätte. Gott im Himmel, ein Mann sollte froh sein, wenn er auf diese Art beschattet wird. Aber nein: ein ganzes Filmteam muß die Stadt wechseln, und eine Schrulle kostet ein Vermögen. Gallenanfälle möchte man kriegen, wenn man daran denkt.

Es gibt tatsächlich Sachen, die gibt es gar nicht und wenn, dann nur bei uns. Da ist mein Menjou-Bärtchen. Kann man sich vorstellen, daß diese Ansammlung von Haaren mich einmal graue Haare gekostet hat? Schuld daran war ein Schauspieler und Sänger namens Manfred Petz, besser bekannt unter dem Namen Freddy Quinn. Er hatte eine sehr erfolgreiche Zeit, in der sein Name auf einem Vorspann bares

Geld war. Die Produzenten standen bei ihm Schlange, und wer ihn bekam, konnte sich die Hände reiben. Ich konnte meine Hände nie reiben, denn Freddy wollte mit mir keinen Film machen. Es war befremdend, gelinde gesagt, schließlich gehörte ich zu den Großen der Branche, und ich fragte mich, was für einen Grund es geben könnte, wenn ein Schauspieler mich ablehnte. Hatte ich Schulden, Ausschlag, einen Buckel? Ich steckte mich hinter seinen Manager, konsultierte seine Freundin, fragte ihn schließlich selbst – zu hören bekam ich nur lahme Ausreden.

Doch was ich erreichen will, das erreiche ich, und eines Tages machten wir zusammen »Freddy und das Lied der Prärie«. Die Prärie lag in Jugoslawien, ein ideales Filmland, aber zu dieser Zeit schon nicht mehr so ideal, weil alle Welt dort drehte, und so was liftet die Preise. Die Kalkulation belief sich auf sage und schreibe 1,7 Millionen Mark. Freddy und ich kamen uns bei den Dreharbeiten näher. Eigentlich war er ein patenter Kerl, athletisch gebaut, fit bis in die Zehenspitzen und so schrecklich vital: Manchmal hatte man das Gefühl, er könnte vor Kraft nicht laufen. Mutig war er auch, und daß er mir mit seinem Mut die teuren Stuntmen einsparte – denn er ließ sich selbst bei den gefährlichsten Szenen nicht doubeln –, machte ihn mir rundum sympathisch.

Eines Abends, bei Sliwowitz und Cevapcici, sagte er in seiner treuherzigen »Junge-komm-bald-wieder«-Art: »Heute kann ich's Ihnen ja sagen, was mich immer an Ihnen gestört hat, Herr Brauner.«
Ich hob gespannt den Kopf.
»Der da war's«, sagte er und zeigte auf meine Oberlippe. »Wissen Sie, ich kann nämlich Leute mit Schnurrbart auf den Tod nicht ausstehen. Ich bin allergisch dagegen.« Er fügte verlegen hinzu: »Das heißt natürlich, ich *war* es. Inzwischen hat sich das ein bißchen gegeben.«
Der Schnurrbart war ein Jugendtrauma meines Künstlers. Irgendein entfernter Verwandter hatte sich immer über die Wiege von Klein-Freddy gebeugt und ihn abgeküßt. Was furchtbar kratzte und dem Baby wehtat. Wir mußten beide herzlich lachen und tranken weitere Sliwowitze. Spätestens bei der Abrechnung der Verleihfirma lachte ich nicht mehr: Die »Prärie« hatte nur 1,1 Millionen eingespielt, was für Verleiher und Produzent einen Verlust von 600 000 DM bedeu-

tete. Freddys Popularität beim Publikum hatte offensichtlich nachgelassen.

Hätte ich den Film nur zwei Jahre eher gemacht, wäre er noch auf der Erfolgswelle geschwommen. Da aber hatte Freddy nicht gewollt, wegen . . . siehe oben. Insofern trage ich den teuersten Bart der Welt: Er ist genau sechshundert Riesen wert. Und rechnet man die Zinsen hinzu, die sie bis heute gebracht hätten, kann man sogar von einem Millionending sprechen, das da auf meinen Lippen sprießt.

Um einen Vertrag mit Mario Adorf unter Dach und Fach zu bringen, wurde ich sogar zum Gladiator. Adorf war nach seiner Glanzrolle in »Nachts wenn der Teufel kam« gut im Geschäft und hatte einige lukrative Angebote aus dem Ausland. Es ging um den Film »Am Tag, als der Regen kam«, für den ich Gert Fröbe und Elke Sommer bereits engagiert hatte. Adorf aber zierte sich, machte auf interessant, meinte, daß die Rolle nicht den geringsten internationalen Touch habe, und war überhaupt sehr schwierig. Ich blieb hartnäckig wie ein Gerichtsvollzieher und setzte ihm zu wie ein Steuerprüfer.

»Herr Brauner«, sagte er schließlich und musterte mich geringschätzig von oben bis unten. »Ich mache Ihnen einen Vorschlag. Wir setzen uns hier an den Tisch, stellen unseren rechten Arm mit dem Ellbogen auf die Platte, und wenn ich Ihren Arm nicht umbiegen kann, haben Sie gewonnen. Dann spiele ich jede Rolle für Sie. Und wenn es der siebente Zwerg ist in ›Schneewittchen‹.«

Nun muß ich zugeben, daß ich kein Goliath bin. Eher ein mittlerer David. Aber von der Benutzung einer Steinschleuder war ja nicht die Rede. Mario sah bereits mit Jackett aus wie ein Berufscatcher. Oben ohne wirkte er wie Mr. Bodybuilding persönlich. Ich war trotzdem bereit, mit ihm in den Ring zu klettern. »Wie Sie wollen«, sagte ich möglichst gelassen und begann, den Schreibtisch abzuräumen. Der Fight fand draußen in meinem Spandauer Büro statt. Die Zahl der Zuschauer, die aus den Ateliers herbeigeströmt kamen, wuchs ständig. Inge Laeppché malte schließlich ein großes »Ausverkauft« an die Tür und ließ niemand mehr 'rein.

Dieses Armdrücken ist, neben dem Fingerhakeln, ein uralter bayrischer Wirtshaussport. Aber das interessierte mich während des

Kampfes wenig. Meine Stirnadern schwollen an, die Augen traten mir aus den Höhlen, ich biß mir die Unterlippe blutig. Mehrmals war ich zur Kapitulation bereit, warum sollte ich mir einen Schlaganfall holen, aber dann dachte ich an den Film und biß mir wieder in die Unterlippe. Nach 22 Minuten und 34 Sekunden erklärte die als Ringrichterin tätige Lilli Palmer den Kampf für »remis«. Damit war Adorf unter Vertrag.

Meinen rechten Arm mußte ich auf ärztliches Anraten zwei Wochen in einer Schlinge tragen. Der Sieg war teuer erkauft. »Wieso teuer?« meinte der Regisseur Géza Radvanyi, als ich ihm die ganze Sache erzählte. »Denken Sie mal an die Zinsen, die Sie jetzt kassieren. Mit so einem Arm kann man doch keine Schecks unterschreiben.« Das war eine Idee, die ich gern aufgriff.

Radvanyi war Ungar. Ungarischen Filmmenschen fällt immer ein Bonmot ein. Und wenn es ein boshaftes ist. Als Radvanyi das »Riesenrad« für mich drehte, hatte er den üblichen Krach mit O. W. Fischer, wobei der Schauspieler darauf hinwies, daß er schließlich O.W. Fischer sei. Darauf der Géza: »Das bist du in Daitschland, Otto. Aber wos bist du im Ausland? Do hält man dich für eine Zahnpasta.« So sind sie. Burschen von unendlichem Witz. Und Charme. Und Lebenslust. Dabei gewieft wie die Scherenschleifer und clever wie Börsianer. Untereinander sprechen sie Ungarisch. Mit anderen Leuten Deutsch, Englisch, Französisch, das dann wie Ungarisch klingt. Doch ihr Gesichtsausdruck ist so sprechend, daß jeder sie versteht. Die meisten von ihnen tragen aus mir unerfindlichen Gründen den Vornamen »Géza«. Und die meisten von ihnen sind irgendwie adlig: unter einem »von« machen sie es nicht. Attila, der Hunnenkönig, muß ein paar tausend Ungarinnen in seinem Harem gehabt haben. Anders läßt sich der Adelsüberschuß dieses Volkes nicht erklären.

Das Kino verdankt den Ungarn viel. Sie haben eine ganze Anzahl berühmter – manchmal auch berüchtigter – Schauspieler, Produzenten, Regisseure, Agenten hervorgebracht. Nicht umsonst hing über dem Schreibtisch eines Hollywoodgiganten ein Schild mit der Aufschrift: »Ungar sein allein genügt nicht!« Die Geschichte des Films hat bewiesen, daß es meist genügte.

Ich habe immer sehr gern mit ihnen gearbeitet. In ihrer Gegenwart langweilt man sich nie. Sie sind Originale in des Wortes wahrer Bedeutung, nämlich »echt«, »ursprünglich«, eben unverwechselbar. Alfred Polgar, unvergeßlicher Meister der kleinen Form, hat einen von ihnen geschildert. Einen, der in Hollywood während des Krieges die Kollegen betreute, die aus Europa emigriert waren. Im Namen und Auftrag einer großen Filmgesellschaft. Polgars Schilderung ist so witzig und human zugleich, daß ich nicht umhin kann, sie hier wiederzugeben:

Er war ein guter Mann, ohne sichtbare Flecke an seinem Charakter. Nur hatte er eine lästige Leidenschaft, nämlich: Leidenschaft. Dauernd befand er sich, grundlos, in feurigem Zustand. Wenn er das Gleichgültigste sagte, funkelte doch sein Auge, hatte seine Stimme den Tonfall stürmischer Bewegtheit. Und wenn er schwieg, schwieg er temperamentvoll. Er war wie ein stets straff gespannter Bogen. Ohne Pfeil. Den Filmen, die er uns, zur Einführung in die Kunst der Story-Ersinnung, vorführen ließ, saß er, obschon im Umgang mit pictures alt und grau geworden, in kindlicher Unblasiertheit gegenüber, schluchzend bei den traurigen, von Lachen geschüttelt bei den heiteren Szenen. Und es bedurfte wirklich voller Konzentration auf den vorgeführten Film, um von Gram und Freude, zu denen er unseren Mentor hinriß, nicht angesteckt zu werden. Es war nicht seine Schuld, daß die Inspirationen, die er uns aus eigenen geistigen Beständen zuteil werden ließ, auf unfruchtbaren Boden fielen. »Ein Mann trifft eine Frau« – so beiläufig skizzierte er, flammend, was ihm als dankbarer Film-Stoff vorschwebte – »eine Frau, ein Weib, ein solches Weib« (er ballte die Fäuste) . . . »und er muß sie haben und . . . Sie verstehen – sie ist verrückt nach ihm, aber eben deshalb . . . Sie wissen, was ich meine. – Und da ist eine andere Frau, und . . . also mehr brauche ich Ihnen doch nicht zu sagen – und da folgt dann eine spannende Szene auf die andere – und zum Schluß nimmt das Ganze eine Wendung . . . eine Wendung . . .« (er knirschte mit den Zähnen) ». . . Sie wissen, was ich meine?« *

* Alfred Polgar, »Im Lauf der Zeit«, rororo 107, Rowohlt Taschenbuch Verlag GmbH, Hamburg 1954

Nichts ist treffender als die Bemerkung, daß die Leidenschaft der Ungarn die Leidenschaft ist. Nur leider können sie sie nicht durchhalten: Vier bis sechs Wochen, die eine Filmregie normalerweise dauert, sind eine zu lange Strecke, um leidenschaftlich zu sein. Für ihre Arbeit aber ist sie der unbedingt notwendige Motor. Wenn er anfängt zu klopfen, zu spucken, unregelmäßiger zu laufen, schlägt bei dem wissenden Produzenten eine innere Alarmklingel an. So bei mir, als Josef von Baky einmal für mich arbeitete.

Nach vierzehntägiger Drehzeit mehrten sich die Anzeichen, daß Joschis »Läädenschoft« anfing durchzuhängen. So wie der Bart des Csikos, des Pferdehirten der ungarischen Puszta. Die Muster, die wir uns allabendlich im Vorführraum ansahen, wurden immer fader. Die Szenen hatten keinen Rhythmus. Ich war verzweifelt: Wenn das so weiterging, würde der ganze Streifen in die Hose gehen. Was tun? Als ich am Wochenende in der »Troika« saß, unserem Stammlokal am Wittenbergplatz, kam Hilfe. Hilfe von einem anderen Ungarn. Er sagte, nachdem ich ihm von meinem Kummer berichtet hatte: »Mágyar ist wie Vulll-kan. Wenn lange brännt, geht aus. Mußt Feuär wieder onfochen. Durch bumm-bumm, durch Äxplósion.«

Gut, werden wir ihn explodieren lassen. Aber wie? Jedes Mittel ist recht. Es geht schließlich um Millionen. Als erstes lassen wir ihm die Brieftasche klauen. Warum läßt er sein Jackett auch so leichtsinnig herumhängen. In der Brieftasche sind 670 DM. Joschi regt sich nicht auf. »Olles, wos man mit Geld gutmachen konn«, sagt er philosophisch, »ist keine Tragödie.«

»Aber Ihr Paß, Herr von Baky, war nicht auch Ihr Paß in der Brieftasche?«

»Stimmt, der war da drin.« Er ist schon etwas weniger philosophisch. Er überlegt, wie er nach Drehschluß über die Grenze nach Wien kommen soll. Ohne Paß.

»Ooch wos«, sagt er schließlich, »wozu hab' ich olten Freind in Bottschaft.«

Wir versuchen noch ein paar andere Tricks. Baky regt sich nicht auf, und von Äxplósion kann schon gar nicht die Rede sein.

»Er will nicht explodieren«, berichte ich abends meinem Gewährsmann in der Troika.

Der überlegt, meint dann: »Muuuuss wos sain mit ain Waib, ein abgélegtes. Mágyar hat immer abgélegtes und hot Ärger.«
Das leuchtet ein. Meine Pressechefin geht zu Baky und erzählt, eine
Dame mit starkem ungarischen Akzent habe angerufen, sie sei gerade
aus Budapest eingetroffen, er, der Josef, sei ein Schwein, ein schänd-
liches, habe sie gesagt, und auflauern werde sie ihm im Hotel, und
Rache sei süß, und lange zu leben habe er nicht mehr. Und . . .
und . . . und . . .
Joschi ist bleich geworden, setzt sich auf den Regiestuhl, sagt nur ein
einziges Wort, und das lautet: »I – lon –ka«.
Zwei Minuten später schießt er durch die Hallen wie eine Rakete und
sucht mich. Er überschüttet mich mit einer Suada von Verwün-
schungen, Klagen, Flüchen, Gotteslästerungen: Er sei unfähig, auch
nur einen Tag weiterzuarbeiten; niemand könne arbeiten, wenn das
Hemd auf dem eigenen Leib nicht sicher sei, das Studio von Dieben
wimmele, ehemalige Geliebte mit Dolch, Gift und Pistole in Hotel-
foyers auf einen lauerten und so fort.
»Aber Sie haben einen Vertrag, Herr von Baky. Wollen Sie vertrags-
brüchig werden? Das kostet Sie eine saftige Konventionalstrafe, und
ob Sie überhaupt jemals wieder einen Film in Deutschland kriegen,
ist auch noch die Frage. Unzuverlässige Elemente von Ihrem Typus . . .« Ich versuche, ihn mit allen Mitteln zu provozieren.
Er starrt mich an mit blutunterlaufenen Augen. Sein Atem keucht.
»Wos bin ich, haben Sie gesagt?« Er schaut sich um. Auf einem Nie-
rentisch steht eine Vase, die mir die russische Schauspielerin Tatjana
Samoilowa geschenkt hat. Die Vase ist nicht besonders schön, eher
etwas kitschig, aber sie ist immerhin von der Samoilowa (deren Film
»Wenn die Kraniche ziehen« mich immer noch zu Tränen rührt). Ba-
kys irrer Blick fährt durch den Raum, bleibt an der Vase hängen, er
hebt sie, wirft sie, zerschmettert sie.
Am nächsten Abend gefielen mir die Muster schon besser. Brieftasche und Paß fanden sich auf zauberische Weise wieder an. Und
Ilonka? Ilonka hatten wir einen Tausender in die Hand gedrückt und
in das nächste Flugzug gesetzt. »Köszönöm szépen«, sagte Joschi gerührt, »dankeschön«.
Am folgenden Abend waren die Muster geradezu Klasse.

186

Es war an einem heißen Septembertag des Jahres 1948, als ich in Berlin einem wichtigen Mann gegenübersaß, der folgende Worte an mich richtete: »Herr Brauner, wir haben gedacht, Sie gehören zu den Leuten, mit denen man diese Stadt wieder aufbauen kann. Statt dessen müssen wir feststellen, daß Sie nicht recht bei Trost sind. Und vom Film verstehen Sie soviel wie . . . wie . . .« Er suchte nach einem Vergleich, sagte dann: »Das einzige, was Sie haben, junger Mann, ist keine Ahnung.«

Die Worte trafen mich wie Hiebe. Ich stammelte: »Ich dachte . . . ich wollte . . .«

»Dachte, wollte . . . Sie hätten lieber daran denken sollen, daß wir sechs Hallen in Tempelhof haben und daß diese Hallen leerstehen, und da kommen Sie und wollen von mir eine Viertelmillion, um neue Hallen zu bauen. Und auch noch in Spandau. In einer alten Giftküche. Mann, Mann . . .« Er sah mich kopfschüttelnd an. »Vergiften Sie sich doch lieber gleich selber. Das geht schneller und tut keinem weh.«

Wie betäubt sagte ich dem wichtigen Mann – es war ein Bankdirektor – auf Wiedersehen (worauf er keinen Wert legte), setzte mich in mein Auto und starrte eine halbe Stunde lang vor mich hin. Durch die geöffneten Ausstellfenster hörte ich das dumpfe Brummen der Rosinenbomber, wie die Skymaster genannt wurden, die Berlin versorgten – wenn auch nicht nur mit Rosinen. Wir hatten gerade Blockade.

Stalin hatte unter dem Vorwand »technischer Schwierigkeiten auf den Zufahrtsstraßen« und »notwendiger Reparaturarbeiten« den Vorhang herunterrasseln lassen. Sein Ziel war es, die Westmächte zur Aufgabe ihrer Sektoren zu zwingen. Das Unternehmen glich einer Rechnung, in der es kaum Unbekannte gab. Ihr Resultat stand

187

von vornherein fest: In einer Stadt von über zwei Millionen Einwohnern mußte es zu einem Chaos kommen, wenn diese Einwohner keine Lebensmittel mehr bekamen, keine Milch für ihre Kinder, keine Medikamente für ihre Kranken, keine Kohlen für die Öfen, keine Rohstoffe für die Fabriken, keinen Strom, kein Gas, kein nichts, kein gar nichts. Am Ende dieses Chaos würde der Abzug der Alliierten stehen, der Amerikaner, der Engländer, der Franzosen.

Jeder vernünftige Mensch mußte sich darüber im klaren sein, daß die drei Westsektoren über kurz oder lang zu Ostsektoren werden würden. Aber der »vernünftige Mensch« irrte sich. Stalins Rechnung ging nicht auf. Er hatte sie ohne den Wirt gemacht. In diesem Fall: ohne den Amerikaner. Die Amis konterten in einer Art und Weise, daß der Welt der Atem stockte. Sie organisierten in phantastisch kurzer Zeit eine Luftbrücke, indem sie auch die letzte eingemottete Maschine wieder flott machten. Bereits acht Wochen nach Beginn der totalen Blockade flogen 737 Maschinen innerhalb von 24 Stunden 3870 Tonnen Lebensmittel und Material nach Berlin. Eine Zahl, die bis auf 10 000 Tonnen täglich steigen sollte. Das Unmögliche ward zum Ereignis: Eine Riesenstadt wurde, zum ersten Mal in der Geschichte der Menschheit, ausschließlich aus der Luft versorgt.

Doch dieses bis in das kleinste Detail organisierte Unternehmen wäre zum Scheitern verurteilt gewesen, wenn die Berliner nicht mitgespielt hätten. Sie ließen von Anfang an keinen Zweifel daran, daß sie nicht gewillt waren, klein beizugeben. Sie litten noch unter den Auswirkungen des Krieges, sie hatten sich noch nicht wieder erholt von den schrecklichen Hungerwintern der Nachkriegszeit, aber sie waren sofort bereit, neue Entbehrungen auf sich zu nehmen.

Sie lebten, mehr schlecht als recht, von Trockenkartoffeln, Trockenmilch, Trockenei, sie darbten, hungerten, froren, gingen zu Fuß zur Arbeit, beleuchteten ihre Wohnungen mit Kerzen, heizten ihre Öfen mit dem nassen Holz der Alleebäume. Sie hatten nur zwei Stunden Strom am Tag, die reihum auf die einzelnen Bezirke verteilt wurden, und wer nachts dran war, aß um Mitternacht Mittag, bügelte früh um fünfe und saugte Staub um halb drei.

»Ick kann jar nich so ville zittan, wie ick friere«, wurde zum geflügelten Wort.

Ich habe die Berliner anfangs mit Skepsis beobachtet, dann fing ich an, mich zu wundern, schließlich konnte ich sie nur noch *be*wundern. Wer wie ich nur deshalb überlebt hatte, weil er niemals aufgab, dem imponierte diese Haltung: er konnte sie nachempfinden. Und was mir am meisten gefiel: Die Leute wurden nie pathetisch, gaben nicht an mit dem, was sie taten, sie blieben unsentimental, kühl bis ans Herz hinan, ließen immer wieder durchblicken, daß sie im Grunde nicht die geringste Lust hatten, die Helden zu spielen. »Heldenmütige Blockadebrecher«, »Vorposten der freien Welt«, mit solchen Phrasen wollten sie nichts zu tun haben.

Furcht schienen sie nicht zu kennen. Ich werde nie vergessen, was der Gepäckträger auf dem Tempelhofer Flughafen zu mir sagte, als ich zu Beginn der Blockade von einer Geschäftsreise nach London zurückkehrte.

»Na«, sagte ich und versuchte vergeblich, ihren Dialekt nachzuahmen, »na, jetzt jeht euch wohl doch 'n bissken die Muffe.«

Der Mann antwortete: »Ehrlich jesacht, ja. Nu sind ja bei Hertha schon drei Valetzte.« Er dachte an das bevorstehende Spiel des Fußballvereins Hertha BSC gegen einen westdeutschen Club.

Warum bin ich damals eigentlich in Berlin geblieben?

Um wieder einmal den »vernünftigen Menschen« zu zitieren: von seinem Standpunkt aus war es die blanke Unvernunft. Besonders in meinem Beruf. In einer Stadt, in der die Piloten der Luftbrücke die unfreiwilligen Stars waren, konnte man nicht gut erwarten, daß Zeit, Geld und Arbeit in den Aufbau einer Filmproduktion investiert werden würden. Menschen, die nach POM anstanden, wie die Trockenkartoffelmasse hieß, hatten andere Sorgen als den Kintopp. Außerdem wäre es etwas schwierig gewesen, ohne Elektrizität auszukommen. Kameras reagieren sehr empfindlich, wenn man ihnen den Saft abdreht. Im übrigen stand es ja zu diesem Zeitpunkt in gar keiner Weise fest, wie hoch Stalin zu pokern gewillt war, ob ihm die Stadt nicht eines Tages doch zufallen würde wie eine reife Frucht.

Das alles schienen sich meine Kollegen gesagt zu haben, als sie ziemlich geschlossen in den Westen übersiedelten. Dorthin, wo der Lärm der Flugzeugmotoren nicht durch die Atelierwände drang. Dorthin, wo die großen Verleihe saßen und die meisten Schauspieler. Dorthin, wo es nicht mehr hundert Gramm »Muckefuck« auf Abschnitt 3 der Lebensmittelkarte gab und ein Stück Körperwaschmittel auf römisch vier, denn es gab überhaupt keine Karten mehr, und in den Fleischereien fragten die Verkäufer bereits wieder, ob es für 50 Pfennig mehr sein dürfte. Die Produzenten waren dorthin gegangen, wo die Leute zu essen hatten, und weil sie zu essen hatten, auch richtig arbeiten konnten, und weil sie richtig arbeiten konnten, auch etwas schafften. Ich war der letzte, der meinen Kollegen ihren Entschluß übelgenommen hätte.

Warum also bin ich geblieben? Einmal aus einer gewissen Logik heraus. Ich sagte zu Maria, die damals so jung war wie heute (wenn auch ein ganz klein wenig schlanker): »Wenn Stalin Westberlin haben will, muß er hier einmarschieren. Das würde Krieg bedeuten. In diesem Fall ist es egal, ob wir in München-Geiselgasteig sitzen oder in Hamburg-Wandsbek. Stalin aber wird keinen Krieg riskieren, denn sein Land hat gerade zwanzig Millionen Menschen verloren. In diesem Fall wird die Blockade eines Tages zu Ende sein. Und was wird dann sein?«

Ich beantwortete mir meine Frage selbst: »Dann werden die Deutschen, vital wie sie sind, bienenfleißig wie sie sind, ihr Land wieder aufbauen, und sie werden den Berlinern helfen, und eines Tages wird man wieder Filme drehen wollen, und man wird feststellen, daß zu wenig Ateliers da sind. Also muß man rechtzeitig daran denken, neue Ateliers zu bauen.«

Die beste Ehefrau der Welt nickte stumm. Wie so oft war sie das einzige menschliche Wesen, das mir alles glaubte.

Aber da war noch etwas, was mich an Berlin band. Es war das Gefühl, irgendwie dazuzugehören. Ohne daß ich dessen gewahr geworden war, hatte ich begonnen, mich als Berliner zu fühlen. Die Leute hier an der Spree lagen mir. Sie hatten genau meine Kragenweite. Berliner zu werden, war ohnehin keine Sache des Geburtsscheins, es war eine Sache der Mentalität. Sagte man mir. Ich glaubte zu spüren, wie sie mich langsam akzeptierten. Mich, den Ausländer. Und als sie später aus meinem Vornamen »Artur« den Spitznamen »Atze« machten, da wußte ich, daß das so eine Art Ritterschlag war.

Ich möchte nicht von »Fahnenflucht« reden und derartigem Nonsens, aber die Stadt in diesem Augenblick zu verlassen, erschien mir nicht richtig. Ich wollte die Herausforderung auf meinem Gebiet annehmen, so wie die anderen es in ihrem Bereich taten. In einer Stadt etwas auf die Beine zu stellen, in der nichts mehr auf den Beinen stand, das war eine Aufgabe . . . mich hat das sehr gereizt.

Das alles und noch einiges mehr ist mir damals durch den Kopf gegangen, als ich in meinem Auto saß und auf den löchrigen Asphalt des Kurfürstendamms starrte. Ich fragte mich, warum ich es dem Bankdirektor nicht gesagt hatte, aber das hätte seine Meinung auch nicht geändert. Als Mann der Finanzen mußte er wohl so denken. Vielleicht hatte er sogar recht, und es war wirklich eine Schnapsidee, eine ehemalige Giftgasfabrik mitten in der Blockade in ein Filmstudio zu verwandeln.

Ein paar Wochen später war ich Pächter. Ich hatte ein Gelände gepachtet für einen Zins von 5000 DM im Monat. Mit der Option, den Rest kaufen zu können, wenn ich es wollte. Auf dem Gelände standen zwei Hallen, in denen man jenes Giftgas produziert hatte, das gottlob nie zur Anwendung gekommen war. Der Anblick, den das Ganze bot, war von einer entnervenden Trostlosigkeit. Mondlandschaften müssen dagegen ein Garten Eden sein. Unkraut wucherte, Trümmer rosteten, Abfall stank zum Himmel. An den Mauern der Hallen türmten sich Wälle von Sand- und Salzsäcken, die als Splitterschutz gedient hatten. Selbst die an dem Grundstück vorbeifließende Havel schimmerte schmutzig.

Der Architekt, mit dem ich einen Besichtigungsgang unternahm, murmelte nur immer: »Sieht aus wie damals vor Verdun. Genau wie in Verdun.« Na schön, er war Kriegsfreiwilliger aus dem Ersten Weltkrieg, aber er konnte einem damit ganz schön auf den Wecker fallen.

Der Oberbeleuchter, der mich auf das Gelände aufmerksam gemacht hatte, kratzte sich dauernd am Hinterkopf und sagte: »Hollywood isset nich', möcht' ick ma' saren.«

Als wenn mir das jemand hätte sagen müssen. Sehr ermunternd waren die beiden wirklich nicht.

Am nächsten Morgen rollten Lastwagen an und begannen, die Säcke abzutransportieren. Trümmerfrauen kamen, diese tapferste Spezies der Nachkriegsberlinerin, und räumten auf. Die einzelnen Stockwerkböden und -decken wurden herausgerissen, Kabel verlegt, Fensteröffnungen zugemauert, Transformatoren und die Tonapparaturen eingebaut, die Wände schalldicht gemacht – ein Heer von Handwerkern marschierte auf. Sie waren dankbar für jede Arbeit, denn die Zahl der Arbeitslosen war wegen der Blockade bereits auf 120 000 angewachsen.

Die Kosten der Umbauten wurden höher als veranschlagt. Wie sich alle denken können, die einmal in ihrem Leben gebaut haben. Richtig, woher hatte ich eigentlich das Geld, nachdem der Bankmensch mir nichts hatte pumpen wollen? »Na, woher soll der das schon haben. Aus dem Wiedergutmachungsfonds natürlich«, sagten die Kollegen, »der hat doch -zig Millionen kassiert, der Brauner.« Da konnte ich nur mit dem damals sehr populären Refrain eines Günter-Neumann-Chansons seufzen: »Ach, wär' det scheen . . .« Ich habe bis heute nicht einen Groschen Wiedergutmachung bekommen. Obwohl sie mir zugestanden hätte. Das lag nicht etwa an der Böswilligkeit der Ämter, es lag daran, daß ich nie einen Antrag gestellt habe. Weil ich der Meinung bin, daß es einige Dinge im Leben gibt, die man mit Geld nicht wiedergutmachen kann.

Ich habe mir das zum Aufbau des Spandauer Filmgeländes notwendige Geld auf andere Art beschafft. Zum Teil von Freunden, die auch dann noch Freunde blieben, als ich kam, um sie anzupumpen. Zum anderen Teil waren da die Bankwechsel, die ich aufgrund der Verleihgarantien hatte ziehen können. Denn ich produzierte ja weiterhin Filme. Da solche Wechsel langfristig sind, kann man kurzfristig damit erst einmal andere Verbindlichkeiten bestreiten. Ein Verfahren, das viele Jahre später von einem bekannten Bankier zur Grundlage seiner gesamten Geldgeschäfte gemacht wurde. Gewisse Risiken sind dabei einzukalkulieren.

Allmählich kam Ordnung in das 35 000-Quadratmeter-Chaos von Spandau. Es zeichneten sich tatsächlich Umrisse ab, die auf zwei Aufnahmehallen schließen ließen. Die Werkstätten entstanden, in denen später die Dekorationen gebaut werden sollten; die Schneideräume,

100

Die Karl-May-Welle
rollt und rollt und
rollt:
Lex Barker war ein
idealer Old Shatter-
hand (hier mit Ralf
Wolter in »Der
Schut«).

»Old Shatterhand«:
Lex Barker mit
»Winnetou« Pierre
Brice.

101

»Der Schatz der Az-
teken«: am Marter-
pfahl Alessandra Pa-
naro und Teresa Lor-
ca.

102

103

In Spandau drehten wir sogar Monsterfilme, und zwar mit einer Perfektion, die selbst Hollywood Konkurrenz machen konnte. Während »Das indische Grabmal« (103: Debra Paget), »Der Tiger von Eschnapur« (104: Jochen Brockmann) und »Dschingis Khan« (106: Omar Sharif, Robert Morley, James Mason) große Einnahmen erzielten . . .

105

104

... brachte mich der »Kampf um
Rom« (105: Franz von Ledebur,
Florin Piersič, Robert Hoffmann)
fast an den Bettelstab.

106

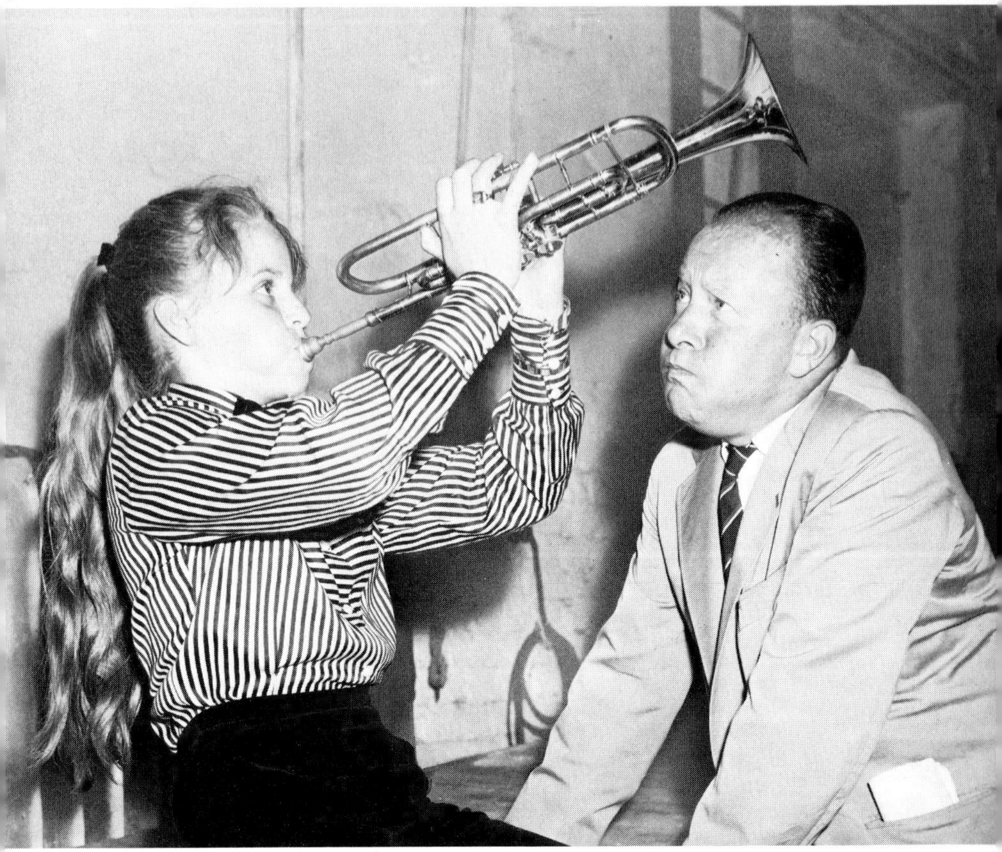

107

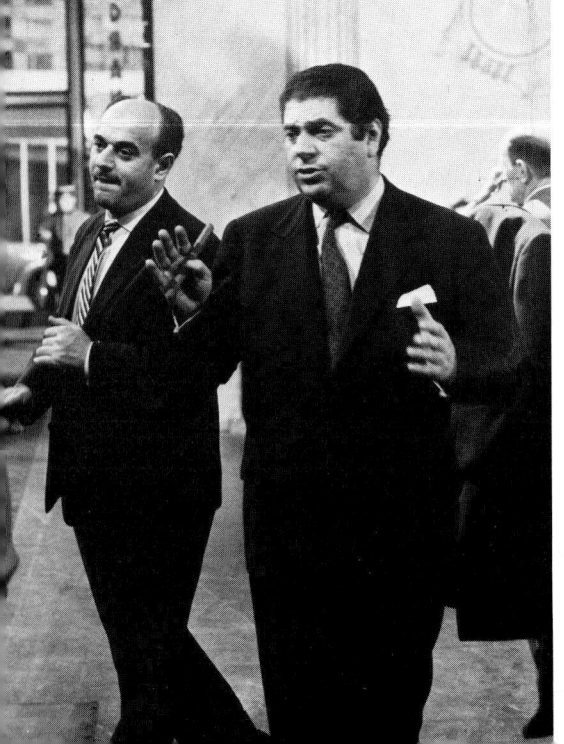

Erik Ode, wie ihn keiner kennt. »Liebe, Jazz und Übermut« hieß der CCC-Streifen, den er als Regisseur zum Erfolg führte.

Mit Regisseur Gottfried Reinhardt in der Dekoration zu »Menschen im Hotel«.

108

»Die Nibelungen«, Teil I; Kriemhilds Rache«, Teil II; »Atzes Untergang«, 109
Teil III, spottete die Branche angesichts des Millionenaufwands. Siegfried
Wischnewski als Hagen.

110   Das Schicksal der letzten Zarentochter »Anastasia« bewegte die Welt. Mit
Lilli Palmer wurde der Film ein Welterfolg. Hier zwei Szenen mit (v. l. n. r.):
Lilli Palmer, Paul Bildt, Kurt Heintel, Stanislav Ledinek (110) und Stanislav Ledinek, Kurt Heintel, Alice Treff, Erika Dannhoff, Fritz Tillmann und
111   Lilli Palmer (111).

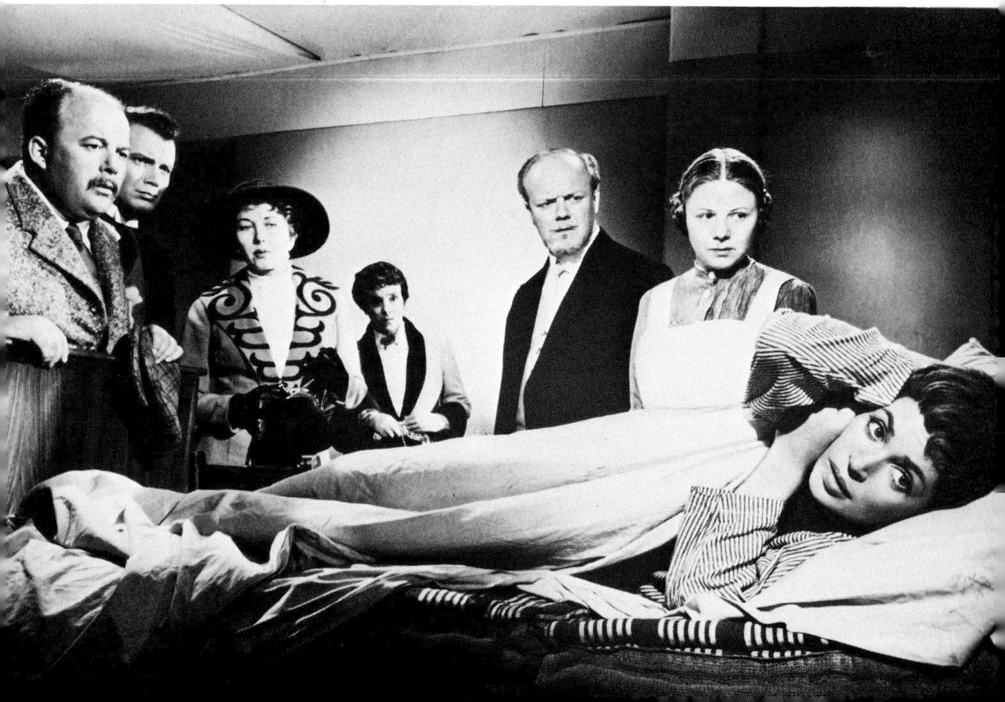

112

Romy Schneider (*113*) zeigte in dem Film »Mädchen in Uniform«, daß sie mehr war als nur eine Sissi. Lilli Palmer (*112*) spielte die geliebte Lehrerin.

113

114.   115   116

Prophete rechts, Prophete links — das Weltkind in der Mitten: Die Gloria-Chefin Ilse Kubaschewski und die beiden Regiestars Kurt Hoffmann (114) und Helmut Käutner (116).
»Ungar sein allein genügt nicht«: Paul Martin (117) und Géza von Cziffra (118) bewiesen mir erfolgreich das Gegenteil.

117   118

in denen der Regisseur zum Ingenieur wird und, zusammen mit den Cuttern, den Film montiert; die Garderoben für die Stars, an deren Türen die Schilder »Zutritt streng verboten« hängen würden; die Büros für die Dramaturgen, den Aufnahmeleiter, den Produzenten, für den Besetzungschef, den Syndikus, den Buchhalter.

Und dann war es soweit: Der erste Film ging ins Atelier. Er hieß »Maharadscha wider Willen«. Der Regisseur war Akos von Rathony. (Sie sehen, ohne Ungarn geht es einfach nicht!) Olga Tschechowa, Rudolf Prack, Sonja Ziemann, Kurt Seiffert, Hubert von Meyerinck, Georg Thomalla spielten, Rita Paul und Rudi Schuricke sangen – für meine Spandauer Premiere war das ein klangvolles Team. Ein Kunstwerk ist der Film nicht geworden, sollte er auch nicht. Es war ein Streifen von der Stange, amüsant, unterhaltend, handwerklich sauber, heute in Ihrem Kino, morgen bereits vergessen.

Den ersten Drehtag werde ich allerdings nicht vergessen. Ein Anblick bot sich wie auf keinem Filmgelände der ganzen Welt: Die meisten Leute hatten keine Haare. Es wimmelte von Glatzen aller Art: von Stoppelglatzen, Dreiviertelglatzen über Kniescheibenglatzen, Spiegelglatzen bis hin zu makellosen Mondscheinglatzen und der Billardkugelglatze, dem Nonplusultra auf dem Gebiet des Glatzenwesens. Insgesamt waren dreihundert Unbehaarte erschienen. Wir hatten sie per Anzeige gesucht, denn sie sollten im »Maharadscha« als Komparsen mitwirken. Da einige von ihnen frische Schnittwunden auf ihren kahlen Häuptern trugen, war anzunehmen, daß sie am Tag zuvor noch behaart gewesen waren. Aber die meisten waren überwältigend echt.

Jedenfalls war es für die Fotografen ein Fressen, und sie behaupteten später, daß sie beim Fotografieren in Halle zwei kein Blitzlicht gebraucht hätten – die dreihundert »Spielwiesen«, wie der Berliner die Glatze nennt, strahlten heller als tausend Sonnen.

An diesem Tag schritt ich über das Gelände mit dem Gefühl eines Feldherrn, der die Schlacht trotz aller Kassandrarufe gewonnen hatte. Ich wurde deshalb nicht größenwahnsinnig. Es war wirklich kein Hollywood, keine Cinecittà, was da entstanden war in Spandau. Dafür aber war das Innenleben, die Technik, jung, modern, perfekt up to date, und genauso jung und modern war der Geist, der hier herrschte. Er war – das klingt vielleicht aus meinem Mund etwas komisch, aber immerhin bin ich Berliner –, er war von der Art des altpreußischen Mehr-sein-als-Scheinen. Wir alle spürten das Feuer der Begeisterung in uns. Wir hatten Ideale. Wir wollten auch Geld verdienen, gewiß, aber wir wollten nicht *nur* Geld verdienen. Das, glaube ich, ist der kleine, aber entscheidende Unterschied zwischen dem Damals und dem Heute. Le petit différence, und das gilt für alle Bereiche unseres jetzigen Lebens, liegt in nichts anderem als in dem Wörtchen »nur«.

Der Weg nach oben war steinig und lang. So lang, daß mich der Mann, der mir damals den Kredit verweigert hatte, immer nur mit den Worten begrüßte: »Hab' ich's Ihnen nicht gleich gesagt?« Nichts muß schöner sein, als recht behalten zu haben. Wir bekamen unsere Krise so rasch und heftig wie eine Grippe. Ich mußte sogar die Belegschaft vorsorglich kündigen. Entlassen mußte ich jedoch niemand. Die Krise ging vorüber, und von da an ging's bergauf. Geholfen dabei hat uns das vom Senat praktizierte Bürgschaftssystem. Für die jeweiligen Einzelkredite, die von der Bank bis zu 65 Prozent der Herstellungskosten gewährt wurden, übernahm das Land Berlin die Bürgschaft. Und mit Vergnügen lese ich in einem alten Zeitungsausschnitt, was der Wirtschaftsexperte der »Zeit« schrieb: »Die Geschäftsbanken haben in Berlin am Film bisher gut verdient. Ausfälle sind nicht entstanden. Manchmal mußten sie wohl etwas länger warten, bis das Geld zurückfloß, sie bekamen es aber immer wieder. Und der Senat von Berlin hat in den letzten fünfzehn Jahren für seine Bürgschaften lediglich 1,3 Millionen Mark eingebüßt.«

Im gesamten Jahr 1950 entstanden in Spandau drei Filme, 1952 waren es bereits sieben, 1954 zwölf, 1957 dreizehn. Längst war der Moment gekommen, da die beiden Hallen nicht mehr ausreichten. Fünf neue Hallen mußten gebaut werden, darunter war eine, die alle bis dahin in Deutschland gewohnten Maße übertraf. Wir verfügten jetzt über eine Studiofläche von über 5000 Quadratmetern. Die neuen Hallen standen nicht mehr auf gepachtetem Land, jetzt war es eigener Grund und Boden, den ich für einen Quadratmeterpreis von DM 10 gekauft hatte.

Die Studios waren derart ausgebucht, daß ich aufpassen mußte, mit meinen eigenen Produktionen in Spandau unterzukommen. 1964 wurden in ganz Deutschland 73 Filme gedreht – allein 17 davon in Spandau! Wir bestritten auf unserem Gelände ein Viertel der gesamten westdeutschen Produktion! Das waren wahrhaft stolze Zahlen. Mein »Mann von der Bank« sagte nicht mehr: »Hab' ich's Ihnen nicht gleich gesagt«, sondern: »Wer hätte so was ahnen können . . .« Ganz ehrlich: ich auch nicht. Aber das hätte ich ihm gegenüber nie zugegeben.

Wir liefen ihnen allen den Rang ab, den Studios in München-Geiselgasteig, in Hamburg-Wandsbek, in Göttingen, in Wiesbaden. Bis zu 500 Angestellte waren zeitweise draußen an der Havel beschäftigt. Über 30 Millionen DM an Steuern haben wir an den Staat abgeführt. Manchmal waren drei, vier Filme gleichzeitig im Entstehen. Wir hatten die modernste Ausrüstung und konnten den Firmen einen technischen Service bieten, wie sie ihn in Hollywood nicht besser angetroffen hätten. Gerade unsere Amis haben mir das immer wieder bestätigt. Selbst vor Monsterfilmen brauchten wir nicht zu kapitulieren. »Dschingis Khan«, »Kampf um Rom«, »Die Nibelungen«, diese Riesenschinken sind alle bei uns entstanden. Wenn Berlin damals wieder Filmstadt wurde, wenn sich die alten Hasen an die zwanziger und die beginnenden dreißiger Jahre erinnert fühlten, dann war ich daran nicht ganz unschuldig. Das muß einmal gesagt werden.

Gewiß, es wurde auch in Tempelhof produziert, und in den Arca-Studios draußen in Pichelsberg, aber ohne Spandau wäre auch die Berlinale nicht das geworden, was sie während ihrer Blüte war: ein glanzvolles Filmfest, zu dem Europa und Amerika ihre wichtigsten Filme schickten, und ihre besten Leute.

Da fällt mir einer der Allerbesten ein, den die USA zu bieten hatte: Louis Armstrong. Ein Künstler, den man normalerweise nicht bezahlen kann, auch wir in Deutschland nicht. Mir war es trotzdem gelungen, ihn für einen Film zu engagieren. Er hatte sich, aus welchem kühlen Grunde, weiß ich nicht, bei den Gagenverhandlungen ziemlich entgegenkommend gezeigt. Es war immer noch eine horrende Summe, die ich auf den Tisch blättern mußte, aber ich sagte mir, warum soll ich mir einen solchen Mann nicht mal leisten, wenn ich schon Bubi Scholz 80 000 Mark zahle.

»Auf Wiedersehen« hieß der Streifen. Armstrong übernahm eine kleine Rolle und spielte einige seiner Evergreens. Er war kein Schauspieler, brauchte es nicht zu sein, er war Louis Armstrong, und das genügte. Er gab sich privat nicht anders als bei der Arbeit, konnte sich gar nicht anders geben, weil sich beide Sphären bei ihm hundertprozentig deckten. Auffallendste Eigenschaft war seine Güte. Nie wieder habe ich einen so unendlich gütigen Menschen erlebt. Außerdem war er stets gut gelaunt. Er kam öfters zu mir hinaus in den Grunewald. Er mochte Kinder über alles, und mein kleiner Sohn Henry hatte es ihm angetan. Er verwöhnte ihn maßlos. Wenn er da war, hallte das Gelächter der beiden durchs Haus.

Am Abend des letzten Drehtags sagte Louis mit seiner herrlich heiseren Stimme: »Irgendwas sollten wir machen, Artur, bevor ich wieder rübergehe. Irgendwas total Verrucktes (dieses Wort sprach er beinahe perfekt deutsch aus).«

Wir hatten hart gearbeitet und waren nie dazu gekommen, zusammen auszugehen. Ich schlug ihm ein paar Lokale vor, die wir hätten besuchen können. Berlin hat da einiges aufzuweisen an Spezialitätenläden aller Art. Mehr als jede andere deutsche Großstadt jedenfalls, München-Schwabing eingeschlossen.

Aber »Pops« schüttelte bei jedem meiner Vorschläge mit dem Kopf. »Nicht verruckt«, sagte er nur. Er verfiel in abgrundtiefes Schweigen, sprang plötzlich auf und meinte: »Los, Artur, fahr mich durch Berlin. Maria, du kommst mit, und Little-Henry auch.«

Ich fand es nicht übermäßig verruckt, aber schön, wenn er es so wollte. Kaum waren wir ein paar hundert Meter gefahren, zog er seine Trompete, von der er sich nie trennte, aus dem Futteral, setzte an und blies zum offenen Fenster hinaus »When the saints go marchin' in«. Hinter dem S-Bahnhof Halensee erklang »High, high society«, und als an der Gedächtniskirche die Ampel auf Rot stand, spielte er den »St. Louis Blues«. Hatte er bei den Ampelstops in dem rechts neben uns haltenden Wagen ein hübsches Mädchen entdeckt, schrie er hinüber: »Baby, darling, jetzt stell die Ohren auf.« Und schon ging es los. Er spielte, sang, spielte. An der Bülowstraße Ecke

196

Potsdamer stand ein Verkehrsschutzmann, weil die Ampel ausgefallen war. Ich mußte ganz nah an ihn heranfahren und Louis blies: »I can't give you anything but love.«

Das Ganze war ein Heidenspaß, und wer sich am meisten dabei amüsierte, war Louis Armstrong. Er konnte sich freuen wie ein Kind, wenn die Autofahrer bei Grün zu starten vergaßen oder der Schaffner eines Doppeldeckerbusses das Abfahrtsignal nicht gab. Am meisten lachte er, als ein Kabinenroller auf einen dicken Mercedes auffuhr. »Oh, Artur, that's great. Greater! Greatest!« stöhnte er und schlug mir auf die Schulter.

Wir fuhren kreuz und quer durch Berlin. Pops kam immer mehr auf Touren. Er war einfach besoffen von seiner Musik und verlangte von mir, daß ich genauso fuhr, wie er spielte: bei langsamen Sachen wie »True Love« mit höchstens 30 Stundenkilometern, bei den schnellen, wie dem »Tiger Rag«, mit verkehrswidrigen 120. Für die Bezahlung aller Strafmandate versprach er aufzukommen. Als ich einwandte, daß Zickzackfahren mit Geld nicht mehr gutzumachen sei, sondern nur noch mit Freiheitsverlust, da beruhigte er mich: »Sitze ich für dich, Artur.«

Schließlich waren wir draußen am Kleinen Wannsee gelandet. Wir fuhren durch den Forst, die Königsstraße entlang und nach einigen Umwegen nach Potsdam hinüber. Eine Mauer gab es noch nicht, nur einen Schlagbaum, der sich nach kurzer Ausweiskontrolle öffnete. Dann passierten wir ein mit vielen bunten Glühlampen beleuchtetes großes Gebäude.

»Was ist das?« wollte Louis wissen. »Ein Jahrmarkt?«

»Nein, Kommandantura«, sagte ich. »Da sitzen die Russen.«

»Halten, Artur«, sagte er, »wir bringen ein Ständchen.«

»Ich weiß nicht recht«, meinte ich zögernd. »Sie haben manchmal keinen Humor für so was.«

»Russen lieben Musik«, sagte er. »Das weiß jedes Kind. Auch in Amerika.«

Er stieg aus, und im nächsten Moment schwebten die Klänge von »Kalinka« über den um diese Zeit leeren Vorplatz. Fenster öffneten sich. Über die Brüstung beugten sich russische Offiziere und starrten zu uns hinunter. Sie sahen einen Neger, der um Mitternacht Trompete blies. So etwas kam anscheinend nicht häufig vor, und bald waren wir umringt von vierzig, fünfzig Soldaten. Sie kamen, staunten, lauschten. Armstrongs russisches Repertoire war klein. Auch »Kalinka« geht einmal zu Ende. Er begann irgendwas zu improvisieren, »Stenka Rasin«, »Das Glöckchen«, aber das hatten die Russen wohl anders in Erinnerung. Ein Major mit einem halben Klempnerladen auf der Brust sang etwas vor, das wie »Old Man River« klang, es konnte aber auch »Summertime« sein. Louis spielte zur Sicherheit beides, dann mußte er Wodka trinken, und dann blies er den Zapfenstreich aus »Verdammt in alle Ewigkeit«.

Wir fuhren nach Berlin zurück. Armstrong hatte seine Trompete wieder eingepackt. »Sie haben nicht gewußt, wer ich bin«, sagte er nach einer Weile. Das war keine verletzte Eitelkeit. Er gehörte nicht zu jenen Showleuten, die sich beklagen, wenn man sie nicht überall erkennt, und todbeleidigt sind, wenn man sie übersieht. Er wunderte sich nur. Ein Mann, der seit dreißig Jahren mit seiner Band die Welt bereiste, den die Gassenjungen in London so gut kannten wie die Millionäre in Rio, dessen Melodien in aller Munde waren, den man imitierte, parodierte, der wohl der berühmteste Jazzmusiker aller Zeiten war, er war für unsere Potsdamer Russen ein Mister Nobody.

Zum Abschied schenkte mir Louis sein Konterfei. Mit Filzstift schrieb er auf die Rückseite: »Dear Arthur, let's make music in Potsdam – some time or other. Louis.« Es hängt heute noch an der Wand meines Büros in Spandau.

Da hängt überhaupt so einiges. Alte Filmplakate zum Beispiel. Da ist das Plakat zu »Via Mala«. Den berühmten Roman von John Knittel zu verfilmen, schien idiotensicher. Die Story, die sich in der Sägemühle des Ysollatals abspielt, ist von ungeheurer Dramatik und hat Millionen von Lesern in ihren Bann geschlagen. Mit Gert Fröbe hatte ich die ideale Besetzung für den Jonas Lauretz gefunden, den Wüstling und Trunkenbold, der die Familie tyrannisiert und schließlich von ihr umgebracht wird. Christine Kaufmann, die spätere Mrs. Tony Curtis, und Gunnar Möller, unvergeßlich als wackerer Teutone in »Ich denke oft an Piroschka«, waren auch mit von der Partie.

Nun, der Film wird fertig. Wir haben die herrlichsten Landschaftsaufnahmen im Kasten. Die wilden Seitentäler des Vorderrheins sind ja eine reine Wonne für jeden Kameramann. Wir sind also sehr glücklich bei der kleinen Feier, die zum Abschluß eines jeden Films im Atelier abgehalten wird. Solche Feiern haben ihr Ritual. Da gibt sich der Star leutselig und trinkt mit den Beleuchtern ein Bier (nicht ohne vorher den Pressefotografen einen Wink gegeben zu haben); der Regieassistent verträgt sich wieder mit der weiblichen Nebenrolle, mit der er ständig Krach hatte (weil sie eine arrogante Zicke gewesen sei, behauptet er. Weil sie mit ihm nicht hatte schlafen wollen, behauptet sie); der Regisseur sagt, daß er noch nie mit einem so fabelhaften Team zusammengearbeitet habe; der Kameramann trinkt mit dem Tonmeister Brüderschaft, und sie versichern sich gegenseitig, daß sie die Größten sind; der Filmarchitekt erläutert allen, die es nicht hören wollen, daß sein erster Entwurf der bessere gewesen sei; der Standfotograf, während der Dreharbeiten mehr gelitten denn geliebt, darf endlich knipsen, will aber jetzt nicht mehr; alle sagen, daß man sich unbedingt wiedersehen müsse, der andere jederzeit willkommen sei, wenn er mal durch XY durchkomme; nur der Aufnahmeleiter sagt nichts, die geprügeltste, geschundenste, am meisten gebrauchte, für alles verantwortliche Person kann nichts mehr sagen, weil sie vor Erschöpfung auf dem Klappstuhl des Regisseurs entschlummert ist.

Und der Produzent? Er gießt sich Wasser ins Schnapsglas und den Sekt nach kurzem Nippen in den Blumentopf der nächsten Dekoration. Er muß frisch bleiben. Während für die anderen die Sorgen ausgestanden sind, beginnen sie für ihn erst. Da ist zum Beispiel die Vorführung des fertigen Films für den Verleih. Der Verleiher nimmt damit den Film, an dem er ja finanziell stark beteiligt ist, offiziell ab. Viel passieren kann dem Produzenten dabei nicht – vorausgesetzt, er hat sich an das Drehbuch gehalten. Die Verleihabnahme ist trotzdem immer eine aufregende Sache. Zum erstenmal nämlich gibt es so etwas wie ein Echo.

Das Abnahmegremium besteht aus einem knappen Dutzend Herren, unter die sich gelegentlich eine Dame verirrt. Da hätten wir: den Verleihchef, den Chefdramaturgen, die Chefsekretärin, den Pressechef (es wimmelt geradezu von »Chefs«), den Produzenten, den Dramaturgen des Produzenten, den Regisseur und noch so einige.

Der Vorführraum ist eine Art Mini-Kino mit Raucherlaubnis. Wenn das Kommando »Abfahren« ertönt, fängt der Produzent an, unruhig hin- und herzurutschen. Auffällig unauffällig versucht er aus den schattenhaft sich heraushebenden Gesichtern die Reaktionen abzulesen. Zeigt sich ein Lächeln bei heiteren Passagen? Huscht vielleicht ein Schmunzeln über die Züge? Zeigt sich Trauer, Erbitterung, Wut, ja blinkt vielleicht eine Träne? Von Louis B. Mayer, dem legendären Chef der Metro-Goldwyn-Mayer, weiß man, daß er hemmungslos zu schluchzen begann, wenn ihm etwas besonders gut gefiel. Bei mir hatte leider niemand diese Angewohnheit.

Als wir »Via Mala« vorführten, war ich guten Mutes. Wir waren zutiefst überzeugt davon, daß wir gute Arbeit geleistet hatten. Davon ist ein Produzent zwar immer zutiefst überzeugt, aber diesmal waren wir es ganz besonders. Der Film sollte vom Gloria-Verleih in die Kinos gebracht werden, und so war Ilse Kubaschewski persönlich erschienen mit den Herren ihres Stabes. Als das letzte Bild verloschen war, glich der Vorführraum einem Krematorium, so trostlos war die Stimmung. Die Ilse machte ein Gesicht, als habe sie Pflastersteine gefrühstückt.

»Aber, liebe Ilse, was ist los . . .«, fange ich an, »warum hat dir der Film nicht gefallen? Er ist doch original nach dem Buch gedreht worden. Der Fröbe ist riesig, die Landschaft wunderbar, die Musik . . .«

»Der Film ist schrecklich. Er ist krank. Krebskrank«, sagte sie mit starrem Gesicht.

»Aber warum? Um Himmels willen, sag mir, warum?«

»Weil . . . weil . . . also, weil er mir nicht gefällt!«

Viel mehr war aus ihr nicht herauszukriegen. Kurz und gut, Katzenjammer auf der ganzen Linie. Was sollten wir machen? Etwas nachdrehen? Etwas schneiden? Die Musik verstärken? Die Musik zurücknehmen? Wir waren weit davon entfernt, Frau Kubaschewskis negatives Urteil auf die leichte Schulter zu nehmen. Jeder wußte, daß sie eine untrügliche Nase für das hatte, was man den Publikumsgeschmack nennt.

Diesmal aber hatte ihre Nase die falsche Witterung erwischt: »Via Mala« wurde ein riesiger Erfolg. Nicht nur in den Metropolen, sondern auch in den Mittel- und Kleinstädten, also bei jenen Menschen, für die »Gloria« sich als zuständig erachtete.

Ich habe nie recht in Erfahrung bringen können, warum der Ilse und ihren Leuten »Via Mala« nicht geschmeckt hat. Vielleicht lag es an ihrer Putzfrau. Sie brachte zur Abnahme meist ihre Raumpflegerin mit. Weil sie sich sagte, daß das, was dieser Frau aus dem Volke gefiel, allen Frauen aus dem Volke gefallen müsse. Und so kam es, daß Frau . . ., nennen wir sie Hintermayer, daß Frau Hintermayer zu einer wichtigen Persönlichkeit wurde. Man behandelte sie vorsichtig wie ein rohes Ei, Güteklasse A, versuchte, sie vor Beginn der Vorstellung durch einige Scherze aufzulockern, und starrte nach dem Wiederaufflammen des Lichts ängstlich auf ihre Miene.

Ich finde das Putzfrauensystem gar nicht so schlecht, aber man muß es richtig handhaben. Bei Filmen mit Peter Alexander, Rudolf Prack, Joachim Fuchsberger, Rudolf Schock, Bibi Johns, Elke Sommer, da ist sie als Instanz goldrichtig. Bei Filmen wie »Die Ratten«, »Menschen im Hotel«, »Via Mala«, »Der brave Soldat Schwejk« dagegen ist sie hundertprozentig falsch am Platz. Das versteht sie nicht mehr, das liegt eine Ebene zu hoch.

Apropos der »Schwejk«. Bei der Abnahme dieses Films gab es nicht einen einzigen Lacher. Niemand verzog auch nur eine Miene. Gewiß, der Schwejk ist keine bloße Lustspielfigur. Er gehört zu den großen komödiantischen Rollen, aber »Lachen verboten« galt noch nie bei ihm, und schon gar nicht, wenn Rühmann die Hauptrolle spielt. Wir waren so verzweifelt, daß wir vorhatten, den Film ganz still und leise irgendwo in der Provinz anlaufen zu lassen. Das taten wir dann gottlob nicht, sondern brachten ihn ganz groß heraus, wie geplant, und er trat seinen Siegeszug durch die Kinos an.

Dann wieder gab es Filme, über die wir uns bei der Abnahme geradezu scheckig lachten, uns tränenden Auges auf die Schenkel schlugen – um nachher feststellen zu müssen, daß wir mit unserem Vergnügen allein standen. Die Zuschauer starrten griesgrämig vor sich hin und hielten es mit Karl Valentin, der bekanntlich bereits immer gestern gelacht hatte.

So kann der Mensch sich irren. Oder besser: so sehr können Experten sich irren. Leute, die man etwas weniger schmeichelhaft auch »Fachidioten« nennt. Weil sie sich vor lauter Betriebserfahrung eine Betriebsblindheit zugezogen haben. Wogegen niemand gefeit ist. Auch ich nicht.

Manchmal streitet man sich als Produzent mit den Verleihern auch um den Titel eines Films.

Titel sind eminent wichtig und können in manchen Fällen über Erfolg oder Nichterfolg entscheiden. Es gibt höchst durchschnittliche Filme, die durch einen zugkräftigen Titel zu einem überdurchschnittlichen Geschäft wurden, und gute Filme, die in erster Linie wegen ihres lahmen Titels nicht gingen. Was auf diesem Gebiet »zugkräftig« ist und was nicht, darüber gehen die Meinungen häufig auseinander. Weil im Grunde hierfür die alte Berliner Weisheit gilt: »Nischt Jenauet weeß man nich'.«

Mit Logik läßt sich bei der Titelfindung schlecht argumentieren. Das Unterbewußtsein hat seine eigene Logik. Und an diesen, tief im Innern des Menschen verborgenen Bereich wendet sich der Titel. Er muß also »unter die Haut« gehen. Titel wie »Verdammt in alle Ewigkeit« gehen unter die Haut. »Es muß nicht immer Kaviar sein« ebenfalls, auch »Dschingis Khan«, »Teufel in Seide«, »Winnetou«, »Der Tiger von Eschnapur« gehören dazu. Sie enthalten Reizwörter. Das sind Wörter, die Gedankenverknüpfungen auslösen. Was das jeweils für »Assoziationen« sind, liegt ziemlich im dunkeln.

Niemand wird bestreiten, daß »Schweigepflicht« ein guter Titel ist. Dachte ich. Ein französischer Autor hatte mir ein Drehbuch geschrieben, das ich nachgerade sensationell fand. Besonders die Idee des Ganzen war frappierend. Sie basierte auf der Tatsache, daß es drei Berufe gibt, deren Angehörige absolute Schweigepflicht haben: der Pfarrer, der Arzt, der Rechtsanwalt. Diese drei sind bei der Hochzeit der Tochter einer ihnen seit Jahren beruflich und privat verbundenen Familie zugegen. Es ist eine Familie, die alles hat, was die Götter ihren Günstlingen zu schenken pflegen: Gesundheit, Reichtum, Erfolg, Harmonie. Der Schein aber trügt: Das Glück ist nur Staffage, hinter den Kulissen sieht es anders aus. Wie, erfahren wir aus dem Mund des Pfarrers, des Arztes, des Anwalts. Die Kamera schwenkt auf ihre Champagnergläser, mit denen sie auf das »glückliche Paar« angestoßen haben. Rückblende, wir erleben die Geburt der jetzigen Braut, die ein unerwünschtes Kind war, und es immer blieb. Und so weiter und so fort. Aus den Gedanken der drei Geheimnisträger erfährt der Zuschauer die Wahrheit über die von allen beneidete Familie.

Das ist eine tolle Geschichte, eine fabelhafte Story, und »Schweigepflicht« erschien mir nicht nur ein guter, sondern auch ein treffender Titel. Wer beschreibt mein Entsetzen, als ich aus München hören muß, daß der Gloria-Verleih den Titel rundweg ablehnt. Das klinge, so die Begründung, nach »hochkünstlerisch«, einen hochkünstlerischen Streifen aber wollten sie nicht, so was interessiere das breite Publikum nicht, und sie hätten auch schon die Theaterbesitzer gefragt, und die seien derselben Meinung, und es müsse eine Sache werden vor allem für Frauen, für Frauen um die Vierzig 'rum . . . und so fort.

»An was für einen Titel habt ihr denn gedacht?« Ich unterbreche den fernmündlichen Redestrom.

»Du, mein stilles Tal.«

Wie bitte? Ist die Verbindung so schlecht zwischen Berlin und München? Ich kann doch nicht richtig verstanden haben. Natürlich habe ich nicht richtig verstanden. Von »Schweigepflicht« ins »Stille Tal« führt doch kein Weg, das ist doch wie »Gustav« und »Gasthof«. »Wie heißt der Titel?« brülle ich, obwohl die Verständigung wirklich einwandfrei ist.

»Du, mein stilles Tal!!!« brüllt es zurück. Ich möchte es schriftlich. Am anderen Morgen habe ich es schriftlich. Ich gehe damit ins Atelier. Die Produktion ist ja bereits angelaufen. Leonard Steckel, der Regie führt, Winnie Markus, Curd Jürgens, die Hauptdarsteller, starren mich entsetzt an. Jürgens fragt, ob mich jemand zu heiß gebadet habe. Ich verneine. Da schreit er los. Kaum jemals habe ich einen Menschen so wütend gesehen. Er droht mit ganzen Salven von einstweiligen Verfügungen. Wir schreiben an die liebe »Gloria«, fragen, ob dem Titel noch ein Kinderchor unterlegt werden soll. Aber in München findet man das gar nicht komisch. Die Schauspieler wollen streiken. Anwälte kontern. Die Dreharbeiten gehen inzwischen weiter. Kann man unter solchen Belastungen Qualität liefern? »Du, mein Schweigetal« heißt der Film längst bei den Atelierarbeitern. Hin und her, her und hin, am Ende mußten wir nachgeben. Laut Vertrag hat der Verleih das Recht, den Titel eines Filmes mitzubestimmen, zumindest ist er nicht verpflichtet, zu dem von der Produktion vorgeschlagenen ja und amen zu sagen. Würde ich trotzdem auf »Schweigepflicht« bestehen, so wäre der Vertrag gegenstandslos und damit auch die finanzielle Garantie. Womit ich den Schwarzen Peter hatte. Um ihn wieder loszuwerden, mußte ich Schauspieler und Regisseur umstimmen. Was mir dann auch gelang. Der Premiere in Stuttgart allerdings blieben alle Leute meines Teams geschlossen fern. Sie wollten nicht beim Start einer Pleite dabeisein.

Das »Stille Tal« wurde keine Pleite. Im Gegenteil: er spielte 2 Millionen Mark ein, die liebe »Gloria« triumphierte, und Frau Kubaschewski konnte »Siehste« sagen. Sie sagte es aber nicht (in ihrem Gesicht allerdings stand es überdeutlich). Bei »Via Mala« hatte ich mir das »Siehste« auch verkniffen. Man soll nie einem Verleiher etwas aufs Butterbrot schmieren, was man bei der nächsten Stulle vielleicht selber runterwürgen muß.

Wie ich den polnischen Staat verklagte

Als der Baron Fürstenberg, ein berühmter und wegen seiner Bonmots berüchtigter Berliner Bankier, an einem trostlosen Novembermorgen von seinem Prokuristen gefragt wurde: »Herr Baron, wissen Sie schon, wer gestorben ist?«, da antwortete er mit düsterer Miene: »Heute ist mir jeder recht . . .«

Genauso ist mir heute. Ein mieser Morgen. Was nicht nur am Wetter liegt. Sondern auch an der Post. Es waren ein paar Briefe dabei! Abrechnungen, Rechnungen, Verrechnungen, Aufrechnungen. Wenn ich daran denke . . . Vielleicht sollte man gar nicht daran denken. Aber wenn ich daran denke . . . Daß zum Beispiel bereits beim Aufstehen genau 49 000 DM fällig sind. Fast fünfzig »Riesen« für Gehälter, Löhne, Mieten, Zinsen, Versicherungen, Sozialabgaben, Spesen, Lebensunterhalt, Frau, Kind und Kegel – liegenbleiben möchte man. Man wundert sich, warum einem das Aufstehen eigentlich nie schwergefallen ist. Schließlich muß das Geld ja erst einmal da sein. Und mit der Filmerei ist das nicht mehr zu verdienen!

Ja, warum um des Himmels willen macht der Mann denn noch Filme? Diese Frage wird gelegentlich an mich gestellt. Die Frager fragen sich, warum jemand, der auf seinen Lorbeeren ausruhen könnte, sich immer noch dem Streß neuer Leinwandproduktionen aussetzt? Mit all ihren Risiken, Unwägbarkeiten, Ärgernissen, ihrer Ohne-Netz-Arbeit, ihren Unberechenbarkeiten.

In der Tat: Kein Außenstehender kann ermessen, was allein an physischer Kraft und nervlicher Widerstandskraft investiert werden mußte, um als Produzent die wechselnden Zeitläufe lebend zu überstehen. Von der ersten Idee bis zum fertigen Drehbuch – allein diese Entwicklung dauert oft Jahre! –, vom Zustandekommen der Besetzung über die Verhandlungen mit dem Verleih und der Beschaffung der Bankkredite bis zum Drehbeginn: Was alles gehört dazu, um auch nur einen einzigen Film auf die Beine zu stellen. Filmproduzent, das ist einer der härtesten Berufe der Welt, hart an der Grenze menschlicher Leistungsfähigkeit. Und einer der riskantesten Berufe dazu: ein einziger Versager, und die Existenz ist gefährdet.

Solche Existenzbedrohungen habe ich nicht nur einmal erlebt. Am schlimmsten traf es mich bei dem Zweiteiler »Kampf um Rom«, den ich in Coproduktion mit einer rumänischen Firma machte. Es war ein Unternehmen, das bereits bei den Verhandlungen in Bukarest zu scheitern drohte. Der Kosten wegen. Das dann aber in letzter Minute gerettet wurde. Weil meine Frau eine geniale Idee hatte. Sie gab mir den Rat, den Rumänen als Äquivalent für die noch fehlenden 100 000 Dollar ein Dutzend CCC-Filme von der Güteklasse B zum Vertrieb anzubieten. Die Rumänen waren's zufrieden, die Verträge wurden unterschrieben, und als wir abends wieder im »Hotel Metropol« waren, küßte ich die beste Ehefrau der Welt auf beide Wangen.

Es waren die teuersten Küsse meines Lebens: Jeder kostete, die Zinsen nicht gerechnet, etwa zwei Millionen Mark.

Eine Kette unglückseliger Umstände wie enorme Kostenüberschreitungen, zurückgezogene Garantien, annullierte Vollmachten zeichneten das Desaster bereits vorher an die Wand. Der Film selbst konnte nach seinem Start das finanzielle Debakel nicht mehr auffangen. Das lag nicht an seiner Qualität, es lag daran, daß er bereits bei seiner Geburt zu alt war. Die Zuschauer in aller Welt hatten sich an monumentalen Schinken à la »Kampf um Rom« längst satt gefressen. Wankelmütig, unzuverlässig, unberechenbar wie Kinobesucher nun einmal sind, mochten sie plötzlich wieder die ganz einfache Leinwandkost. Sie interessierten sich nicht mehr für den »Dr. Doolittle und seine Tiere«, sie gingen in den »Easy Rider«. Dabei war die Besetzung von »Kampf um Rom« gar nicht so übel. Laurence Harvey, Orson Welles, Sylva Koscina, Robert Hoffmann sind schließlich gute Namen. Aber der Trend hatte sich geändert. Was das ist, weiß man: die Grundrichtung einer Entwicklung über längere Zeiträume. Was man nicht weiß, ist der Zeitpunkt, in dem sich diese Richtung ändert. Wenn man es gemerkt hat, ist es meist zu spät. Mr. Trend und seine Launen haben mich damals 4 Millionen Mark gekostet, eine Summe, an deren Begleichung ich heute noch herumstottere.

Angesichts all dessen und angesichts der heutigen – bis auf die ge-
nannten »Silberstreifen« – trostlosen Situation scheint die Frage
berechtigt, warum ich mich nicht längst zurückgezogen habe von einer derart unsicheren Branche. »Nötig« hätte ich es ja wirklich nicht
mehr. Ich habe ja noch andere Hobbys. Eines davon ist immobil.
Auch wenn es eine schamlose Übertreibung ist, daß die Berliner die
Otto-Suhr-Allee in Artur-Brauner-Allee umgetauft haben. Schließlich existieren meine »Unbeweglichkeiten« nicht nur in Berlin. Spanien und das Tessin sind auch schöne Gegenden. Es geht mir deshalb
beim Film nicht mehr ums Geld. (Das Gelächter, das jetzt von Leuten
angestimmt wird, die mich zu kennen glauben, quittiere ich gelassen.) Bei einer großen Liebe ist das ja auch nicht der Fall. Und der
Film ist meine große Liebe!
Man weiß, daß sie nicht immer erwidert wird, daß sie Enttäuschun-
gen bringt, schmerzliche Erfahrungen, daß sie zeitweise ohne Hoffnung ist, aber man kann von ihr nicht lassen. Das steckt im Blut, ru-
mort, wallt auf, ebbt ab, man kann nichts dagegen tun, auch wenn
man es möchte. Mit Logik hat es nichts zu tun, mit Vernunft schon
gar nicht.
»Verbiete du dem Seidenwurm zu spinnen«, heißt es irgendwo.
Dieses Wort ist letztlich die Antwort auf die Frage, warum ich eigentlich immer noch filme. Und es auch in Zukunft tun werde. In erster
Linie wird es sich dabei um internationale Coproduktionen handeln.
Mit englischen, französischen, italienischen und deutschen Schauspielern. Mit englischem, französischem, italienischem und deut-
schem Geld. Mit rein deutschen Stars wäre ohnehin wenig zu erreichen im Zeitalter des Vereinten Europa. Und seien sie hierzulande
auch noch so berühmt. Das Publikum hat sich gewaltig geändert in
seiner Zusammensetzung. Ins Kino gehen vornehmlich die Jüngeren,
also die zwischen 14 und 40 Jahren. Sagt die Statistik. Und die mögen
es international. Schon die etwas Älteren, sagt ebenfalls die Statistik,
sitzen lieber vor der »Glotze«. Sie sind das Kinopublikum von gestern
und haben es lieber, wenn man Deutsch spricht, Deutsch singt und
Deutsches bringt.
Aus diesem Grunde würde ich es nicht wagen, beispielsweise einen
Film mit Peter Alexander zu machen. Oder mit Iwan Rebroff. Oder

mit Michael Schanze. Selbst mit Anneliese Rothenberger nicht! Alexanders letzte Leinwanddarbietung (»Hauptsache Ferien«) hat nicht einmal seine Herstellungskosten eingespielt. Geschweige denn einen Gewinn erzielt. Und das bei einem Mann, der mit seinen TV-Shows über 30 Millionen Menschen vor den Kasten lockt. Aber Fernsehstars sind eben keine Filmstars, und das Fernsehpublikum ist kein Filmpublikum – siehe oben.

Dreißig Jahre alt wird meine CCC in diesem Jahr. Eine Zahl, die ich bei der Gründung 1946 nicht einkalkuliert hatte. Über 200 Produktionen sind seit damals entstanden: erfolgreiche, belanglose, wichtige, erfolglose, wichtige-erfolglose und erfolgreiche-belanglose und auch ein paar wichtige-erfolgreiche. Darunter sind Filme, auf die ich stolz bin, wie »Der brave Soldat Schwejk«, »Die Ratten«, »Es geschah am hellichten Tag«, und solche, die mich noch nachträglich frösteln lassen, wie »Kampf um Rom«, »Fanny Hill«, »Marquis de Sade«; andere, an denen mein Herz hängt, wie »Der Hauptmann und sein Held«, »Mensch und Bestie«, und die ich mir in meinem Privatkino gelegentlich ganz allein zu Gemüt führe. Wie weiland Ludwig Zwo seine Wagneropern. Zwei Filme gibt es, die in keine dieser Kategorien passen. Ich selbst nenne sie meine »Existentiellen«, das soll heißen, daß ich sie drehen *mußte*, wollte ich mich morgens noch ohne Gewissensbisse im Spiegel ansehen. Der eine ist bekanntlich »Morituri« und der andere »Sie sind frei, Dr. Korczak«. Sie stehen am Anfang und am Ende jenes Bogens, der sich über dreißig Jahre spannt. Unter welchen Umständen »Morituri« entstand, habe ich erzählt, die Geschichte des »Korczak« ist nicht weniger dramatisch.

Dr. Janusz Korczak war Kinderarzt, Pädagoge und Schriftsteller. Ich hatte in seinen Büchern schon als Kind gelesen, obwohl ich nicht alles verstand, was er mit seinen sozialpädagogischen Ideen sagen wollte. Ich hörte auch regelmäßig seine Sendungen im Warschauer Rundfunk. Die »Radioplaudereien eines alten Doktors«, in denen er Eltern und Kindern helfen wollte, sich besser zu verstehen, waren in Polen sehr beliebt. Während des Krieges leitete er ein Waisenhaus im jüdischen Ghetto der polnischen Hauptstadt. Auf einer Fläche von vierhundert Hektar hatte man hier über eine halbe Million Menschen

208

Ein Bilderbuch für Verliebte nannte Kurt Tucholsky seinen Wochenend-
ausflug »Rheinsberg«. In Kurt Hoffmanns Verfilmung spielten Cornelia
Froboess und Christian Wolff das Liebespaar, das drei glückliche Tage in
der kleinen märkischen Stadt verbringt.

120

»Astragal« mit Marlène Jo-
bert und Horst Buchholz.
»Hotte«, ein echtes Berliner Kind, war der Star dieser Coproduktion.

Brigitte Bardot setzte bei
»Shalako« den Schmink-
meister regelmäßig vor die
Tür und legte selbst Hand
an sich.

121

122

»Der Garten der Finzi Contini«, einer der letzten Filme von Vittorio de Sica: In dieser Coproduktion spielte Helmut Berger den Sohn einer jüdisch-aristokratischen Familie im Italien der Mussolini-Ära.

Freddy Quinn, der Mann, der meinen Schnurrbart haßte, in »Freddy und das Lied der Prärie«.

123

124   Alice und Sammy, meine beiden Jüngsten, verkörperten in dem Film »Sie
sind frei, Dr. Korczak« zwei jüdische Waisenkinder auf dem Weg in ein
Todeslager.

zusammengepfercht. Mit dem Ziel, sie langsam verhungern zu lassen. »Der Herr Generalgouverneur ist der Auffassung, daß für die jüdische Bevölkerung weitere Lebensmittel nicht zur Verfügung gestellt werden können«, hieß es im Amtsdeutsch der Schreibtischtäter.

Korczak hat versucht, seinen zweihundert Kindern das Leben in der Hölle des Ghettos erträglich zu machen. Er hat für sie um Lebensmittel gebettelt, hat Abfallhaufen durchwühlt, mit Schwarzhändlern gefeilscht, um jedes Stück verschimmeltes Brot gekämpft. Er stärkte auch ihre seelische Widerstandskraft, indem er mit ihnen betete, sie Aufsätze schreiben ließ, ihnen Märchen erzählte, mit ihnen bastelte.

»Aus Tagebüchern, die mir die Kinder zu lesen geben. Szlama schreibt: ›Zu Hause sitzt eine Witwe und weint. Vielleicht bringt ihr der älteste Sohn etwas vom Schmuggeln mit. Sie weiß noch nicht, daß ein Gendarm ihren Sohn erschossen hat. Aber wißt ihr auch, daß bald wirklich alles gut sein wird?‹«*

So berichtet er in seinem eigenen Tagebuch. Freunde hatten es nach seinem Abtransport im Dachboden eingemauert, wo man es später durch Zufall fand. Es ist das, was man ein »erschütterndes Dokument« nennt, und es ist mehr, viel mehr. Es ist eine Botschaft, die wahrhaft menschlich von Banalem und Heroischem kündet. Wer die Passage mit den Fliegen liest, wird verstehen, was ich meine:

Durch den schwärenden Leichengestank im Ghetto war es zu einer Fliegenplage gekommen. Als Arzt wußte Korczak, daß eine Epidemie die unterernährten Kinder hinwegraffen würde. Die Fliegen mußten vernichtet werden. Aber wie? Ganz einfach. Die Kinder sollten sie fangen. Dazu brauchten sie den Anreiz einer Belohnung. Er hatte aber nichts, womit er sie belohnen konnte. Oder doch?

»Ich habe schließlich einen Toilettentarif festgelegt. 1. Für ein kleines Geschäft muß man fünf Fliegen fangen. 2. Für ein großes – zweiter Klasse (Kübelhocker mit ausgesägter Öffnung) – zehn Fliegen. 3. Erster Klasse – mit Sitz – fünfzehn Fliegen.

Einer fragt: ›Kann ich nicht später bezahlen? Ich muß so nötig.‹ Ein anderer: ›Mach nur, mach – ich fange sie für dich.‹

Eine im Isolierraum gefangene Fliege zählt für zwei. ›Zählt das auch, wenn eine schon getroffene Fliege wieder fortfliegt?‹ Wie das halt so geht. Aber die Fliegen sind weniger geworden. Die Gutwilligkeit einer solchen Schar – das ist eine Macht.«*

Das Leben im Ghetto wird immer unerträglicher. Korczak spielt mit dem Gedanken, seine Kinder einzuschläfern, um sie von ihrem Leiden zu erlösen. Er verwirft nach schwerem innerem Kampf den Gedanken, begreift ihn als Mord, verübt an Kranken und Schwachen, an Unwissenden. Er selbst hätte sich retten können. Aber er wollte nicht.

»Bei meinem letzten Besuch im Ghetto hätte er mit mir gehen können«, schreibt Igor Newerly, ein Freund, »denn ich hatte noch einen gefälschten Passierschein bei mir. Er lehnte ab. Mehr noch, er war überrascht. Er hatte ganz einfach nicht von mir erwartet, daß ich ihm einen so nichtswürdigen Vorschlag machen würde – die Kinder angesichts des Todes im Stich zu lassen.«

Am 5. August 1942 ist die Stunde gekommen: das Waisenhaus wird geräumt. Die Kinder müssen sich in Fünferreihen aufstellen und marschieren zum Danziger Bahnhof, wo die Transporte in das Vernichtungslager Treblinka abgehen. Die SS-Männer wundern sich, wie ruhig und heiter die Kinder sind. Der Doktor hat ihnen erzählt, daß sie einen Ausflug machen. Die grüne Fahne, die Fahne ihrer Hoffnung, die er mit einigen von ihnen gebastelt hat, bauscht sich im Wind. Er nimmt ein fünfjähriges Kind auf den Arm, das den drei Kilometer langen Weg nicht mehr schafft. Auf der Verladerampe tritt ein SS-Offizier auf ihn zu und sagt: »Sie brauchen nicht mit einzusteigen, Dr. Korczak.« Korczak schüttelt stumm mit dem Kopf und klettert in den Viehwaggon.

Mit meinem Film wollte ich dazu beitragen, daß man Janusz Korczak nicht vergißt. Es gibt wenige Männer in der Geschichte, die sich mit ihm vergleichen lassen. Für mich ist er der humanste, lauterste, tapferste Mensch, der je gelebt hat, ein wirklicher Held. Unsere Zeit

---

* die beiden Zitate stammen aus zwei Büchern von Janusz Korczak: »Das Recht des Kindes auf Achtung« und »Wie man ein Kind lieben soll«, beide Vandenhoeck & Ruprecht, Göttingen.

braucht solche Menschen. Sie haben mehr getan für uns als die pp. Kriegshelden, von deren (Un-)Taten die Geschichtsbücher vollgestopft sind. Als ich 1959 an die ersten Vorarbeiten zum Korczak-Projekt ging, konnte ich nicht ahnen, daß ich sechzehn Jahre brauchen würde, um es zu vollenden.

Korczak war Pole. Die Geschichte spielte in Warschau. Ich wandte mich deshalb an »Film Polski« wegen einer Coproduktion. Man war auch sofort interessiert, und wir konnten den Vorvertrag abschließen. Als Regisseur empfahl sich Altmeister Aleksander Ford, der 1932 mit »Legion der Straße« polnische Filmgeschichte gemacht hatte. Für mich hatte er ja den »Achten Wochentag« gedreht, dem die Ehre zuteil geworden war, vom Ministerpräsidenten Gomulka persönlich verboten zu werden. Weil er »ein falsches Bild der polnischen Jugend zeichne«.

Ford empfahl mir einen Landsmann für das Drehbuch, das sich dann als unbrauchbar erwies. Wir nahmen einen zweiten polnischen Autor – mit demselben Mißerfolg. Ein französischer, ein englischer, ein italienischer Autor wurden nacheinander angesetzt: Fehlanzeige. Wir holten uns Howard Fast, den bekannten amerikanischen Schriftsteller (»Bürger Tom Paine«, »Die Stolzen und die Freien«, »Spartacus«), engagierten Ben Barzman, der für die Loren »El Cid« geschrieben hatte, beauftragten den tschechischen Dichter Arnost Lustig (»Diamanten der Nacht«) – auf meiner berühmten Fensterbank in der Königsallee, dem Millionenfenster, stapelten sich allmählich zwölf Drehbuchfassungen im Gesamtwert von 350000 DM.

Um nichts unversucht zu lassen, setzte ich mich mit Remarque in Verbindung. Erich Maria Remarque, der Autor der Weltbestseller »Im Westen nichts Neues«, »Arc de Triomphe«, »Die Nacht von Lissabon«, müßte *der* Mann sein. Ich lud Remarque ein, mit seiner Frau, der Schauspielerin Paulette Goddard, nach Berlin zu kommen. Er war ein Genießer von hohen Graden, und ich wußte, daß er imstande war, wegen eines falschen Gewürzes abrupt ein Restaurant zu verlassen. Wir führten ihn gleich am ersten Abend in Berlins Feinschmeckerparadies, das »Ritz« in der Rankestraße, und tafelten wie einst die alten Römer. Remarque war rundum zufrieden, ja glücklich. Er hatte den für einen zufriedenen Gourmet typischen Zustand erreicht, der für

Verhandlungen äußerst günstig ist. Ich habe in solchen Momenten schon große Erfolge erzielt. Remarque jedoch ließ sich auch von der abschließend servierten japanischen Kirschblütencreme und einem über hundertjährigen Cognac nicht beeinflussen. Seine Forderung ließ mich so weiß werden wie das Damasttischtuch: »50 000 Dollar«. Das waren damals 200 000 DM, und ich war nicht bereit, sie zu zahlen. So viel bekomme er in Amerika, meinte er. Mein Hinweis, daß wir nicht in Amerika seien, kommentierte er mit einem Achselzucken.

Außer Spesen nichts gewesen, konnte man trotzdem nicht sagen. Diesen außergewöhnlichen Mann kennengelernt zu haben, mit seinem Charme, seiner brillanten Gabe der Konversation, seiner Herzlichkeit, war ein Gewinn. Meiner Frau machte er ein ungewöhnliches Kompliment. »Schade, Maria, sehr schade, daß Hitler Sie nicht kennengelernt hat«, sagte er plötzlich mitten in der Unterhaltung. Nach einer Weile irritierten Schweigens setzte er hinzu: »Ich kann mir nämlich nicht vorstellen, daß er dann noch Antisemit geblieben wäre.«

Die Dauerpleite der Korczak-Bücher war ungewöhnlich. Woran lag es? Die meisten waren zu dramatisch, was bei diesem Thema, das bereits so viel Dramatik in sich barg, tödlich war; in einigen tönten aus jeder Zeile Schicksalsmelodien, in anderen war der Doktor zum Übermenschen hochstilisiert. Keiner der Autoren hatte Dr. Korczak so getroffen, wie er wirklich war: ein Mensch mit Weisheit, Skepsis, Güte, Humor – und ohne Haß.

Wir einigten uns schließlich auf ein Skript, das eine Mixtur aus zwei Fassungen darstellte, die dem Stoff noch am nächsten gekommen waren. Inzwischen schrieb man bereits das Jahr 1965. Weitere zwei Jahre vergingen im zähen Kampf mit der Warschauer Bürokratie. Um mit Volksdemokratien ins Geschäft zu kommen, bedarf es der Geduld eines Brahmanen, der Zähigkeit eines armenischen Pferdehändlers und der Cleverness eines New Yorker Börsenjobbers. Der Weg bis zum Vertragsabschluß ist mit Aktenordnern, Wangenküssen und Trinksprüchen gepflastert. Mein Verdacht erhärtete sich, daß das spanische »hasta mañana – auf morgen« im Polnischen seine Wurzel habe müsse. Denn man wird immer wieder auf morgen vertröstet.

212

Anfang 1968 war es endlich soweit. Der Stab und die Schauspieler waren engagiert. Der Regisseur hatte die erste Hälfte seiner Gage bekommen. Die Kostüme waren fertig, das Negativmaterial abgesandt. Einen Teil des Warschauer Ghettos hatte »Film Polski« vom Abbruch ausklammern können, damit wir am Originalschauplatz drehen konnten. Ich packte meine Koffer – da traf ein Telex bei mir ein. »Vertrag annulliert, da Drehbuch nicht termingerecht eingetroffen«, lautete der Text.

Ich telefonierte. Die verantwortlichen Herren schienen sich geschlossen im Urlaub oder auf Dienstreise zu befinden. Ich schoß Fernschreiben ab, Telegramme, wies nach, daß mir der Drehbuchempfang bereits bestätigt worden war. Ich selbst war nachts dreimal zum Bahnhof Zoo gelaufen, um im Paris–Warschau-Expreß jemanden ausfindig zu machen, der die englischsprachige Fassung des Buches mitnahm. Ein polnischer Offizier hatte sich dazu bereit erklärt und den Auftrag mit militärischer Pünktlichkeit ausgeführt.

Es stellte sich bald heraus, daß die »Terminüberschreitungen« vorgeschobene Gründe waren. Die eigentliche Ursache lag in einer antisemitischen Welle, die »spontan« mit Beginn des Nahostkriegs 1967 ausgebrochen war und sich unter dem Namen »Antizionismus« staatlicher Förderung erfreuen durfte. Zahlreiche Juden wurden aus führenden Stellungen entfernt, verhaftet oder zur Auswanderung gezwungen. Janusz Korczak war jüdischer Abstammung, und nichts konnte man im Augenblick weniger brauchen als einen Film, in dem ein polnischer Jude der Held war.

Soweit der politische Tatbestand. Der juristische war eindeutig: Vertragsbruch. Gerichtsort war Warschau. Dr. Herlitz, mein Rechtsberater, studierte den Vertrag, sagte: »Aussichtslos. Begraben Sie die Geschichte.«

»Ich werde doch nicht 550 000 DM begraben (das war die bisher von uns investierte Summe).«

»»Film Polski‹ ist eine staatliche Gesellschaft. Wollen Sie den polnischen Staat verklagen?«

»Das will ich.«

Ich wurde ausgelacht. Nicht nur von den Juristen. Auch von den Osteuropaexperten aller Couleurs. Mir egal. Unrecht blieb Unrecht. Und mir war Unrecht geschehen. Schreiendes Unrecht. So etwas ließ ich mir von niemandem gefallen. Auch von einem Staat nicht. »Brauner als Michael Kohlhaas«, spotteten sie in der Branche. Sollten sie spotten. Ein zäher Kampf begann. Ich verlangte die Einsetzung eines Schiedsgerichtes. Drei Jahre lang lehnten sie meine Forderung ab. Dann gaben sie nach. Ich durfte sogar einen Beisitzer mitbringen. Ich wählte Dr. Alexander Grüter, den Präsidenten des deutschen Produzentenverbandes.

Im Herbst 1971 treffen wir in Warschau ein. Die polnischen Herren verhandeln mit uns, trinken mit uns »subrowka«, essen mit uns »kapusniak«, »potrawka barania« und »mazurki« (Sauerkraut-Speck-Suppe, Hammelragout mit Sahne, Törtchen aus Mürbeteig), führen uns in »Europejski« und in das nach alten Plänen wiederaufgebaute Gasthaus am Alten Markt, das »Krokodyl«, verabschieden uns mit vielen Sprüchen. Ergebnis: Außer Spesen, na, Sie wissen schon. Beim nächsten Termin erscheint der Direktor von »Film Polski«, bringt einen Toast auf die deutsch-polnische Freundschaft aus, meint: »Ja, der Korczak, das war ein Mann.«

Ja, warum sie dann nicht den Film über ihn machen wollen?

»Ja, warum nicht, warum?« fragt er ehrlich bekümmert. Weitere Termine folgen. Ich nehme mir einen Warschauer Rechtsanwalt, einen erstklassigen Mann. Er beweist seinen Leuten klipp und klar, daß sie im Unrecht sind. Es ist unnötig. Sie wissen es selber. Na, was will man machen, trinken wir was, singen wir »Noch Tröpfchen, noch Tröpfchen, solange du in der Flasche bist . . .«

Ich komme zum sechstenmal. Eine schöne Stadt, dieses Warschau. Wirklich. So langsam wächst sie einem ans Herz. Auch die Leute sind so zuvorkommend. Einmal bietet mir der Chauffeur, der mich vom Flugplatz Okencie abholt, seine Zloty gegen meine D-Mark zum Umtausch. Zu einem Kurs, der selbst einen Schwarzhändler erbleichen lassen würde. Er übertrifft den amtlichen Kurs um das Vierfache. Ist er ein Wohltäter? Oder soll ich etwas tun, was verboten ist? Na, wer wird so schlecht denken. Ein anderes Mal steht vor dem Zimmer Numero 235 des Hotels »Europejski« ein Mädchen, das so hübsch ist, daß es sofort zum Film müßte. Sie will aber nicht zum Film, sondern ins Bett. Mit mir. Weiß sie nicht, daß die Prostitution in ihrem Land verboten ist, daß Dirne *und* Freier streng bestraft werden? Ich sage es ihr, und sie antwortet (Verdammt, sie ist wirklich sehr hübsch!): »Nur ein schwaches Stündchen, danach alles besser.«

Nichts ist besser. Der neue Verhandlungstermin schon gar nicht. Gewiß, wir sind uns inzwischen auch finanziell nähergekommen: von 23 000 über 55 000 auf 98 500 DM Schadensersatz. Nun, 40 000 hat mich inzwischen das Schiedsgerichtsverfahren gekostet, über eine halbe Million hatte ich in das Projekt investiert, was soll ich da mit den Hunderttausend? Schön, nächster Termin im nächsten Jahr.

Vier Tage vor meinem Abflug im Juli 1972 taucht ein Mann bei mir im Grunewald auf, sagt, daß er mich kenne, stellt sich als alter Berliner vor, tut geheimnisvoll. Er käme gerade aus Warschau, habe dort gesessen wegen eines Devisenvergehens, sein Zellengenosse habe ihm erzählt, daß gegen einen gewissen Brauner etwas im Gange sei, jedenfalls würde der Betreffende gut daran tun, nicht mehr in Warschau zu erscheinen, andernfalls könne es vielleicht Rückreiseschwierigkeiten geben. Er zeigt mir seinen Gefängnisentlassungsschein, meint, daß er es für seine Pflicht gehalten habe, mir das zu erzählen, geht ab.

Ein Bluff? Eine verkappte Drohung, um mich einzuschüchtern? Geschwätz eines Wichtigtuers? Ich bespreche es mit meiner Frau.

Sie sagt: »Du fährst nicht.«

Ich sage: »Warum soll ich nicht fahren. Ich habe ein reines Gewissen.«

Sie sagt: »Dir geht es doch nur noch darum, recht zu kriegen. Und wenn wir alle darüber kaputtgehen.«

Nachts liege ich wach und denke über ihre Worte nach. Ich weiß, daß Frauen »Antennen« haben. Sie spüren Dinge, die ein Mann nicht merkt, weil er glaubt, ständig logisch denken zu müssen. Maria, die beste Ehefrau der Welt, hat das des öfteren bewiesen. Als ich »Fanny Hill« produzierte und sie den amerikanischen Coproduzenten kennenlernte, sagte sie: »Mach nichts mit dem Mann. Der Mann ist nicht gut.« Ich fand den Mann sehr gut, machte was mit ihm und fiel bis über beide Ohren 'rein. Sie warnte mich vor den Leuten, die mit mir den »Marquis de Sade« drehten, und ich sagte: »Was redest du da?«

Ergebnis: der zweitgrößte Verlust während meiner gesamten Karriere.

Das alles erwog ich, und dann beschloß ich zu reisen. Ich stellte heimlich eine Generalvollmacht aus für Maria, für Henry, meinen ältesten Sohn, und für meinen Justitiar. Um fünf Uhr früh schlich ich aus dem Haus und rief von der nächsten Telefonzelle ein Taxi herbei. Es gibt Herausforderungen im Leben, denen man sich stellen muß. Tut man es nicht, hat man einen Knacks weg. Man ist für immer gebrochen. Es ging mir eigentlich darum, daß ich nicht aufgeben wollte. Wenn man einmal aufgibt, gibt es eine Zäsur, und man geht nur noch rückwärts. Wer Ähnliches erlebt hat, wird mich verstehen.

In Warschau habe ich dann nicht nur alle Vorsichtsmaßregeln getroffen. Ich habe auch jeden merken lassen, daß ich sie getroffen hatte. Der Prozeß endete mit einem Vergleich. Mit einem für mich sehr günstigen Vergleich! Aus den Glückwünschen meiner Prozeßgegner spürte ich, wie froh sie darüber waren, daß mir Genugtuung geworden war. Ein Minister, der inzwischen keiner mehr war, erschien und änderte das berühmte auf Berlin bezogene Wort des Müllers von Sanssouci in den Satz »Oui, si nous n'avions pas des juges à *Warschau*. – Ja, wenn es keine Richter mehr gäbe in Warschau.«

Das Projekt »Dr. Korczak« wurde verwirklicht. Wenn auch nicht mehr mit den Polen. Sondern mit den Israelis. Die Uraufführung fand im Oktober 1974 in Tel Aviv statt. Unter der Schirmherrschaft von Golda Meir. Und einige Monate später war die deutsche Premiere in Bonn unter der Schirmherrschaft der Präsidentin des Bundestages.

Den Abtransport der Kinder in das Vernichtungslager hatten wir in Berlin am alten, halbzerstörten Görlitzer Bahnhof nachgestellt. Eine Szene, die wie ein Alptraum war. Erna Porath, eine der israelischen Schauspielerinnen, brach in einen Weinkrampf aus. Uns allen war ähnlich zumute. Nur die kleinen Jungen und Mädchen, die die Kinder darzustellen hatten, blieben völlig unberührt. Wir hatten ihnen zu erklären versucht, worum es ging, aber sie hatten es nicht begriffen. Was denn? Halbverhungerte Kinder, die man aus einem Waisenhaus holt, um sie mit Gas umzubringen und dann in einem Ofen zu verbrennen? Wie könnte denn so was geschehen? Kein Mensch würde so was machen. Die Kinder hatten doch gar nichts getan. »Mönsch, Onkel, du kohlst uns an«, sagte eine Sechsjährige zu Regisseur Aleksander Ford.

Auch meine beiden Jüngsten, Sammy und Alice, waren unter den Komparsen. Ich hatte ihnen seit langem versprochen, daß sie in einem Film mitwirken durften. Als sie von »Korczak« erfuhren, drangen sie auf die Einhaltung des Versprechens. Meinen Ausflüchten begegneten sie mit um so größerer Hartnäckigkeit. Schließlich gab ich nach. In einer Drehpause kamen sie dann zu mir. Die alten, zerlumpten Kleider, die sie tragen mußten, schlotterten um ihre Glieder. Sie waren beide ziemlich enttäuscht von ihrem ersten Drehtag. »Das ist ja so langweilig«, maulte Sammy. Und Alice sagte: »Ich spiele nicht mehr in einem Film, in dem ich solche ollen Sachen anhaben muß.« Dann beratschlagten sie beide eifrig, was sie sich für ihre Gage kaufen würden.

Ich hörte ihrem Gespräch fassungslos zu. Mir hatte sich das Herz zusammengekrampft bei ihrem Anblick. Alice und Sammy, auf dem Weg in ein Todeslager, sie hätten es sein können, es war nur eine Frage des Geburtsdatums . . . Ich schüttelte die schreckliche Vision von mir ab. Was sollten solche Gedanken? Meine beiden, sie waren wie alle Kinder hier: im Frieden geboren, im Frieden aufgewachsen, gehegt von den Eltern, umsorgt mit Liebe und Zuneigung. Wie sollten sie verstehen, was damals geschehen war?

Einmal im Leben . . .

Ende November 1970 gingen bei mir draußen in Spandau die Lichter aus. Immer weniger Filme wurden in Deutschland produziert. Die Kapazität meiner Hallen war schon seit längerer Zeit nicht mehr ausgelastet, die Zahl meiner Angestellten auf etwa hundert gesunken. Ich sah mich gezwungen, fünfundachtzig Briefe zu verschicken. Mit der Schlußformel ». . . und danken wir Ihnen für die in langen Jahren bewiesene Treue«.

Das war keine leere Phrase. Meine Mitarbeiter, vom kleinsten Atelierarbeiter bis zum Aufnahmeleiter, waren zu einem Team zusammengewachsen, mit dem man die bekannten Pferde hätte stehlen können. Einige von ihnen waren schon achtzehn Jahre bei mir. Sie alle bildeten eine Gruppe von erstklassigen Fachleuten, wie sie in Deutschland ihresgleichen suchten.

Es war mir schwergefallen, die Briefe zu schreiben. Eine andere Wahl aber hatte ich nicht. Niemand konnte von einem Produzenten verlangen, tagtäglich zehntausend Mark für Ateliers zuzuschießen, in denen sich die Mäuse ihre Füße wundliefen. Ich bin heute noch der Meinung, daß das alles nicht nötig gewesen wäre. Gewiß, gegen die allgemeine Filmkrise war kein Kraut gewachsen. Aber daß das Fernsehen, das den Film gemordet hatte, nun auch noch den Ort der Tat verließ, schien mir verantwortungslos.

Das Zweite Deutsche Fernsehen teilte mit, daß es unsere Ateliers in Zukunft nicht mehr benötige, sondern nur noch in Tempelhof produzieren werde. Damit war unsere letzte Einnahmequelle versiegt. Die ARD hatte sich längst ihre eigenen Studios gebaut. Am Funkturm war ein TV-Zentrum entstanden mit allem nur denkbaren Luxus. Man hatte es. Oder glaubte es zu haben. Nämlich 70 Millionen. Von den Gebühren der Apparatbesitzer. Einsichtige Leute, die damals warnten: »Ham Se's nich 'n bißchen kleiner«, wurden belächelt. Dabei hätte man es wirklich ein bißchen kleiner, das heißt preiswerter, haben können.

Für 9 Millionen habe ich nach Bekanntwerden der Baupläne des SFB meine Ateliers angeboten. Insgesamt 5000 Quadratmeter Nutzfläche. Man zeigte mir die kalte Schulter. »Wer kauft schon diese alte Spandauer Klamotte«, wurde mir bedeutet. Nun, alt waren allenfalls die Garderoben der Schauspieler und die Büros. Die technische Ausrüstung dagegen war nicht veraltet. Um Spandau zu renovieren, hätte man vielleicht noch einmal 9 Millionen gebraucht. Das wären dann, nach oben abgerundet, 20 Millionen gewesen. Zwanzig und nicht siebzig! Über die eingesparten Fünfzig wäre man heute, da auch das Fernsehen seine Krise genommen hat, mehr als zufrieden. Aber die Millionen waren ja kein privates Geld, sondern das Geld der Fernsehzuschauer, und wenn eine Behörde über so viel Geld verfügt, dann wird es auch ausgegeben. Das wäre ja noch schöner. Sagte bereits Mr. Parkinson. Auch daß das neue Superding nie ausgelastet sein wird, weil zu groß, spielte keine Rolle.

Die »letzte Vorstellung« in Spandau bestand aus der Aufzeichnung einer Silvestershow für das ZDF. Sektkorken knallten, Konfetti wirbelte, Glocken läuteten, Gläser zerklirrten, drei Kapellen bliesen ihren Tusch, die Komparsen und die Stars schrien »Prosit Neujahr!«, und sie wünschten sich für die Zukunft alles, alles Gute. Ich stand in den Kulissen, und mir erschien alles von einer makabren Unwirklichkeit. Vor meinem geistigen Auge sah ich ein aufgeschlagenes Drehbuch. Auf Seite 125 stand dort: »78. Innen. Im Atelier. Der Filmproduzent steht, halb verdeckt durch eine Säule, im Hintergrund und schaut auf die Szene, ohne etwas wahrzunehmen. Er schluckt, er zieht ein weißes Taschentuch heraus und wischt sich damit über die Stirn. Er zerknüllt das Taschentuch in der Hand. 79. Sein Gesicht kommt groß ins Bild. Die Lippen bewegen sich. Der Blick ist starr. 80. Langer Gang, beleuchtet von zwei nackten Birnen. Der Produzent geht den Gang hinunter. Sein Rücken ist gebeugt. Er verschwindet durch eine Tür mit der Aufschrift ›NOTAUSGANG‹.«

Bevor ich anfing sentimental zu werden, sah ich neben mir jemand stehen. Ich erkannte einen der Beleuchter. Es war einer meiner ältesten Mitarbeiter. Mit von der Partie seit der Stunde Null. Er räusperte sich und meinte, mit einer Kopfbewegung auf das Tohuwabohu an Trallala-Glückseligkeit-und-hoch-die-Tassen weisend: »'ne dufte Beerdigung, Chef, wa?«

Ich verließ die Halle und spazierte über das Gelände. Von der Insel Eiswerder her wehte ein kalter Wind. Ab und zu brach die Sonne durch und tauchte die kahlen Bäume in ein fahles Licht. Eine Schönheit war sie nie gewesen, meine Filmstadt. Mit ihren kahlen Mauern, den roten Ziegeln, erinnerte sie immer ein wenig an Krieg und Kasernen, an das, wofür sie einmal gebaut worden war. Sie hat ihre Vergangenheit nie verleugnen können. Das tat der Liebe zum Kind allerdings keinen Abbruch. Denn wenn es auch kein schönes Kind war, so doch ein tüchtiges.

Im Januar 1971 schloß ich die Studios bis auf eines. Als Reserve. Falls es wieder losgehen sollte. Und zur Unterbringung der technischen Ausrüstung. Ich bekam Angebote, die Ateliers als Lagerschuppen zu vermieten. Für Kohl, Kohle oder Kartoffeln. Ach nein, lieber nicht. Noch nicht. Der Plan, das ganze Gelände in einen Vergnügungspark zu verwandeln, wie ihn Kopenhagen in seinem berühmten »Tivoli« besitzt, gefiel mir schon besser. Er scheiterte daran, daß wir nicht genügend große Parkplätze zur Verfügung stellen konnten. Für ein Wohnzentrum wäre das Gelände geeignet, war aber nicht zugelassen. Es ist ausdrücklich für die Berliner Industrie reserviert. 100 DM für den Quadratmeter könnte ich erzielen bei einem Verkauf an eine der großen Firmen. Auch dazu konnte ich mich nicht entschließen. Es könnte ja eines Tages doch wieder losgehen. Auch wenn es nicht danach aussieht, daß die Lichter jemals wieder aufflammen werden. Aber ich war ja schon immer Optimist. Und außerdem: Was da alles eingebaut ist an Kabeln, Transformatoren, Böden, Schallschutz – 10 Millionen sind es insgesamt, wie kann man so was einfach der Spitzhacke ausliefern. Ja, wenn es als Wohngebiet ausgewiesen wäre, dann ließe sich der doppelte Quadratmeterpreis erzielen . . .

Mit dem Tod von Spandau hatte meine CCC jedoch nichts zu tun. Wir produzierten weiter. Zusammen mit unseren Copartnern. Und nicht mehr in Studios, in denen die ständig steigenden Löhne und Gehälter alles maßlos verteuerten, sondern an den Originalschauplätzen. Wir gingen auf die Straße. (In der Zwischenzeit zeichnet sich weltweit bereits wieder der Trend ab, in die Studios zurückzukehren.)

Einmal im Leben möchte ich, ja, was möchte ich da, nun ich muß es einmal gestehen: Ich möchte selber Regie führen bei einem Film. Ich habe so vielen Regisseuren über die Schulter geschaut, und bei manchen habe ich gedacht: »Was macht der bloß, das muß man doch ganz anders machen.« Nun hätte der Produzent Artur Brauner sich den Regisseur Artur Brauner längst holen können. Aber vielleicht fürchtete er insgeheim, daß er zu teuer werden würde, der Regisseur Brauner. Dabei hätte der Regisseur einen so guten Stoff, den er dem Produzenten schon immer vorschlagen wollte, ohne sich jemals getraut zu haben.

Es ist die Geschichte eines jungen, etwa 14 Jahre alten Mädchens. Sie ist geistesschwach, debil (was nichts mit geistes-*krank* zu tun hat). Sie hat keine Eltern mehr, lebt in einer Kleinstadt, wo sie in einem Lebensmittelgeschäft die niedersten Arbeiten verrichtet. Sie ist ein rührendes Geschöpf, hilflos und hilfsbereit zugleich, zerbrechlich, zart, von einer morbiden Schönheit. Sie ist zu allen Menschen gleich liebenswürdig und wird von allen gleichermaßen ausgenutzt. Da sind die Männer der kleinen Stadt. Sie gelten als tugendhaft, arbeitsam, ihren Frauen treu ergeben, Kirchgänger alle, küssen den Gattinnen der Honoratioren die Hand, sie sprechen von Achtung vor der Frau, dem schwachsinnigen Mädchen aber greifen sie unter den Rock. Einer von ihnen »nimmt sie sich zur Brust«, wie er sich ausdrückt. Die anderen tun es ihm nach. Das Mädchen läßt alles mit sich geschehen. Sie wird schwanger. Der Arzt, der sie untersucht, stellt fest, daß sie den Zusammenhang zwischen Geschlechtsverkehr und Schwangerschaft gar nicht kennt. Es kommt zu einem Skandal. Aber nicht die Männer sind schuld, sondern das Mädchen. Wäre man noch im Mittelalter, würde man sie als Hexe verbrennen. Die Frauen der kleinen Stadt setzen es durch, daß sie in eine geschlossene Anstalt eingewiesen wird. Sie bringt dort ein Kind zur Welt, einen gesunden, normalen Jungen. Als er achtzehn geworden ist, erfährt er, was mit seiner Mutter geschehen war. Er beschließt, in die kleine Stadt zurückzukehren, um die Mutter zu rächen.

Das ist keine erfundene Geschichte. Ich habe sie nur ausgeschmückt.

Sie ist wirklich geschehen. In einer Kleinstadt irgendwo in Europa. Die Zeitung, die in Form einer Meldung davon berichtete, liegt in meinem privaten Archiv. Eines Tages werde ich diesen Film drehen . . .

Das ist einer meiner Wünsche. Viele habe ich sonst nicht mehr. Das hat nichts mit Resignation zu tun. Aber das Leben hat mir die meisten Wünsche erfüllt. Mein Beruf hat es mit sich gebracht, daß ich viele Menschen kennenlernen konnte. Interessante Menschen. Aus allen Ländern dieser Erde. Ich habe immer versucht, von ihnen zu lernen. Ich erkannte bald, daß es kein besseres Lehrbuch gibt als das Schicksal des anderen. Man muß nur darin zu lesen verstehen. Mit dem Pfund, das mir »der da oben« als Startkapital anvertraut hat, glaube ich, gut gewirtschaftet zu haben. Ich habe einiges von dem erreichen können, was ich wollte. In den Schoß gefallen ist mir nichts. Leichtgemacht hat man mir das Leben auch nicht. Man hat sogar ein paarmal versucht, es vorzeitig zu beenden. Trotzdem: ich beklage mich nicht. Ich bereue auch nichts. Ich muß an Korczak denken. Wie er 1942, im Jahr schrecklichster Not, seine Freunde zu sich einlud und mit ihnen Jom Kippur feierte, den Tag der Versöhnung. Er kniete nieder und sagte: »Dank dir, guter Gott, für die blühenden Wiesen und das Leuchten des Sonnenuntergangs, für den erquickenden Abendhauch nach einem heißen Tag voller Mühe und Arbeit. Guter Gott, der du alles so klug und weise ersonnen hast, daß die Blumen duften, die Glühwürmchen auf der Erde leuchten, die Sterne am Himmel funkeln.« Korczak war dankbar. Ich bin es auch. Und das ist sehr viel. Wer die Gabe hat, dankbar zu sein, kann nie unglücklich werden . . .

1946 bis 1976 – 30 Jahre CCC-Filme

einschließlich Coproduktionen

Titel:	Autor:
Herzkönig	Helmut Weiss
Morituri	Gustav Kampendonk
Mädchen hinter Gittern	Otto Heinz Jahn
Man spielt nicht mit der Liebe	K. G. Külb
Fünf unter Verdacht	Johanna Sibelius / Eberhard Keindorff
Maharadscha wider Willen	Kurt Bortfeldt

Regie:	Komponist:	Hauptdarsteller:
Helmut Weiss	Gerhard Winkler	Lisa Lesco Sonja Ziemann Aribert Wäscher Hans Nielsen Georg Thomalla
Eugen York	Wolfgang Zeller	Lotte Koch Winnie Markus Hilde Körber Walter Richter Carl-Heinz Schroth Josef Sieber Klaus Kinski
Alfred Braun	Herbert Trantow	Petra Peters Richard Häussler Ruth Hausmeister Berta Drews
Hans Deppe	Franz Grothe	Lil Dagover Albrecht Schoenhals Bruni Löbel Paul Klinger Petra Peters Georg Thomalla
Kurt Hoffmann	Herbert Trantow	Hans Nielsen Dorothea Wieck Friedrich Schoenfelder Ina Halley Josef Sieber Franz Nicklisch Lutz Moik
Akos von Rathony	Friedrich Schröder	Olga Tschechowa Kurt Seiffert Sonja Ziemann Rudolf Prack Ivan Petrovich Hubert von Meyerinck Rudolf Platte Georg Thomalla Rita Paul Rudi Schuricke

Titel:	Autor:
Epilog (Das Geheimnis der Orplid)	R. A. Stemmle / Helmut Käutner
Mädchen aus der Konfektion	Vineta Bastian-Klinger
Sündige Grenze	Gerda Corbett / Marta Moyland
Schwarze Augen	Bobby E. Lüthge / Curth Flatow
Der keusche Lebemann	Bobby E. Lüthge / Curth Flatow (nach dem Schwank von Arnold und Bach)
Man lebt nur einmal	Ernst Neubach

Regie:	Komponist:	Hauptdarsteller:
Helmut Käutner	Bernhard Eichhorn	Horst Caspar Bettina Moissi O. E. Hasse Hans Leibelt Irene von Meyendorff Fritz Kortner Peter van Eyck Carl Raddatz Arno Assmann Hilde Hildebrand Jeannette Schultze Hans-Christian Blech Rolf von Nauckhoff Horst Hächler Arno Paulsen Paul Hörbiger
Carl Boese	Harald Böhmelt	Hannelore Schroth Wolf Albach-Retty Elena Luber Oskar Sima Rudolf Platte
R. A. Stemmle	Herbert Trantow	Dieter Borsche Inge Egger Peter Mosbacher Jan Hendriks Julia Fjorsen Ernst Schröder Hans-Dieter Zeidler
Géza von Bolvary	Frank Fox	Cornell Borchers Will Quadflieg Angelika Hauff Martin Held Jan Hendriks Rosita Serrano
Carl Boese	Michael Jary	Grethe Weiser Georg Thomalla Ursula Herking Karl Schönböck
Ernst Neubach		Theo Lingen Lisa Stammer Paul Hörbiger Marina Ried Rudolf Platte Klaus-Günter Neumann

Titel:	Autor:
Die Spur führt nach Berlin	Paul H. Rameau
Der Onkel aus Amerika	Curth Flatow
Hollandmädel	Franz Griebitz / Curth Flatow
Die Kaiserin von China	Vineta Bastian-Klinger
Die Privatsekretärin	Just Scheu / Ernst Nebhut
Der Raub der Sabinerinnen	E. Burri / J. M. Simmel (nach dem Schwank von Schönthan)
Meine Schwester und ich	Joseph Than / Jacques Companeez (nach dem musikalischen Lustspiel von Ralph Benatzky)
Große Starparade	Ernst Neubach / Franz Geiger
Der Zarewitsch	Paul H. Rameau (nach der Operette von Franz Lehár)

228

Regie:	Komponist:	Hauptdarsteller:
Franz Cap	Herbert Trantow	Irina Garden Gordon Howard Kurt Meisel Hans Nielsen Paul Bildt Barbara Rütting
Carl Boese	Lotar Olias	Hans Moser Georg Thomalla Joe Stöckel Grethe Weiser Waltraut Haas
B. Hübler-Kahla		Sonja Ziemann Gunnar Möller
Steve Szekely	Michael Jary	Grethe Weiser Nadja Tiller Joachim Brennecke Ernst Waldow Edith Schollwer
Paul Martin	Friedrich Schröder	Sonja Ziemann Rudolf Prack Paul Hörbiger Werner Fuetterer Ruth Stephan
Kurt Hoffmann	Ernst Steffan	Gustav Knuth Paul Hörbiger Fita Benkhoff Loni Heuser Bully Buhlan Edith Hancke Ruth Stephan
Paul Martin	Friedrich Schröder	Sonja Ziemann Adrian Hoven Herta Staal
Paul Martin	Michael Jary	Renate Holm Adrian Hoven Gunther Philipp Peter W. Staub Bully Buhlan
Arthur Maria Rabenalt	Bert Grund	Sonja Ziemann Luis Mariano Paul Henckels Ernst Waldow Ivan Petrovich Maria Sebaldt

Titel:	Autor:
Roman eines Frauenarztes	Werner P. Zibaso
Stern von Rio	H. F. Köllner / Frederick Kohner
Liebe ohne Illusion	Dinah Nelken / Max Colpet
Die Ratten	Jochen Huth (nach der Tragikomödie von Gerhart Hauptmann)
Der 20. Juli	W. J. Lüddecke / Günther Weisenborn
Hotel Adlon	E. Burri / J. M. Simmel
Der Hauptmann und sein Held	Carl Wilhelm Vivier / Heinz Pauck (nach dem Drama von Claus Hubalek)
Du, mein stilles Tal	Jacques Companeez

Regie:	Komponist:	Hauptdarsteller:
Falk Harnack	Herbert Trantow	Rudolf Prack Winnie Markus Annemarie Blanc Nadja Regin Jan Hendriks
Kurt Neumann	Willi Mattes	Maria Frau Franco Andrei Folco Lulli Jester Naefe Johannes Heesters Willy Fritsch
Erich Engel	Herbert Trantow	Sonja Ziemann Curd Jürgens Heidemarie Hatheyer Ernst Schröder
Robert Siodmak	Werner Eisbrenner	Maria Schell Curd Jürgens Heidemarie Hatheyer Gustav Knuth Ilse Steppat Fritz Rémond
Falk Harnack	Herbert Trantow	Wolfgang Preiss Robert Freitag Annemarie Düringer Maximilian Schell Ernst Schröder
Josef von Baky	Georg Haentzschel	Sebastian Fischer Nelly Borgeaud René Deltgen Claude Farell Werner Hinz Nadja Tiller Erich Schellow
Max Nosseck		Ernst Schröder Joe Herbst Ilse Steppat
Leonard Steckel	Georg Haentzschel	Curd Jürgens Winnie Markus Bernhard Wicki

Titel:	Autor:
Liebe, Tanz und 1000 Schlager	Curth Flatow
Studentin Helen Willfüer	Frederick Kohner (nach dem Roman von Vicki Baum)
Teufel in Seide	Jochen Huth (nach einem Roman von Gina Kaus)
Das Bad auf der Tenne	Tibor Yost / Rolf Meyer
Geheimnis einer Ehe	Heinrich Oberländer
Vor Sonnenuntergang	Jochen Huth (nach dem Schauspiel von Gerhart Hauptmann)
Liebe	Philipp Schwarzert (nach dem Roman »Vor Rehen wird gewarnt« von Vicki Baum)
Der erste Frühlingstag	Juliane Kay (nach dem Lustspiel von Dodie Smith)

Regie:	Komponist:	Hauptdarsteller:
Paul Martin	Heinz Gietz	Caterina Valente Peter Alexander Rudolf Platte Ruth Stephan Silvio Francesco
Rudolf Jugert	Werner Eisbrenner	Ruth Niehaus Hans Söhnker Elma Karlowa Erik Schuman
Rolf Hansen		Lilli Palmer Curd Jürgens Winnie Markus
Paul Martin	Friedrich Schröder	Sonja Ziemann Paul Klinger Herta Staal Karl Schönböck Willy A. Kleinau
Ulrich Erfurth		Gertrud Kückelmann Bernhard Wicki Claus Holm Paul Dahlke Ruth Nimbach
Gottfried Reinhardt	Werner Eisbrenner	Hans Albers Annemarie Düringer Martin Held Hannelore Schroth Maria Becker Claus Biederstaedt Erich Schellow Inge Langen
Horst Hächler	Hans-Martin Majewski	Maria Schell Raf Vallone Fritz Tillmann Eva Kotthaus Peter Carsten
Helmut Weiss	Georg Haentzschel	Luise Ullrich Paul Dahlke Fita Benkhoff Robert Freitag Heli Finkenzeller

Titel:	Autor:
Mein Vater, der Schauspieler	Gina Falckenberg / Maria Matray / Claus Hardt
Du bist Musik	Eckart Hachfeld / Tibor Yost
Musikparade	Géza von Cziffra / Paul Rameau
Ein Mann muß nicht immer schön sein	Curth Flatow / Eckart Hachfeld
Anastasia – Die letzte Zarentochter	Herbert Reinecker
Die Letzten werden die Ersten sein	Jochen Huth (nach einer Novelle von John Galsworthy)
Wie ein Sturmwind	Gina Kaus / H. O. Wuttig / Maria Matray / Answald Krüger
Die Unschuld vom Lande	C. A. Barret / Ernst Sattler / Ada Witzke
Kindermädchen für Papa gesucht	Curth Flatow / Eckart Hachfeld

234

Regie:	Komponist:	Hauptdarsteller:
Robert Siodmak	Werner Eisbrenner	O. W. Fischer Oliver Grimm Hilde Krahl Susanne von Almassy Erica Beer
Paul Martin		Caterina Valente Paul Hubschmid Grethe Weiser Rudolf Platte
Géza von Cziffra	Heinz Gietz / Heino Gaze	Peter Alexander Bibi Johns Georg Thomalla Brigitte Grothum Ruth Stephan
Hans Quest	Heinz Gietz	Peter Alexander Inge Egger Brigitte Grothum Susi Nicoletti
Falk Harnack	Herbert Trantow	Lilli Palmer Ivan Desny Susanne von Almassy Käthe Braun Eva Bubat Margot Hielscher Ellen Schwiers Alice Treff Paul Bildt
Rolf Hansen		O. E. Hasse Ulla Jacobsson Maximilian Schell Adelheid Seeck
Falk Harnack	Herbert Trantow	Lilli Palmer Ivan Desny Willy A. Kleinau
Rudolf Schündler	Klaus Ogermann	Bibi Johns Ruth Stephan Theo Lingen Rudolf Platte Walter Gross Nadja Regin
Hans Quest	Martin Böttcher	Claus Biederstaedt Susanne Cramer Gunther Philipp Carla Hagen

Titel:	Autor:
Einmal eine große Dame sein	Janne Furch / Werner Eplinius / Fritz Böttger
Franziska	Kurt I. Braun / Helmut Käutner / Georg Hurdalek
Das einfache Mädchen	Curth Flatow / Eckart Hachfeld
Und führe uns nicht in Versuchung	Franz Höllering
Die Frühreifen	H. O. Wuttig / Gerda Corbett
Liebe, Jazz und Übermut	Bobby E. Lüthge / Rudolf Dortenwald / Fritz Böttger
Siebenmal in der Woche	Werner P. Zibaso / Harald Philipp
Italienreise – Liebe inbegriffen	Jochen Huth (nach dem Roman von Barbara Noack)
Der Graf von Luxemburg	Rudolf Joseph / Willibald Eser (nach der Operette von Franz Lehár)

236

Regie:	Komponist:	Hauptdarsteller:
Erik Ode	Erwin Halletz	Dietmar Schönherr Erich Winn Gudula Blau Grethe Weiser
Wolfgang Liebeneiner	Franz Grothe	Ruth Leuwerik Carlos Thompson Josef Meinrad Friedrich Domin
Werner Jacobs	Heinz Gietz	Caterina Valente Rudolf Prack Ruth Stephan Rudolf Platte
Rolf Hansen	Mark Lothar	Johanna Matz Heidemarie Hatheyer Gerhard Riedmann Rudolf Forster Annie Rosar
Josef von Baky	Georg Haentzschel	Heidi Brühl Christian Doermer Christian Wolff Jochen Brockmann Peter Kraus
Erik Ode	Heinz Gietz	Peter Alexander Bibi Johns Rudolf Platte June Richmond Grethe Weiser
Harald Philipp	Erwin Halletz	Germaine Damar Inge Egger Vico Torriani Hubert von Meyerinck
Wolfgang Becker	Friedrich Schröder	Paul Hubschmid Susanne Cramer Hannelore Schroth Walter Janssen Walter Giller
Werner Jacobs	Gerhard Becker	Gerhard Riedmann Renate Holm Gunther Philipp Susi Nicoletti Gustav Knuth

Titel:	Autor:
Und abends in die Scala	C. A. Barret / L. Metz
Münchhausen in Afrika	Henry Ossdrich
Mädchen in Uniform	Franz Höllering
Petersburger Nächte	Henry Ossdrich
Gestehen Sie, Dr. Corda!	R. A. Stemmle
Polikuschka	Max Nosseck / Joh. Hendrich
Zurück aus dem Weltall	George Freedland
Es geschah am hellichten Tag	Friedrich Dürrenmatt / Hans Jacobi
Der achte Wochentag	Marek Hlasko / Aleksander Ford

Regie:	Komponist:	Hauptdarsteller:
Erik Ode	Heinz Gietz	Caterina Valente Gerhard Riedmann Ruth Stephan Hubert von Meyerinck Brigitte Mira
Werner Jacobs	Heinz Gietz	Peter Alexander Gunther Philipp Anita Gutwell Johanna König Ursula Herking
Géza Radvanyi	Peter Sandloff	Lilli Palmer Romy Schneider Therese Giehse Blandine Ebinger Adelheid Seeck Sabine Sinjen Christine Kaufmann
Paul Martin	Michel Michelet	Ewald Balser Johanna von Koczian Ivan Desny Claus Biederstaedt
Josef von Baky	Georg Haentzschel	Hardy Krüger Elisabeth Müller Lucie Mannheim Hans Nielsen Rudolf Fernau
Carmine Gallone	Peter Sandloff	Folco Lulli Ellen Schwiers Sabine Bethmann Berta Drews Ivan Desny
George Freedland	Peter Thomas	Carl Möhner Ann Savo Helmut Schmid Paul Dahlke
Ladislao Vajda	Bruno Canfora	Heinz Rühmann Siegfried Lowitz Heinrich Gretler Gert Fröbe Berta Drews
Aleksander Ford	Kazimierz Serocki	Sonja Ziemann Sbigniew Cybulski Ilse Steppat Bum Krüger

Titel:	Autor:
Wehe, wenn sie losgelassen	Gustav Kampendonk / Géza von Cziffra
Was eine Frau im Frühling träumt	Curth Flatow / Eckart Hachfeld
Der Csardaskönig	Janne Furch / Harald Philipp
Der Mann im Strom	Werner P. Zibaso / Jochen Huth
Ihr 106. Geburtstag	Curth Flatow / Eckart Hachfeld (nach der Komödie von Jean Sarment)
Der Tiger von Eschnapur	W. J. Lüddecke
Das indische Grabmal	W. J. Lüddecke
Der Held von Santa Clara	Ursula Bloy / Ulrike Berg / Helmuth M. Backhaus
Ohne Mutter geht es nicht	Juliane Kay / Hans Nicklisch

Regie:	Komponist:	Hauptdarsteller:
Géza von Cziffra	Heinz Gietz	Peter Alexander Bibi Johns Ruth Stephan Brigitte Mira
Erik Ode	Walter und Willi Kollo	Winnie Markus Rudolf Prack Claus Biederstaedt Chariklia Baxevanos
Harald Philipp	Gerhard Becker	Gerhard Riedmann Rudolf Schock Elma Karlowa Sabine Bethmann Marina Orschel
Eugen York		Hans Albers Gina Albert Roland Kaiser Helmut Schmid
Günther Lüders	Martin Böttcher	Margarete Haagen Paul Hubschmid Gerlinde Locker Gustav Knuth
Fritz Lang	Michel Michelet	Debra Paget Paul Hubschmid Walther Reyer Claus Holm Sabine Bethmann Luciana Paluzzi René Deltgen
Fritz Lang	Michel Michelet	Debra Paget Paul Hubschmid Walther Reyer Claus Holm Sabine Bethmann Luciana Paluzzi René Deltgen
Werner Jacobs	Erwin Halletz	Vico Torriani Gerlinde Locker Ruth Stephan Brigitte Mira
Erik Ode	Martin Böttcher	Ewald Balser Adelheid Seeck Heidi Brühl Peter Weck

Titel:	Autor:
Tevje und seine 5 Töchter	Chaim Hefer (nach Scholem Alejchem)
Melodie und Rhythmus	Kurt Nachmann
Alt Heidelberg	Ernst Marischka (nach dem Bühnenstück von Wilhelm Meyer-Schlösser)
Tom Dooley	Zygmunt Sulistrowski
Ein Engel auf Erden	
Kleine Leute – große Reise	I. Lotz-Dupont / F. Marischka
Scala – total verrückt	Paul H. Rameau
Hier bin ich – hier bleibe ich	Curth Flatow / Eckart Hachfeld
Das verbotene Paradies	G. H. Bondy
Aus dem Tagebuch eines Frauenarztes	W. F. Fichelscher

Regie:	Komponist:	Hauptdarsteller:
Menahem Golan	Dov Selzer	Shmuel Rodensky Robert Hoffmann Peter van Eyck B. Segal Avital Paz
John Olden	W. Scharfenberger	Peter Kraus Veronika Beyer Margit Saad Fred Kraus
Ernst Marischka	Franz Grothe	Sabine Sinjen Christian Wolff Rudolf Vogel Gert Fröbe
Zygmunt Sulistrowski	Enrico Simonetti / Gerhard Becker	Gina Albert John Sutton Richard Olizar
		Romy Schneider Henri Vidal Margarete Haagen
H. B. Fredersdorf	Erwin Halletz	Bibi Johns Dieter Eppler Gustav Knuth Walter Gross Inge Egger
Erik Ode	Heino Gaze	Germaine Damar Claus Biederstaedt Violetta Ferrari Erich Winn Rudolf Platte
Werner Jacobs	Heinz Gietz / Kurt Feltz	Caterina Valente Hans Holt Ruth Stephan Boy Gobert
Max Meyer	Martin Böttcher	Wolfgang Lukschy Jan Hendriks Ingeborg Schöner Lutz Moik
		Rudolf Prack Marianne Hold Ellen Schwiers Richard Häussler Dorothea Wieck

243

Titel:	Autor:
Menschen im Hotel	Hans Jacobi / Ladislas Fodor (nach dem Roman von Vicki Baum)
Peter schießt den Vogel ab	Peter Trenck
Und das am Montagmorgen	Peter Goldbaum (nach der Komödie von J. B. Priestley)
La Paloma	Gustav Kampendonk
Marina	Eckart Hachfeld (nach einer Idee von Artur Brauner und Paul Martin)
Abschied von den Wolken	Ladislas Fodor
Schwarze Kapelle	Hans Nicklisch / Pierre Levy / Jean Levitte
Du bist wunderbar	H. O. Wuttig / Paul Martin

Regie:	Komponist:	Hauptdarsteller:
Gottfried Reinhardt	Hans-Martin Majewski	O. W. Fischer Michèle Morgan Heinz Rühmann Sonja Ziemann Gert Fröbe
Géza von Cziffra	Heinz Gietz / Kurt Feltz	Peter Alexander Germaine Damar Maria Sebaldt Oskar Sima Agnes Windeck Ruth Stephan
Luigi Commencini	Hans-Martin Majewski	O. W. Fischer Ulla Jacobsson Robert Graf Lotte Stein Vera Tschechowa
Paul Martin	Erwin Halletz	Bibi Johns Karlheinz Böhm Ruth Stephan Rudolf Platte Harald Juhnke
Paul Martin	Martin Böttcher	Georgia Moll Rocco Granata Renate Holm Bubi Scholz Rudolf Platte Hannelore Elsner Rex Gildo Silvio Francesco Teddy Stauffer
Gottfried Reinhardt		O. W. Fischer Sonja Ziemann Peter van Eyck
Ralph Habib	Roman Vlad	Dawn Addams Peter van Eyck Ernst Schröder Werner Hinz Gino Cervi
Paul Martin		Caterina Valente Rudolf Prack Dietmar Schönherr Helen Vita Trude Herr

Titel:	Autor:
Am Tag als der Regen kam	H. O. Wuttig / Gerd Oswald
Marili	E. Burri / J. M. Simmel
Herrin der Welt (I. Teil)	Jo Eisinger / H. G. Petersson
Herrin der Welt (II. Teil)	Jo Eisinger / H. G. Petersson
Kein Engel ist so rein	Eckart Hachfeld
Liebling der Götter	Georg Hurdalek
Scheidungsgrund Liebe	Ladislas Fodor
Die 1000 Augen des Dr. Mabuse	Fritz Lang / H. O. Wuttig

Regie:	Komponist:	Hauptdarsteller:
Gerd Oswald		Mario Adorf Gert Fröbe Christian Wolff Claus Wilcke Corny Collins Elke Sommer
Josef von Baky	Georg Haentzschel	Sabine Sinjen Paul Hubschmid Helmut Lohner Hanne Wieder
William Dieterle	Roman Vlad	Martha Hyer Carlos Thompson Wolfgang Preiss Sabu Hans Nielsen Carl Lange
William Dieterle	Roman Vlad	Martha Hyer Carlos Thompson Wolfgang Preiss Sabu Hans Nielsen Carl Lange
Wolfgang Becker	Erwin Halletz	Hans Albers Sabine Sinjen Peter Kraus Horst Frank Gustav Knuth
Gottfried Reinhardt	Franz Grothe	Ruth Leuwerik Peter van Eyck Harry Meyen Robert Graf Hannelore Schroth
Cyril Frankel		O. W. Fischer Dany Robin Violetta Ferrari
Fritz Lang	Gerhard Becker	Dawn Addams Peter van Eyck Gert Fröbe Wolfgang Preiss Werner Peters David Cameron

Titel:	Autor:
Der brave Soldat Schwejk	Hans Jacobi (nach dem Roman von Jaroslav Hašek)
Und so was nennt sich Leben	Willy Clever
Bis daß das Geld euch scheidet	H. O. Wuttig
Lebensborn	Nach dem Tatsachenbericht von Will Berthold in der REVUE
Sabine und die hundert Männer	Curth Flatow
Wir wollen niemals auseinandergehen	W. P. Zibaso
O sole mio	Gustav Kampendonk / Paul Martin
Zu jung für die Liebe	Johanna Sibelius / Eberhard Keindorff
Das Riesenrad	Ladislas Fodor

Regie:	Komponist:	Hauptdarsteller:
Axel von Ambesser	Bernhard Eichhorn	Heinz Rühmann Ernst Stankowski Franz Muxeneder Ursula Borsodi Erika von Thellmann Senta Berger
Géza Radvanyi	Martin Böttcher	Karin Baal Michael Hinz Elke Sommer Wolfgang Lukschy
Alfred Vohrer	Herbert Trantow	Luise Ullrich Gert Fröbe Corny Collins Christiane Nielsen
Werner Klingler	Wolfgang Becker	Joachim Hansen Harry Meyen Maria Perschy
William Thiele	Gerhard Becker	Sabine Sinjen Yehudi Menuhin Dieter Borsche Dietmar Schönherr
Harald Reinl	Arno Flor	Vivi Bach Thomas Alder Adrian Hoven Grethe Weiser
Paul Martin	Gerd Wilden	Senta Berger Jerome Courtland Trude Herr Gunther Philipp Angèle Durand
Erica Balqué	Ernst Simon	Loni von Friedl Heinz Blau Wolfgang Reichmann Adelheid Seeck Anita Höfer
Géza Radvanyi	Hans-Martin Majewski	Maria Schell O. W. Fischer Adrienne Gessner Rudolf Forster Margitta Scherr

Titel:	Autor:
Immer Ärger mit dem Bett	St. Gommermann / Janne Furch
Unter Ausschluß der Öffentlichkeit	Harald Philipp
Via mala	Kurt Heuser / Paul May (nach dem Roman von John Knittel)
Adieu, lebwohl, good bye	Gustav Kampendonk / Paul Martin
Es muß nicht immer Kaviar sein	Henri Jeanson / Jean Ferry / Paul Andreota (nach dem Roman von J. M. Simmel)
Diesmal muß es Kaviar sein	Henri Jeanson / Jean Ferry / Paul Andreota (nach dem Roman von J. M. Simmel)
Die Ehe des Herrn Mississippi	Friedrich Dürrenmatt / Hans Schweikart (nach der Komödie von Friedrich Dürrenmatt)
Die Schatten werden länger	Istvan Bekeffi / Heinz Pauck / Ladislao Vajda

Regie:	Komponist:	Hauptdarsteller:
Rudolf Schündler	Peter Thomas	Senta Berger Günther Pfitzmann Trude Herr Rudolf Platte Ralf Wolter
Harald Philipp	Bernhard Eichhorn	Peter van Eyck Eva Bartok Marianne Koch Friedrich Domin Leon Askin
Paul May	Rolf Wilhelm	Gert Fröbe Joachim Hansen Christine Kaufmann Christian Wolff Anita Höfer Margrit Weiler Edith Schultze-Westrum
Paul Martin	Gert Wilden	Bibi Johns Senta Berger Trude Herr Michael Cramer Rudolf Platte
Géza Radvanyi	Rolf Wilhelm	O. W. Fischer Eva Bartok Senta Berger Geneviève Cluny Jean Richard Viktor de Kowa
Géza Radvanyi	Rolf Wilhelm	O. W. Fischer Eva Bartok Senta Berger Geneviève Cluny Jean Richard Viktor de Kowa
Kurt Hoffmann	Hans-Martin Majewski	Johanna von Koczian Hansjörg Felmy Charles Regnier
Ladislao Vajda	Robert Blum	Barbara Rütting Hansjörg Felmy Luise Ullrich Loni von Friedl

Titel:	Autor:
Robert und Bertram	(nach der Posse von Gustav Raeder)
Im Stahlnetz des Dr. Mabuse	Marc Behm / Ladislas Fodor
Ramona	Gustav Kampendonk
Auf Wiedersehen	Harald Philipp
Ein Toter packt die Koffer	Gustav Kampendonk / Georg Hurdalek (nach einem Roman von Edgar Wallace)
Café Oriental	Janne Furch
Ein Toter sucht seinen Mörder	Phil Mackie / Robert Stewart
Mensch und Bestie	Sigmund Bendkower / Al Bronsowy
Hölle von Macao	Ladislas Fodor / Brian Clemens

Regie:	Komponist:	Hauptdarsteller:
Hans Deppe	Gert Wilden	Willy Millowitsch Vico Torriani Trude Herr Marlies Behrens
Harald Reinl	Peter Thomas	Gert Fröbe Lex Barker Daliah Lavi Fausto Tozzi
Paul Martin	Gert Wilden	Senta Berger Georg Thomalla Joachim Hansen Ruth Stephan
Harald Philipp		Gert Fröbe Joachim Fuchsberger Günter Pfitzmann Elke Sommer Werner Peters
Werner Klingler	Gert Wilden	Joachim Hansen Hans Reiser Leonard Steckel Senta Berger Chris Howland
Rudolf Schündler	Gert Wilden	Elke Sommer Jerome Courtland Trude Herr Bill Ramsey
Freddie Francis	Kenneth V. Jones	Peter van Eyck Ellen Schwiers Ann Heywood Cecil Parker Bernard Lee
Edwin Zbonek	Dusan Radic	Götz George Günter Ungeheuer Katinka Hoffmann
James Hill	Georges Garvarentz	Robert Stack Elke Sommer Nancy Kwan Christian Marquand Richard Haller Dean Heyde Werner Peters

Titel:	Autor:
In den Krallen des Dr. Mabuse	Ladislas Fodor
Frauenarzt Dr. Sibelius	Janne Furch / Sigmund Bendkower
Axel Munthe, der Arzt von San Michele	Hans Jacobi / H. G. Petersson (nach dem Buch von Axel Munthe)
Das Testament des Dr. Mabuse	Ladislas Fodor / R. A. Stemmle
Sherlock Holmes und das Halsband des Todes	Curth Siodmak
Verführung am Meer	
Die gelbe Schlange (Der Fluch der gelben Schlange)	F. J. Gottlieb (nach einem Roman von Edgar Wallace)
Frühstück im Doppelbett	S. Fischer-Fabian / Ladislas Fodor
Der Würger von Schloß Blackmoor	Ladislas Fodor / Gustav Kampendonk (nach einem Roman von Edgar Wallace)

Regie:	Komponist:	Hauptdarsteller:
Harald Reinl	Peter Sandloff	Lex Barker Karin Dor Siegfried Lowitz Werner Peters
Rudolf Jugert	Raimund Rosenberger	Lex Barker Senta Berger Barbara Rütting Anita Höfer Sabine Bethmann
Rudolf Jugert	Mario Nacimbeni	O. W. Fischer Rossana Schiaffino Sonja Ziemann Maria Mahor Valentina Cortese Renate Ewert
Werner Klingler	Raimund Rosenberger	Gert Fröbe Senta Berger Helmut Schmid Charles Regnier Wolfgang Preiss
Terence Fischer		Christopher Lee Thorley Walters Hans Söhnker Hans Nielsen
		Elke Sommer Peter van Eyck
F. J. Gottlieb	Raimund Rosenberger	Joachim Fuchsberger Brigitte Grothum Pinkas Braun Doris Kirchner Werner Peters Claus Holm Charles Regnier
Axel von Ambesser	Friedrich Schröder	O. W. Fischer Liselotte Pulver Lex Barker Ann Smyrner Ruth Stephan Edith Hancke
Harald Reinl	Oskar Sala	Karin Dor Ingmar Zeisberg Harry Riebauer Walter Giller Rudolf Fernau

Titel:	Autor:
Scotland Yard jagt Dr. Mabuse	Ladislas Fodor
Der Henker von London	R. A. Stemmle (nach einem Roman von Edgar Wallace)
Das Phantom von Soho	R. A. Stemmle / Ladislas Fodor (nach einem Roman von Edgar Wallace)
Old Shatterhand	Ladislas Fodor / R. A. Stemmle / James Burke (nach Karl May)
Das Ungeheuer von London City	R. A. Stemmle (nach einem Roman von Edgar Wallace)
Freddy und das Lied der Prärie	Gustav Kampendonk
SOS – Sahara	Bryan Forbes
Angeklagter Dr. Thomas	Janne Furch / Rolf Schulz / Ladislas Fodor
Der Schut	(nach Karl May)
Fanny Hill	Robert Hill (nach dem Buch von John Cleland)

Regie:	Komponist:	Hauptdarsteller:
Paul May	Rolf Wilhelm	Peter van Eyck Sabine Bethmann Dieter Borsche Werner Peters
Edwin Zbonek		Rudolf Forster Maria Perschy Hansjörg Felmy Harry Riebauer
F. J. Gottlieb		Dieter Borsche Peter Vogel Hans Söhnker Barbara Rütting
Hugo Fregonese		Lex Barker Pierre Brice Daliah Lavi
Edwin Zbonek	Martin Böttcher	Hansjörg Felmy Marianne Koch Dietmar Schönherr Hans Nielsen
Sobey Martin	Lotar Olias	Freddy Quinn Beba Loncar Rik Battaglia Mamie van Doren
Seth Holt	Ron Grainer	Carroll Baker Peter van Eyck Hansjörg Felmy
Falk Harnack		Dieter Borsche Ellen Schwiers Margot Trooger Martin Hirthe
Robert Siodmak		Lex Barker Ralf Wolter Marianne Hold Marie Versini
Russ Meyer		Letitia Roman Cara Garnett Chris Howland Ulli Lommel Helmut Weiss Walter Giller Miriam Hopkins

Titel:	Autor:
Die Todesstrahlen des Dr. Mabuse	Ladislas Fodor
Dschingis Khan	Clark Reynolds
Der Fall 701 (Human factor)	Evelyn Frazor
Das siebente Opfer	F. J. Gottlieb (nach einem Roman von Edgar Wallace)
Der Schatz der Azteken	Georg Marischka / Ladislas Fodor / R. A. Stemmle (nach Karl May)
Die Pyramide des Sonnengottes	Georg Marischka / Ladislas Fodor / R. A. Stemmle (nach Karl May)
Mädchen hinter Gittern	Rolf Zehetgruber

Regie:	Komponist:	Hauptdarsteller:
Hugo Fregonese	Carlos Diernhammer	O. E. Hasse Peter van Eyck Yvonne Fourneaux Rika Dialina Walter Rilla
Henry Levine		Omar Sharif Françoise Dorleac James Mason Telly Savalas
Bernard Knowles		Marc Stevens Marianne Koch Joachim Hansen Walter Rilla Wolfgang Lukschy
F. J. Gottlieb	Raimund Rosenberger	Hansjörg Felmy Walter Rilla Ann Smyrner Alice Treff Helmut Lohner
Robert Siodmak	Erwin Halletz	Lex Barker Gerard Barray Rik Battaglia Michèle Girardon Teresa Lorca Alessandra Panaro Gustavo Rojo
Robert Siodmak	Erwin Halletz	Lex Barker Gerard Barray Rik Battaglia Michèle Girardon Teresa Lorca Alessandra Panaro Gustavo Rojo
Rolf Zehetgruber	Raimund Rosenberger	Heidelinde Weis Harald Leipnitz Harry Riebauer Elke Aberle Ursula Herking

Titel:	Autor:
Durchs wilde Kurdistan	F. J. Gottlieb (nach Karl May)
Im Reiche des silbernen Löwen	F. J. Gottlieb (nach Karl May)
Die Hölle von Manitoba	
Lange Beine – lange Finger	Peter Lambda / Eberhard Keindorff / Johanna Sibelius
Die Nibelungen	Harald Petersson / Ladislas Fodor
Im Koffer nach Kairo	Marc Behm / Alex. Ramati
Angeklagt nach § 218	
Ein Junge schrie Mord	Robin Estridge
Jonny Ringo	Ladislas Fodor / Paul Jarrico
Herrliche Zeiten im Spessart	Günter Neumann
Rheinsberg	Herbert Reinecker (nach Kurt Tucholsky)
Freitag um 13 Uhr	

Regie:	Komponist:	Hauptdarsteller:
F. J. Gottlieb	Raimund Rosenberger	Lex Barker Marie Versini George Heston Wolfgang Lukschy Chris Howland Ralf Wolter
F. J. Gottlieb	Raimund Rosenberger	Lex Barker Marie Versini George Heston Wolfgang Lukschy Chris Howland Ralf Wolter
Sheldon Reynolds		Lex Barker Hans Nielsen Wolfgang Lukschy
Alfred Vohrer	Martin Böttcher	Senta Berger Joachim Fuchsberger Martin Held Irene von Meyendorff J. R. Justice
Harald Reinl	Rolf Wilhelm	Uwe Beyer Rolf Henniger Siegfried Wischnewski Maria Marlow Karin Dor Herbert Lom
Menahem Golan		Audie Murphy
Aleksander Ford		Hans von Borsody
George Breakston	Martin Slavin	Fiz Macintosh Veronica Hurst Beba Loncar
Joe Luis Madrid	Federico Martinez Tudo	Joachim Fuchsberger Lex Barker Barbara Bold
Kurt Hoffmann	Franz Grothe	Liselotte Pulver Harald Leipnitz Willy Millowitsch
Kurt Hoffmann	Hans-Martin Majewski	Cornelia Froboess Christian Wolff
		Rod Steiger Nadja Tiller Peter van Eyck

261

Titel:	Autor:
Heißer Sand auf Sylt	Jürgen Knop / Jerzy Macc
Erotik auf der Schulbank	
Kampf um Rom (in 2 Teilen)	Ladislas Fodor (nach dem Roman von Felix Dahn)
Die Nibelungen (II. Teil) (Kriemhilds Rache)	Harald Petersson / Ladislas Fodor
Geheimnis der goldenen Nylons	
Zeugin aus der Hölle	Frida Filipovic / M. Mansfeld
Josefine, das liebestolle Kätzchen	Géza von Cziffra
Winnetou im Tal der Toten	Alex Berg (nach Karl May)
Die Hochzeitsreise	Ralf Gregan / Dieter Hallervorden

262

Regie:	Komponist:	Hauptdarsteller:
Jerzy Macc	Martin Böttcher	Charlotte Kerr Horst Tappert Uschi Mood Renate von Holt
Eckart Schmidt		Matthias Einert Janina Richter Eva Strömberg Sabine Bethmann Joav Jasinski
Robert Siodmak	Riz Ortolani	Orson Welles Harriet Andersson Robert Hoffmann Sylva Koscina Laurence Harvey Ingrid Brett
Harald Reinl	Rolf Wilhelm	Uwe Beyer Rolf Henniger Siegfried Wischnewski Maria Marlow Karin Dor Herbert Lom
Christian Jaque		Peter Lawford Ira von Fürstenberg Georges Gerret Horst Frank
		Daniel Gelin Heinz Drache Irene Papas
Géza von Cziffra		Barbara Capell Rainer Brandes Fred Roland
Harald Reinl	Martin Böttcher	Pierre Brice Lex Barker Rik Battaglia Karin Dor Ralf Wolter
Ralf Gregan		Liselotte Pulver Dieter Hallervorden A. Farnese

Titel:	Autor:
Der Tyrann	
Shalako	J. J. Griffith / Hal Hopper / Scott Finch
Marquis de Sade	Richard Matheson
Komm süßer Tod	Mario Caiano
Schreie in der Nacht	
Astragal	Guy Casaril (nach dem Buch von Albertine Sarrazin)
Das Geheimnis der schwarzen Handschuhe	Dario Argento (nach einem Roman von Edgar Wallace)
Kurier des Zaren	(nach dem Roman von Jules Verne)
Der Teufel kam aus Akasava	Ladislas Fodor / Paul Andre (nach einem Roman von Edgar Wallace)
X 312 – Flug zur Hölle	Art Bernd

Regie:	Komponist:	Hauptdarsteller:
Mircea Dragan		Richard Johnson Antonella Lualdi Amedeo Nazzari Franco Interlenghi
Edward Dmytryk	Robert Farnon	Sean Connery Brigitte Bardot Stephen Boyd Peter van Eyck Jack Hawkins Honor Blackman
Cy Endfield / R. Corman		Keir Dullea Sonja Ziemann Lilli Palmer Senta Berger John Huston
Mario Caiano		O. W. Fischer Christine Kaufmann Tony Kendall Claudine Auger
A. Margerithi		Joachim Fuchsberger Marianne Koch
Guy Casaril		Horst Buchholz Marlène Jobert Brigitte Grothum Wolfgang Draeger
Dario Argento	Ennio Morricone	Eva Renzi Raf Vallone
Erisprando Visconti		Elisabeth Bergner John Philip Law Mympsi Farmer
Jess Frank	Manfred Hübler / Siegfried Schwab	Fred Williams Susan Korda Horst Tappert Ewa Strömberg Siegfried Schürenberg Walter Rilla
Jess Frank	Wolf Hartmeyer / Bruno Nicolai	Hans Hass jr. Fernando Sancho Esperanza Roy Ewa Strömberg

Titel:	Autor:
Himmelfahrtskommando El Alamein	
Der Todesrächer	Percy Allan / Jess Franco
Der Garten der Finzi Contini	(nach dem Roman von Giorgio Bassani)
Black Beauty	
Das Geheimnis des gelben Grabes	
Die Schatzinsel	(nach dem Roman von R. L. Stevenson)
Ruf der Wildnis	(nach dem Roman von Jack London)
Sie sind frei, Dr. Korczak	Josef Gross / Alex. Ramati
Der Köder	Peter Patzack
Zwei Teufelskerle auf dem Weg ins Kloster	
Der Dreh	

Regie:	Komponist:	Hauptdarsteller:
Armando Crispino		Lee van Cleef Jack Kelly Joachim Fuchsberger Heinz Reincke Helmut Schmid
Jess Franco		Horst Tappert Barbara Rütting Siegfried Schürenberg Wolfgang Kieling Fred Williams
Vittorio de Sica		Helmut Berger Dominique Sandra Lino Capolicchio
James Hill		Uschi Glas Marc Lester Peter Lawrence Walter Slezak
Armando Crispino		Horst Frank Nadja Tiller
Andrew White		Orson Welles Rik Battaglia Walter Slezak
Ken Annakin		Charlton Heston Raimund Harmstorf Michèle Mercier George Eastman
Aleksander Ford	Moshe Wilensky	Leo Genn Erna Porath Efrat Lavi Ohat Kaplan
Peter Patzack		Matthieu Carrière Carroll Baker Raymond Pellegrin André Heller Hans-Christian Blech
		Wolf Golden Richard Widmark
Claude Chabrol		Curd Jürgens Ann Margret Sydne Rome Maria Schell Charles Aznavour

Namensverzeichnis